本書の特色と使い方

現場の先生方から，1日15分程度でできる宿題プリントや，朝学習や補充学習にも使えるプリントがほしいという要望が，これまでにたくさん寄せられました。それらの先生方の要望に応え，各学年の教科書の単元にあわせて，1シート約15分〜20分でできるプリントを作成しました。算数，国語（文法），理科，社会科（または，生活科）の教科から子どもたちに習得して欲しい内容を精選して掲載しています。ぜひ，本書を活用して，基礎学力や学習習慣の定着をはかって頂ければと思います。

教科書内容の基礎学力が定着します

教科書の内容が十分に身につくよう，各社教科書を徹底研究して，各学年で習得してほしい基礎的な内容を各教科入れています。学校の授業だけではなかなか定着が難しいため，宿題，家庭学習は大変重要になってきます。本書に1年間取り組むことにより，どの子にも確実に豊かな基礎学力が定着します。

朝学習や補充学習，夏休みや冬休みの家庭学習としても使えます

毎日の宿題だけでなく，朝学習，補充学習，夏休み・冬休みの家庭学習など多様な使い方ができます。算数と理科，国語と社会など，左右異なる教科のシートを組み合わせたり，学校での学習進度に合わせて単元を入れ替えたりして，それぞれの場面に応じてご活用ください。

122%拡大してB5サイズまたは，B4サイズでご使用ください

本書は，122%拡大して使用していただくと，1ページ（A4サイズ）がB4サイズになります。B4サイズを半分に切ると，B5サイズで使えます。ぜひ拡大してご使用ください。

「算数」では，今，習っている単元と既習単元の復習ができます

「算数」では，各シートの下段に「復習」があり，前学年や，現学年での既習単元の計算問題や文章題，関連する問題を中心に掲載しています。
（「復習」がないシートもあります。）
現在学習している内容だけでなく，既習内容に続けて取り組むことで，確実に力をつけることができます。

※ 教科書によって単元の順番が異なるため，ご使用の教科書によっては未習の場合もありますのでご注意ください。

目　次

理 科

解 答

整数と小数（1）

月　日

① 次の①～③の数にある 7 は，それぞれ何の位の数が 7 であることを表していますか。

① 437500 　（　　　　　　　　）

② 43.75 　（　　　　　　　　）

③ 0.4375 　（　　　　　　　　）

② （　　）にあてはまる数を書きましょう。

① 4.063 = 1×（　　）＋0.1×（　　）＋（　　）×6＋0.001×（　　）

② 0.852 = 1×（　　）＋（　　）×8＋（　　）×5＋（　　）×2

③ 3.907 = （　　）×3＋（　　）×9＋（　　）×0＋（　　）×7

③ （　　）にあてはまる不等号を書きましょう。

① 7.989（　　）8　　　　② 0.01（　　）1

③ 3（　　）3.06－0.6　　　④ 0.1（　　）6－5.99

復習

① 次の数は，0.1 を何に集めた数ですか。

① 0.7 （　　　）こ　　　② 1.5 （　　　）こ

③ 3.9 （　　　）こ　　　④ 6 （　　　）こ

② 次の数は，0.01 を何に集めた数ですか。

① 0.04 （　　　）こ　　　② 0.72 （　　　）こ

③ 0.6 （　　　）こ　　　④ 1.28 （　　　）こ

⑤ 4.7 （　　　）こ　　　⑥ 9 （　　　）こ

整数と小数（2）

月　日

① 次の数は，0.001 を何に集めた数ですか。

① 0.008 　（　　　　　）こ

② 0.014 　（　　　　　）こ

③ 0.05 　（　　　　　）こ

④ 0.284 　（　　　　　）こ

⑤ 0.9 　（　　　　　）こ

⑥ 1.736 　（　　　　　）こ

⑦ 6.04 　（　　　　　）こ

⑧ 7 　（　　　　　）こ

② 下の □ に，１，２，４，７，９ の５まいのカードをあてはめて，次の小数をつくりましょう。

$$□□.□□□$$

① いちばん大きい数 　（　　　　　　　　）

② 2 番めに小さい数 　（　　　　　　　　）

③ 40 にいちばん近い数 　（　　　　　　　　）

復習

① 次の数を 10 倍，100 倍した数を書きましょう。

① 0.26 　　10倍（　　　）　　100倍（　　　）

② 1.8 　　10倍（　　　）　　100倍（　　　）

② 次の数を $\frac{1}{10}$，$\frac{1}{100}$ にした数を書きましょう。

① 3.7 　　$\frac{1}{10}$（　　　）　　$\frac{1}{100}$（　　　）

② 58 　　$\frac{1}{10}$（　　　）　　$\frac{1}{100}$（　　　）

整数と小数（3）

名
前

① 次の数を 10 倍，100 倍，1000 倍した数を書きましょう。

① 3.71　　　　10倍（　　　　　　）100倍（　　　　　　　　）
　　　　　　　1000倍（　　　　　　　）

② 0.924　　　10倍（　　　　　　）100倍（　　　　　　　　）
　　　　　　　1000倍（　　　　　　　）

③ 0.0862　　10倍（　　　　　　）100倍（　　　　　　　　）
　　　　　　　1000倍（　　　　　　　）

② 計算をしましょう。

① 0.64 × 100　　　　　② 0.852 × 100

③ 0.8 × 1000　　　　　④ 0.61 × 1000

③ 次の数は，0.83 を何倍した数ですか。

① 8.3　　　　　　（　　　　　　　）

② 830　　　　　　（　　　　　　　）

③ 83　　　　　　 （　　　　　　　）

復　習

① 80 ÷ 4　　③ 72 ÷ 3　　④ 96 ÷ 7　　⑤ 912 ÷ 6

② 120 ÷ 3

● バターが 784g あります。4 個のパックに同じ重さずつ分けると，
　1 個のパックは何 g になりますか。

式

答え＿＿＿＿＿＿＿

整数と小数（4）

名
前

① 次の数を $\frac{1}{10}$，$\frac{1}{100}$，$\frac{1}{1000}$ にした数を書きましょう。

① 169.4　　　$\frac{1}{10}$（　　　　　　）$\frac{1}{100}$（　　　　　　　）
　　　　　　　$\frac{1}{1000}$（　　　　　　）

② 32.7　　　　$\frac{1}{10}$（　　　　　　）$\frac{1}{100}$（　　　　　　　）
　　　　　　　$\frac{1}{1000}$（　　　　　　）

② 計算をしましょう。

① 5 ÷ 10　　　　　　② 5.1 ÷ 100

③ 82.1 ÷ 1000　　　④ 3.8 ÷ 1000

③ 次の数は，46.7 を何分の一にした数ですか。

① 0.467　　　　　（　　　　　　　）

② 4.67　　　　　　（　　　　　　　）

③ 0.0467　　　　　（　　　　　　　）

復　習

① 794 ÷ 6　　② 914 ÷ 7　　③ 584 ÷ 8　　④ 815 ÷ 9

● 700 本のバラの花があります。9 本ずつたばにして花たばを作ります。
　花たばは何たばできますか。

式

答え＿＿＿＿＿＿＿

整数と小数
まとめ

名前

月　日

① □にあてはまる数を書きましょう。

①　$6.351 = 1 \times$ ☐ $+ 0.1 \times$ ☐ $+ 0.01 \times$ ☐ $+ 0.001 \times$ ☐

②　$0.219 =$ ☐ $\times 0 +$ ☐ $\times 2 +$ ☐ $\times 1 +$ ☐ $\times 9$

② 次の数は，0.001を何こ集めた数ですか。

①　0.574　（　　　　　　）こ

②　8.69　（　　　　　　）こ

③ 次の数を10倍，100倍，1000倍した数を書きましょう。

①　24.5　　　10倍　（　　　　　　　　）

　　　　　　　100倍　（　　　　　　　　）

　　　　　　　1000倍　（　　　　　　　）

②　0.39　　　10倍　（　　　　　　　　）

　　　　　　　100倍　（　　　　　　　　）

　　　　　　　1000倍　（　　　　　　　）

④ 次の数を $\frac{1}{10}$，$\frac{1}{100}$，$\frac{1}{1000}$ にした数を書きましょう。

①　15.6　　$\frac{1}{10}$（　　　　　）　$\frac{1}{100}$（　　　　　）

　　　　　　$\frac{1}{1000}$（　　　　　）

②　6.2　　　$\frac{1}{10}$（　　　　　）　$\frac{1}{100}$（　　　　　）

　　　　　　$\frac{1}{1000}$（　　　　　）

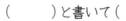

体積（1）

名前

月　日

① 右のような1辺が1cmの立方体の体積を何といいますか。

（　　　　）と書いて（　　　　　　　　　　　　）と読みます。

② 次の形は，$1cm^3$ が何こ分で，何 cm^3 ですか。

①　　　　$1cm^3$ が（　　　　）こ分で，（　　　　　）

②　　　　　　　$1cm^3$ が（　　　　）こ分で，（　　　　　）

③　　　　　　　$1cm^3$ が（　　　　）こ分で，（　　　　　）

④　　　　　　　$1cm^3$ が（　　　　）こ分で，（　　　　　）

⑤　　　　　　　$1cm^3$ が（　　　　）こ分で，（　　　　　）

復習

① 次の立体の名前を書きましょう。

①　 8cm 4cm 6cm　（　　　　　　）

②　 5cm 5cm 5cm　（　　　　　　）

② （　　　）にあてはまる数を書きましょう。

①　$1m =$（　　　　　）cm　　　②　$1m^2 =$（　　　　　）cm^2

③　$1L =$（　　　　　）mL　　　④　$1dL =$（　　　　　）mL

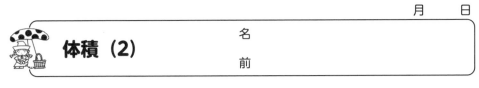

体積 (2)

名
前

● 1cm³ が何こあるかを求める式を書いて、体積を求めましょう。

① 式 ___

答え ___

② 式 ___

答え ___

③ 式 ___

答え ___

④ 式 ___

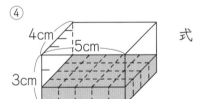

答え ___

復習

● 色のついた部分の面積を求めましょう。

① 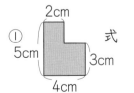 式

② 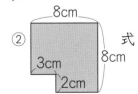 式

答え ___   答え ___

体積 (3)

名
前

● 次の立体の体積を求めましょう。

① 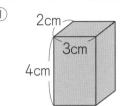 式

答え ___

② 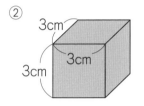 式

答え ___

③ 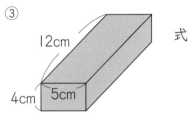 式

答え ___

④ 1辺が 5cm の立方体
式

答え ___

復習

① 4.37 + 2.94   ② 7.2 + 1.63   ③ 6.52 + 2   ④ 4.37 + 5.23

● 長さが 4.63m のひもと 0.77m のひもをつなぐと, 何 m になりますか。
式

答え ___

7　（122%に拡大してご使用ください）

体積（4）

● 下のような立体の体積を求めましょう。

①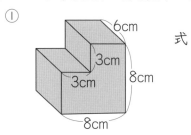

式

答え ＿＿＿＿＿＿＿

②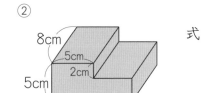

式

答え ＿＿＿＿＿＿＿

③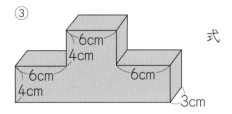

式

答え ＿＿＿＿＿＿＿

復習

① 7.83 − 2.41　② 8.26 − 3.78　③ 7.04 − 1.37　④ 6.29 − 4.5

● お茶が 8.14L ありました。みんなで 7.83L 飲むと，残りは何 L ですか。

式

答え ＿＿＿＿＿＿＿

体積（5）

 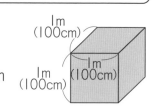

1 右の 1m³ の図を見て答えましょう。

1m³ =（　　　）m ×（　　　）m ×（　　　）m

　　　=（　　　）cm ×（　　　）cm ×（　　　）cm

　　　=（　　　　　　　）cm³

2 （　　）にあてはまる数を書きましょう。

① 2m³ =（　　　　　　　）cm³　② 4m³ =（　　　　　　　）cm³

③ 3000000cm³ =（　　　）m³　④ 5000000cm³ =（　　　）m³

3 次の立体の体積を求めましょう。

① 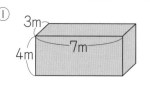　　　　　　② 立方体

式　　　　　　　　　　　　　　　　式

答え ＿＿＿＿＿＿＿　　　　答え ＿＿＿＿＿＿＿

復習

① 5.53 − 2.63　② 4.1 − 2.75　③ 5.3 − 4.52　④ 6 − 0.81

● ネコが 2 ひきいます。1 ぴきの体重は 7.54kg，もう 1 ぴきの体重は 8kg です。2 ひきの体重のちがいは何 kg ですか。

式

答え ＿＿＿＿＿＿＿

体積（6）

名
前

① 右の図は 1L の入れ物です。

入れ物の内のりは 1 辺が 10cm の立方体です。

（　）にあてはまる数を書きましょう。

1L ＝（　　　）cm ×（　　　）cm ×（　　　）cm

＝（　　　　　　）cm³

1L ＝（　　　　　　）mL

$1cm^3$ ＝（　　　　）mL

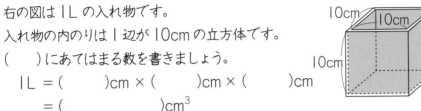

② 次の入れ物の容積は何 cm³ ですか。また，それは何 L ですか。
（長さは内のりです。）

式

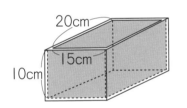

答え（　　　　　　）cm³,（　　　）L

復習

① 60 ÷ 20　　③ 78 ÷ 26　　④ 98 ÷ 31　　⑤ 86 ÷ 17

② 150 ÷ 30

● 85個のあめを 17人で同じ数ずつ分けると，1人分は何個になりますか。

式

答え

体積
まとめ①

名
前

① 次の直方体や立方体の体積を求めましょう。

① 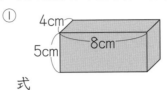　　　②

式　　　　　　　　　　　　　　式

答え　　　　　　　　　　答え

② 次の立体の体積を求めましょう。

式

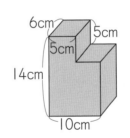

答え

③ （　　　）にあてはまる数を書きましょう。

① $1m^3$ ＝（　　　　　　）cm³

② 1L ＝（　　　）cm³

③ $1cm^3$ ＝（　　　）mL

④ 下の水そうの容積は何 cm³ ですか。また，それは何 L ですか。
（長さは内のりです。）

式

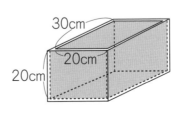

答え（　　　　　　）cm³,（　　　）L

体積 まとめ②

名前

月 日

① 次の直方体や立方体の体積を求めましょう。
答えは m³ と cm³ の両方で表しましょう。

①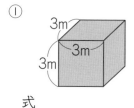
式

答え（　　　）m³,
　　（　　　　　）cm³

②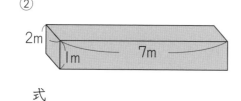
式

答え（　　　）m³,
　　（　　　　　）cm³

③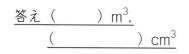
式

答え（　　）m³,（　　　　　）cm³

② 次の立体の求め方を考えます。図の下の式は，AさんとBさんのどちらの考え方ですか。この式に合う方の考え方を選んで，□に○をつけましょう。

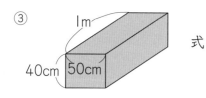

【Aさんの考え方】
右の図のように，2つの直方体に分けて体積を求めて，それを合わせました。

6×(5+5)×5 = 300
6×5×2 = 60
300 − 60 = 240

【Bさんの考え方】
右の図のように，ないところを合わせた直方体の体積を求めて，後から，それをひきました。

比例（1）

名前

月 日

● 直方体の高さを 1cm，2cm，3cm，… と高くしていきます。それにともなって，体積はどう変わるかを調べましょう。

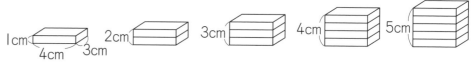

① 高さ□cm が 1cm，2cm，3cm，… のとき，体積○cm³ はどのように変わりますか。高さ□cm と体積○cm³ の関係を表にまとめましょう。

高さ□ (cm)	1	2	3	4	5	6	
体積○ (cm³)							

② 高さ□cm が 2倍，3倍，… になると，体積はどうなりますか。
（　　　　　　　　　　　　　　）

③ 高さ□cm が 1cm ずつ増えると，体積はどのように増えますか。
（　　　　　　　　　　　　　　）

④ 下の（　）に数を書いて，高さ□cm と体積○cm³ の関係を式に表しましょう。
（　　　）× □ = ○

復習

① 55÷18　　② 131÷63　　③ 259÷58　　④ 652÷86

● 200個のクッキーを 24個ずつふくろに入れます。何ふくろできますか。
式

答え＿＿＿＿＿＿＿＿

10　（122%に拡大してご使用ください）

比例 (2)

名　前

月　日

● 1mのねだんが60円のリボンがあります。買う長さが1m，2m，3m，…と変わると，それにともなって代金はどう変わるか調べましょう。

① 長さ□mと代金○円の関係を表にまとめましょう。

長さ□ (m)	1	2	3	4	5	6	
代金○ (円)							

② 長さ□mが2倍，3倍，…になると，代金○円はどうなりますか。

(　　　　　　　　　　　　　　　　　　　　　　　　)

③ 代金○円は長さ□mに比例していますか。

(　　　　　　　　　　　　　　　　　　　　　　　　)

④ 下の( )に数を書いて，長さ□mと代金○円の関係を式に表しましょう。

(　　) × □ = ○

⑤ 長さが15mのときの代金を求めましょう。
式

答え ＿＿＿＿＿＿

復習

① 782 ÷ 23　　② 980 ÷ 35　　③ 809 ÷ 28　　④ 703 ÷ 34

● あめを15個買うと，代金は690円でした。あめ1個のねだんは何円ですか。
式

答え ＿＿＿＿＿＿

比例 (3)

名　前

月　日

● 1mの重さが25gのはり金があります。長さ□mと重さ○gの関係を調べましょう。

① はり金の長さ□mと重さ○gの関係を表にまとめましょう。

長さ□ (m)	1	2	3	4	5	6	
重さ○ (g)							

② 重さ○gは長さ□mに比例していますか。

(　　　　　　　　　　　　　　　　　　　　　　　　)

③ 下の( )に数を書いて，長さ□mと重さ○gの関係を式に表しましょう。

(　　) × □ = ○

④ 長さが8mのときの重さを求めましょう。
式

答え ＿＿＿＿＿＿

⑤ 長さが12mのときの重さを求めましょう。
式

答え ＿＿＿＿＿＿

復習

① 770 ÷ 35　　② 832 ÷ 29　　③ 638 ÷ 18　　④ 853 ÷ 17

● 950個の品物を1回に46個ずつ運びます。何回で全部運べますか。
式

答え ＿＿＿＿＿＿

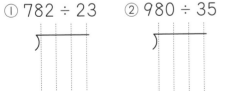

　（122%に拡大してご使用ください）

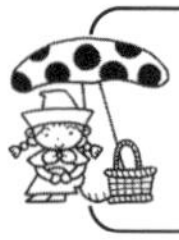

比例（4）

名前

● 2つの量の変化について，表を完成させて，下の問いに答えましょう。

㋐ 右の図のように四角形を作っていきます。
四角形の数□こと，ぼうの数○本の関係

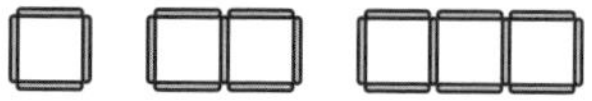

四角形の数□（こ）	1	2	3	4	5	6	
ぼうの数○（本）							

㋑ 正方形の1辺の長さ□cmと，まわりの長さ○cmの関係

1cm
2cm
3cm

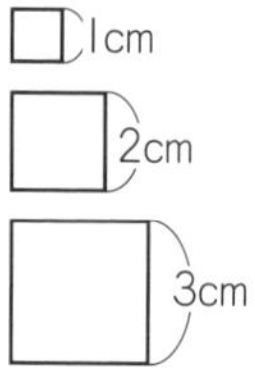

1辺の長さ□(cm)	1	2	3	4	5	6	
まわりの長さ○(cm)							

㋒ たての長さが5cmの長方形の横の長さ□cmと，
面積○ cm^2 の関係

横の長さ□（cm）	1	2	3	4	5	6	
面積○（cm^2）							

① 上の㋐，㋑，㋒の中で，比例（ひれい）しているのはどれとどれですか。

□　□

② ①で，比例しているとした理由を書きましょう。
（　　　　　　　　　　　　　　　　　　　　）

復習

① 7168 ÷ 32　② 5886 ÷ 27　③ 9024 ÷ 24　④ 1624 ÷ 28

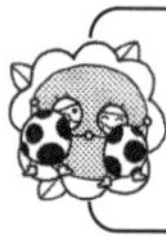

比例（5）

名前

● 1mの重さが1.2kgのパイプがあります。このパイプの長さ□mは，重さ○kgに比例（ひれい）しています。この関係を下の3つの数直線に表します。
（　　）にあてはまる数を書きましょう。

①

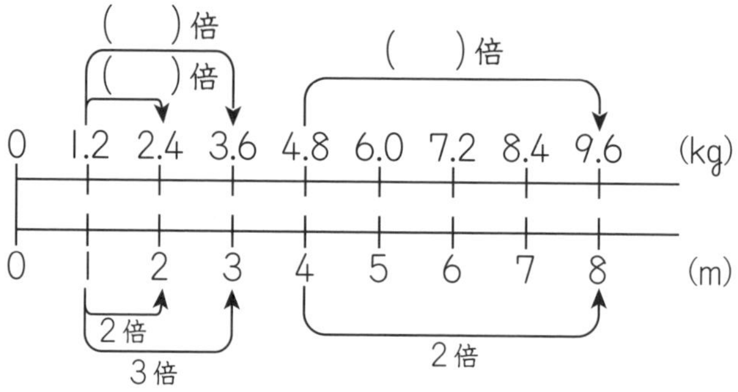

（　）倍
（　）倍
（　）倍
0　1.2　2.4　3.6　4.8　6.0　7.2　8.4　9.6　(kg)
0　1　2　3　4　5　6　7　8　(m)
2倍
3倍
2倍

②

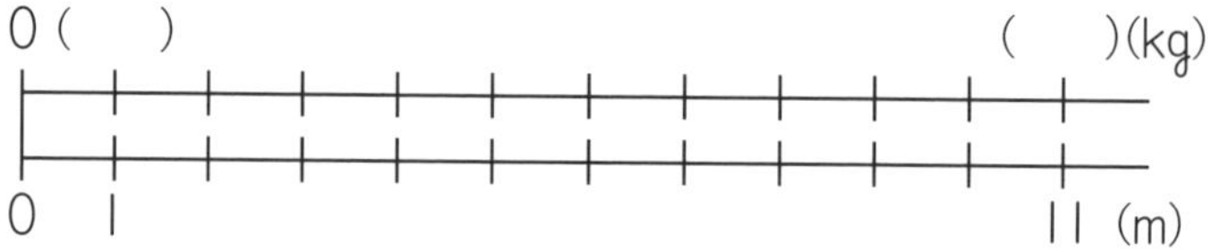

0（　）
（　）(kg)
0　1
11 (m)

③

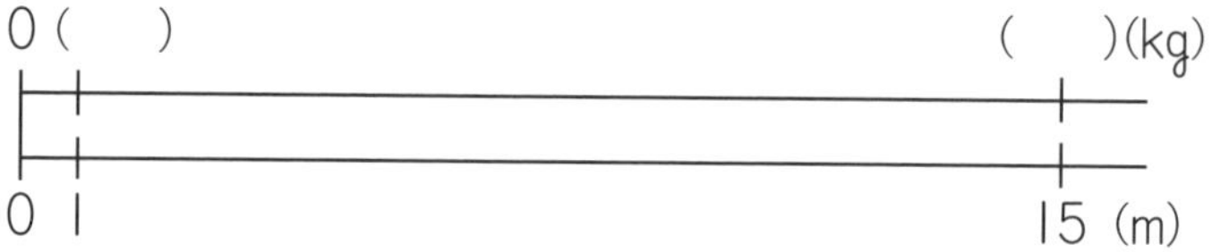

0（　）
（　）(kg)
0　1
15 (m)

復習

① 1884 ÷ 314　② 9000 ÷ 225　③ 942 ÷ 314　④ 620 ÷ 124

● ジュースが1Lあります。125mLずつコップに入れます。
コップは何個（こ）いりますか。

式

答え＿＿＿＿＿＿

（122%に拡大してご使用ください）

比例
まとめ

名 前

月　日

① 1 だんの高さが 20cm の階だんがあります。この階だんの
だんの数□だんと，全体の高さ○ cm の関係を調べましょう。

① 階だんのだんの数□だんと，全体の高さ○ cm の関係を表にまとめましょう。

階だんの数□ (だん)	1	2	3	4	5	6
全体の高さ○(cm)						

② （　）に数字を入れて，だんの数□だんと，全体の高さ○ cm の関係を式に表しましょう。

$$(\quad) × □ = ○$$

③ 階だんを 28 だん上がったときの全体の高さは何 cm ですか。
式

答え ＿＿＿＿＿＿＿＿＿＿

② 次の□と○の関係の表を完成させて，その関係が「比例している」か，「比例していない」か，どちらかに○をつけましょう。

㋐ 1 まい 50 円の画用紙を買うときのまい数□まいと，代金○円の関係

まい数□ (まい)	1	2	3	4	5	6
代金○ (円)						

（ 比例している ・ 比例していない ）

㋑ 正方形の 1 辺の長さ□ cm と，面積○ cm² の関係

1 辺の長さ□(cm)	1	2	3	4	5	6
面積○(cm²)						

（ 比例している ・ 比例していない ）

㋒ 1m の重さが 30g のはり金の長さ□ m と，重さ○ g の関係

長さ□ (m)	1	2	3	4	5	6
重さ○ (g)						

（ 比例している ・ 比例していない ）

 小数のかけ算（1）

名 前

月　日

1m のねだんが 60 円のリボンがあります。
このリボンを 4.2m 買いました。
代金は何円ですか。

(1) Aさんとコさんの 2 人の考え方で，答えを求めます。（　）にあてはまる数を書きましょう。

【Aさんの考え方】
4.2m は 0.1m の（　　　　）こ分です。

① 0.1m のねだんを求めます。　60 ÷ 10 = （　　　　）

② 0.1m のねだんから 4.2m の代金を求めます。
（　　　　）× 42 = （　　　　）

【Bさんの考え方】
4.2m の 10 倍のねだんを求めてから，10 分の 1 にします。

① 10 倍にした 42m の代金を求めます。　60 × 42 = （　　　　）

② 10 分の 1 にして 4.2m の代金を求めます。
（　　　　　　　）÷ 10 = （　　　　）

(2) 小数を使った式と答えを書きましょう。
式

答え ＿＿＿＿＿＿

復習 ‥‥‥‥‥‥‥‥‥‥‥‥‥‥‥‥‥‥‥‥‥‥

① 3.4 × 4 　② 5.3 × 21 　③ 2.17 × 8 　④ 0.96 × 23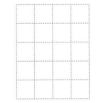

● 1m の重さが 2.41kg のパイプがあります。このパイプ 6m の重さは何 kg ですか。
式

答え ＿＿＿＿＿＿

13　（ 122%に拡大してご使用ください ）

小数のかけ算 (2)

● 小数をかける計算を, かけ算の性質を使って整数にして計算します。
（　　）にあてはまる数を書きましょう。

① 40 × 1.2 ＝ (　　　　)
　↓ ×10　　　　　　　　　↗ ÷10
　40 × (　　　) ＝ (　　　　)

② 2.4 × 1.6 ＝ (　　　　)
　↓ ×10　↓ ×10　　　　　÷ (　　　)
　24 × 16 ＝ (　　　　)

③ 3.56 × 7.2 ＝ (　　　　)
　↓ ×100　↓ ×10　　　　÷ (　　　)
　356 × 72 ＝ (　　　　)

④ 6.4 × 1.83 ＝ (　　　　)
　↓ ×10　↓ ×100　　　　÷ (　　　)
　64 × 183 ＝ (　　　　)

復習

① $\frac{5}{8} + \frac{1}{8}$　　　　　② $\frac{7}{4} + \frac{3}{4}$

③ $\frac{5}{3} + \frac{1}{3}$　　　　　④ $1\frac{2}{7} + 1\frac{3}{7}$

● こう茶 $2\frac{3}{5}$ dL に, はちみつ $\frac{1}{5}$ dL を入れて, はちみつこう茶を作りました。
　はちみつこう茶は何 dL できましたか。
　式

　　　　　　　　　　　　　　　　　答え ＿＿＿＿＿＿＿

小数のかけ算 (3)

1　小数をかける筆算のしかたを
考えます。
　右の（　　）にあてはまる数を
書きましょう。

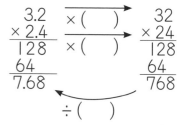

```
   3.2      × (　)      32
 × 2.4               × 24
 ─────    × (　)    ─────
  128                 128
  64                  64
 ─────              ─────
 7.68                768
        ÷ (　)
```

2　筆算でしましょう。

① 2.6 × 1.2　② 6.3 × 2.7　③ 3.7 × 4.9　④ 7.3 × 3.6

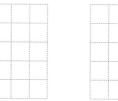

⑤ 49 × 3.5　⑥ 37 × 6.4　⑦ 40 × 2.9　⑧ 80 × 4.5

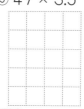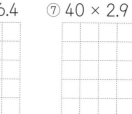

復習

① $2\frac{3}{5} + 1\frac{4}{5}$　　　　② $2\frac{4}{7} + 3\frac{3}{7}$

③ $3\frac{5}{9} + \frac{8}{9}$　　　　④ $4 + 1\frac{3}{5}$

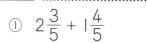

● 長さが $5\frac{2}{3}$ m のロープと, $4\frac{1}{3}$ m のロープをつなぎました。ロープは
　何 m になりますか。
　式

　　　　　　　　　　　　　　　　　答え ＿＿＿＿＿＿＿

小数のかけ算（4）　名　前

① 筆算でしましょう。

① 3.56 × 4.3　② 4.92 × 5.8　③ 7.83 × 6.7　④ 5.06 × 7.5

⑤ 0.87 × 2.4　⑥ 0.28 × 3.7　⑦ 0.19 × 1.3　⑧ 0.8 × 3.7

② 74 × 37 = 2738　をもとにして，次の積を求めましょう。

① 7.4 × 3.7　　　　　② 74 × 3.7

③ 0.74 × 3.7

復習

① $\dfrac{13}{11} - \dfrac{5}{11}$　　　② $\dfrac{15}{8} - \dfrac{9}{8}$

③ $3\dfrac{3}{4} - 1\dfrac{1}{4}$　　　④ $1\dfrac{1}{2} - \dfrac{1}{2}$

● 水が $4\dfrac{5}{7}$ L あります。$2\dfrac{2}{7}$ L 使うと，残りは何 L になりますか。

式

答え _____

 小数のかけ算（5）　名　前

① 1mの重さが 4kg のパイプがあります。
このパイプが次の長さのときは，何kg ですか。

① 1.2mのとき
式

答え _____

② 0.8mのとき
式

答え _____

③ 0.5mのとき
式

答え _____

 1よりも小さい数をかけると「積 < かけられる数」になるよ。

② 積が 8.5 よりも小さくなるのはどれですか。□ に記号を書きましょう。

㋐　8.5 × 0.9
㋑　8.5 × 1.1
㋒　8.5 × 1
㋓　8.5 × 0.72

復習

① $2\dfrac{1}{5} - 1\dfrac{4}{5}$　　　② $1\dfrac{1}{3} - \dfrac{2}{3}$

③ $2 - \dfrac{3}{4}$　　　　　④ $4\dfrac{5}{6} - 3$

● リボンが 4m ありました。$1\dfrac{2}{3}$ m 使いました。残りは何 m ですか。
式

答え _____

小数のかけ算（6）　名　前

① 筆算でしましょう。

① 47.8×0.3　② 0.4×0.5　③ 2.97×0.48　④ 0.03×4.5

⑤ 0.86×0.79　⑥ 1.06×0.78　⑦ 2.5×0.24　⑧ 0.02×0.27

② $79 \times 53 = 4187$ をもとにして，次の積を求めましょう。

① 7.9×5.3　　　　　② 0.79×5.3

③ 0.79×0.53

復習

① $\dfrac{7}{13} + \dfrac{9}{13}$　　　　② $\dfrac{10}{9} + \dfrac{8}{9}$

③ $\dfrac{7}{5} + \dfrac{8}{5}$　　　　④ $2\dfrac{3}{8} + 1\dfrac{5}{8}$

● 出発地から $3\dfrac{1}{5}$ km 歩きました。あと $1\dfrac{2}{5}$ km で目的地に着きます。
出発地から目的地まで何 km ですか。

式

答え＿＿＿＿＿＿＿＿

 小数のかけ算（7）　名　前

① 筆算でしましょう。

① 24×4.8　② 86×2.5　③ 3.72×4.1　④ 2.25×0.64

⑤ 0.18×0.26　⑥ 4.15×4.5　⑦ 80×0.25　⑧ 5.3×4.23

② 次の積を比べて，□ に不等号を書きましょう。

① 40×1.01 □ 40×0.99　② 2.9×0.8 □ 2.9×1.1

③ 7.7×1.8 □ 7.7×0.9

復習

① $1\dfrac{5}{7} + \dfrac{6}{7}$　　　　② $2\dfrac{5}{8} + 1\dfrac{3}{8}$

③ $2\dfrac{5}{11} + \dfrac{6}{11}$　　　　④ $4 + 1\dfrac{1}{2}$

● 家の畑は $4\dfrac{2}{3}$ m² が花畑で，$5\dfrac{2}{3}$ m² が野菜畑です。家の畑の面積は
何 m² ですか。

式

答え＿＿＿＿＿＿＿＿

小数のかけ算（8）

名前

① 右の正方形の面積を求めましょう。
式

正方形　3.1cm

答え ＿＿＿＿＿＿＿＿＿＿

② 右の長方形の面積を求めましょう。
答えは m² と cm² の両方で表しましょう。
式

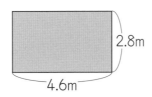

2.8m
4.6m

答え （　　　　　）m²,
　　　（　　　　　　　）cm²

③ 右の直方体の体積を求めましょう。
答えは m³ と cm³ の両方で表しましょう。
式

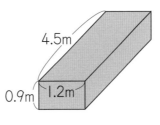

4.5m
0.9m　1.2m

答え （　　　　　）m³,
　　　（　　　　　　　）cm³

復習
① $\dfrac{15}{7} - \dfrac{9}{7}$　　② $2\dfrac{4}{5} - 2\dfrac{1}{5}$
③ $3\dfrac{1}{4} - 1\dfrac{3}{4}$　　④ $2\dfrac{1}{5} - \dfrac{4}{5}$

● 面積が $4\dfrac{4}{5}$ m² の庭に面積が $3\dfrac{2}{5}$ m² の花だんを作りました。
残りの庭は何 m² ですか。
式

答え ＿＿＿＿＿＿＿

小数のかけ算（9）

名前

① かけ算の計算のきまりを使い，□ にあてはまる数を書きましょう。

① $9.7 \times 4.6 = \boxed{} \times 9.7$

② $(5.3 \times 2.4) \times 0.4 = 5.3 \times (\boxed{} \times 0.4)$

③ $(8.6 + 7.6) \times 0.5 = 8.6 \times 0.5 + \boxed{} \times 0.5$

④ $6.4 \times 9.1 + 3.6 \times 9.1 = (6.4 + 3.6) \times \boxed{}$

⑤ $(9.6 - 3.8) \times 0.4 = 9.6 \times 0.4 - 3.8 \times \boxed{}$

⑥ $7.2 \times 6.9 - 1.2 \times 6.9 = (\boxed{} - 1.2) \times 6.9$

② 計算のきまりを使って，くふうして計算しましょう。

① $3.8 \times 4 \times 2.5$
② $7.8 \times 6.5 + 2.2 \times 6.5$

復習
① $1\dfrac{1}{6} - \dfrac{5}{6}$　　② $5 - 2\dfrac{1}{8}$
③ $4 - 3\dfrac{5}{9}$　　④ $3\dfrac{4}{15} - 2$

● ジュースを $1\dfrac{2}{7}$ L 買ってきたので，はじめにあったジュースとあわせて 4L になりました。はじめにジュースは何 L ありましたか。
式

答え ＿＿＿＿＿＿＿

小数のかけ算
まとめ①

名 前

月　　日

1　47 × 84 = 3948 をもとにして，次の積を求めましょう。

① 47 × 8.4

② 4.7 × 8.4

③ 0.47 × 0.84

2　1m のねだんが 200 円のリボンを 3.8m 買うと，何円になりますか。

式

答え＿＿＿＿＿＿＿＿＿＿

3　□にあてはまる数を書きましょう。

① 5.2 × 4 × 2.5 = 5.2 × □

＝ □

② 3.9 × 5.7 + 6.1 × 5.7 =（3.9 + 6.1）× □

＝ □

4　筆算でしましょう。

① 68 × 4.7　② 6.5 × 7.3　③ 7.54 × 5.8　④ 870 × 6.2

⑤ 3.02 × 5.9　⑥ 2.7 × 0.3　⑦ 0.32 × 0.46　⑧ 1.25 × 0.6

小数のかけ算
まとめ②

名 前

月　　日

1　次の計算で積が 6.3 より小さくなるのはどれですか。
□に記号を書きましょう。

㋐ 6.3 × 1.05

㋑ 6.3 × 0.15

㋒ 6.3 × 1.9

㋓ 6.3 × 0.98

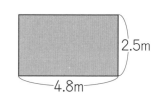

2　右の長方形の面積を求めましょう。

式

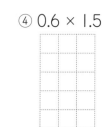
2.5m
4.8m

答え＿＿＿＿＿＿＿＿＿＿

3　1m の重さが 6.7kg のパイプがあります。
このパイプ 0.8m の重さは何 kg ですか。

式

答え＿＿＿＿＿＿＿＿＿＿

4　筆算でしましょう。

① 0.24 × 1.3　② 7.5 × 2.8　③ 5.32 × 7.9　④ 0.6 × 1.5

⑤ 2.8 × 1.4　⑥ 5.8 × 1.3　⑦ 0.8 × 0.12　⑧ 280 × 0.75

🐑 小数のわり算 （1）　名前

リボンを 1.2m 買うと 480 円でした。
このリボン 1m のねだんはいくらですか。

式　480 ÷ 1.2

(1)　Aさんと Bさんの 2 人の考え方で，答えを求めます。（ ）にあてはまる数を書きましょう。

【Aさんの考え方】

「0.1m 分のねだんを求めて，その 10 倍が 1m のねだん」

1.2m は 0.1m の（　　　）こ分です。

① 0.1m のねだんを求めます。　480 ÷ （　　　）= 40

② 1m のねだんを求めます。　40 × （　　　）= （　　　）

【Bさんの考え方】

「わり算では，わられる数とわる数に同じ数をかけて計算しても答えは同じ」

① わられる数とわる数を 10 倍します。　480 × 10 = 4800

　　　　　　　　　　　　　　　　　　　　1.2 × （　　　）= （　　　）

② ①で 10 倍した数で計算します。　4800 ÷ （　　　）= （　　　）

(2)　答えを書きましょう。

（　　　　　　　）

復 習

① 5.6 ÷ 4　　② 56.4 ÷ 6　　③ 48.1 ÷ 13　　④ 72.28 ÷ 26

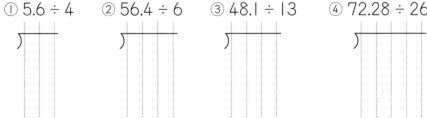

● 9m で 38.7kg のパイプがあります。このパイプ 1m の重さは何 kg ですか。
式

答え＿＿＿＿＿＿＿＿

🐄 小数のわり算 （2）　名前

● 「わられる数とわる数に同じ数をかけて計算しても答えは同じ」というわり算の性質を使って計算しましょう。（ ）にあてはまる数を書きましょう。

① 6 ÷ 3 = 2　← 答えは同じ
　↓ × 10　↓ × 10
　60 ÷ （　　）= （　　）　←

② 2.4 ÷ 0.4 = （　　）　← 答えは同じ
　↓ × 10　↓ × 10
　24 ÷ （　　）= （　　）　←

③ 6.4 ÷ 1.6 = （　　）　← 答えは同じ
　↓ × 10　↓ × 10
　64 ÷ （　　）= （　　）　←

④ 9 ÷ 1.5 = （　　）　← 答えは同じ
　↓ × 10　↓ × 10
　（　　）÷ （　　）= （　　）　←

復 習

① 3.6 ÷ 9　　② 3.43 ÷ 49　　③ 2.1 ÷ 4　　④ 4.5 ÷ 18

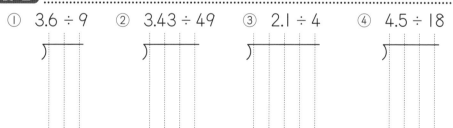

● 3.2L のお茶を 5 人で等しく分けます。1 人分は何 L になりますか。
式

答え＿＿＿＿＿＿＿＿

小数のわり算（3）

① 2632 ÷ 47 = 56 をもとにして，次の商を求めましょう。

①
4.7⟌26.32

②
4.7⟌2.632

③
0.47⟌26.32

④
0.47⟌2.632

② 筆算でしましょう。

① 4.32 ÷ 1.8　② 7.92 ÷ 3.6　③ 22.8 ÷ 7.6　④ 11.28 ÷ 2.4

⑤ 28.26 ÷ 3.14　⑥ 4.24 ÷ 1.06　⑦ 5.4 ÷ 0.15　⑧ 7 ÷ 0.28

復習

● 商は一の位まで求めて，あまりも出しましょう。

① 37.6 ÷ 7　② 80.2 ÷ 3　③ 42.7 ÷ 14

（　　　　　）（　　　　　）（　　　　　）

● 長さ 43.6m のロープを 6m ずつで切ると，6m のロープは何本できて，何m あまりますか。

式

答え＿＿＿＿＿＿

小数のわり算（4）

● 筆算でしましょう。

① 9.18 ÷ 0.06　② 4.92 ÷ 0.4　③ 5.04 ÷ 0.7　④ 7.02 ÷ 0.9

⑤ 7.54 ÷ 2.9　⑥ 9.03 ÷ 4.3　⑦ 8.36 ÷ 3.8　⑧ 5.32 ÷ 1.4

⑨ 18.4 ÷ 9.2　⑩ 3.984 ÷ 4.8　⑪ 54.72 ÷ 7.6　⑫ 2.8 ÷ 5.6

復習

● 商は四捨五入して，$\frac{1}{10}$ の位までのがい数で求めましょう。

① 4.73 ÷ 7　② 9.5 ÷ 3　③ 54.8 ÷ 13　④ 63.9 ÷ 18

（　　　　）（　　　　）（　　　　）（　　　　）

小数のわり算 (5)

名前

● 筆算でしましょう。

① 3.75 ÷ 7.5　② 2.88 ÷ 4.8　③ 5.28 ÷ 6.6　④ 4.32 ÷ 4.8

⑤ 1.2 ÷ 2.4　⑥ 3.45 ÷ 4.6　⑦ 1.8 ÷ 2.5　⑧ 3.06 ÷ 3.6

⑨ 8 ÷ 2.5　⑩ 12 ÷ 1.5　⑪ 18 ÷ 2.4　⑫ 21 ÷ 2.8

復習

① 4.3 × 7.5　② 2.9 × 8.6　③ 63.7 × 3.4　④ 48.2 × 5.9

小数のわり算 (6)

名前

① 筆算でしましょう。

① 18.4 ÷ 0.4　② 1.5 ÷ 0.6　③ 5.8 ÷ 0.4　④ 2.22 ÷ 0.6

⑤ 1.26 ÷ 0.9　⑥ 8 ÷ 0.5　⑦ 9 ÷ 0.4　⑧ 6 ÷ 0.24

② 商が，わられる数の 12 より大きくなるのはどれですか。

　□ に記号を書きましょう。

　㋐ 12 ÷ 0.3　　㋑ 12 ÷ 3　　㋒ 12 ÷ 1.2　　㋓ 12 ÷ 0.6

　　　　　　　　　　　　　　　　　□　□

復習

① 2.31 × 4.2　② 0.98 × 7.5　③ 5.6 × 4.23　④ 4.8 × 1.39

小数のわり算 (7)

名前

月　日

□ 商がわられる数より大きくなるのはどれですか。
　　□ に記号を書きましょう。

① ⑦ 8 ÷ 0.5　　① 8 ÷ 2.5　　⑦ 8 ÷ 0.25　　① 8 ÷ 1.25

② ⑦ 2.4 ÷ 1.2　① 2.4 ÷ 0.8　⑦ 2.4 ÷ 0.3　① 2.4 ÷ 3.1

② 下の式の□に⑦〜①の数をあてはめて計算します。
　　商が大きくなるものから順番に記号を（　　）に書きましょう。

　　3.6 ÷ □
　　　　⑦　1
　　　　①　0.9
　　　　⑦　0.4
　　　　①　1.2　　　　（　　）→（　　）→（　　）→（　　）

復習 ....

① 7.6 × 0.8　　② 5.9 × 0.6　　③ 65.4 × 0.7　　④ 29.3 × 0.8

● かべを1m² あたり 4.7dL のペンキでぬります。かべ0.9m²は, 何dL の
　ペンキでぬれますか。
　　式

　　　　　　　　　　　　　　　　　　　答え _____

小数のわり算 (8)

名前

月　日

● わりきれるまで計算しましょう。
① 1.3 ÷ 0.5　　② 15 ÷ 0.4　　③ 0.15 ÷ 0.6　　④ 0.26 ÷ 0.8
   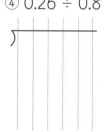

⑤ 1.3 ÷ 0.25　⑥ 1.5 ÷ 1.2　⑦ 0.4 ÷ 1.6　⑧ 5.52 ÷ 1.6
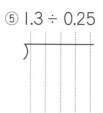 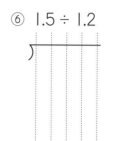  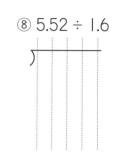

⑨ 6.75 ÷ 1.25　⑩ 7.56 ÷ 3.15　⑪ 13.78 ÷ 4.24　⑫ 5.58 ÷ 2.25
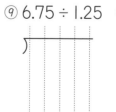  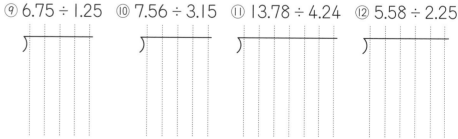

復習 ....

① 0.9 × 0.5　　② 1.6 × 0.5　　③ 2.56 × 0.8　　④ 1.35 × 0.6

小数のわり算（9）

① 3.9kgのジャムを0.5kgずつビンに入れます。
ジャムを入れたビンは何個できますか。また，何kgあまりますか。

式

答え ＿＿＿＿＿＿＿＿＿＿

② 商は一の位まで求め，あまりも出しましょう。
　① 3.3 ÷ 0.8　　② 7.89 ÷ 0.9　　③ 4.9 ÷ 2.4　　④ 17.8 ÷ 8.3

（　　　　　）（　　　　　）（　　　　　）（　　　　　）

　⑤ 6.27 ÷ 1.4　　⑥ 34 ÷ 3.7　　⑦ 3.2 ÷ 0.54　　⑧ 6.51 ÷ 0.23

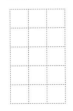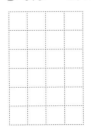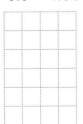

（　　　　　）（　　　　　）（　　　　　）（　　　　　）

復習
① 0.7 × 2.9　　② 0.6 × 8.7　　③ 0.8 × 2.76　　④ 0.5 × 1.38

小数のわり算（10）

① 2.7mのパイプの重さをはかったら，4.1kgでした。このパイプ1mの
重さは何kgですか。四捨五入して，上から2けたのがい数で求めましょう。

式

答え ＿＿＿＿＿＿＿＿＿＿

② 商は四捨五入して，上から2けたのがい数で求めましょう。
　① 8.4 ÷ 2.6　　② 4.3 ÷ 0.57　　③ 8 ÷ 15.6

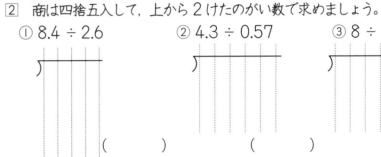

（　　　　　）（　　　　　）（　　　　　）

③ 商は四捨五入して，$\frac{1}{10}$の位までのがい数で求めましょう。
　① 5.2 ÷ 0.7　　② 0.86 ÷ 0.41　　③ 12 ÷ 3.3

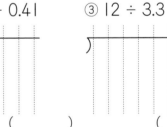

（　　　　　）（　　　　　）（　　　　　）

復習
① 0.53 × 0.27　　② 0.91 × 0.84　　③ 98 × 0.67　　④ 28 × 0.75

小数倍 (1)

名前

● 右の表のような 3 本のテープがあります。次の問いに答えましょう。

色	長さ (m)
赤	8
金	5
銀	4

① 赤のテープの長さは，金のテープの長さの何倍ですか。

式

答え _____

② 金のテープの長さは，赤のテープの長さの何倍ですか。

式

答え _____

③ 金のテープの長さは，銀のテープの長さの何倍ですか。

式

答え _____

④ 銀のテープの長さは，金のテープの長さの何倍ですか。

式

答え _____

復習

① 7.68 ÷ 1.6　　② 6.16 ÷ 2.8　　③ 6.5 ÷ 1.3　　④ 7.8 ÷ 2.6

小数倍 (2)

名前

● 右の表のような 3 本のリボンがあります。次の問いに答えましょう。

色	長さ (m)
青	2
白	2.5
黄	0.8

① 青のリボンの長さは，白のリボンの長さの何倍ですか。

式

答え _____

② 青のリボンの長さは，黄のリボンの長さの何倍ですか。

式

答え _____

③ 白のリボンの長さは，黄のリボンの長さの何倍ですか。

式

答え _____

④ 黄のテープの長さは，白のテープの長さの何倍ですか。

式

答え _____

復習

① 35.7 ÷ 4.2　　② 41.8 ÷ 5.5　　③ 17.1 ÷ 1.9　　④ 20.4 ÷ 3.4

小数倍 (3)

① 赤, 金, 銀, 銅の 4 色のテープがあります。赤のテープの長さは 4.5m です。
金, 銀, 銅それぞれのテープの長さを求めましょう。

① 金のテープは, 赤のテープの 1.2 倍の長さです。
金のテープの長さは何 m ですか。
式

答え _____

② 銀のテープは, 赤のテープの 2.8 倍の長さです。
銀のテープの長さは何 m ですか。
式

答え _____

③ 銅のテープは, 赤のテープの 0.7 倍の長さです。
銅のテープの長さは何 m ですか。
式

答え _____

② しょうたさんの体重は 34kg です。
まさきさんの体重は, しょうたさんの体重の 0.6 倍です。
まさきさんの体重は何 kg ですか。
式

答え _____

復習

① 6.25 ÷ 1.25　② 9.75 ÷ 1.25　③ 4.05 ÷ 4.5　④ 3.24 ÷ 5.4

小数倍 (4)

① (　) にあてはまる数を求めましょう。

① (　)m の 3 倍は, 1.2m です。
式

答え _____

② (　)m の 1.5 倍は, 1.2m です。
式

答え _____

③ (　) 人の 2.8 倍は, 448 人です。
式

答え _____

④ (　)kg の 0.8 倍は, 21.2kg です。
式

答え _____

② 山小学校の児童数は 486 人です。
これは, 海小学校の児童数の 0.9 倍だそうです。
海小学校の児童数は何人ですか。
式

答え _____

復習

① 3.6 ÷ 0.8　② 2.8 ÷ 0.5　③ 5.92 ÷ 0.37　④ 7.82 ÷ 0.34

小数倍（5）

名前

月　日

① 5.52 ÷ 1.2 と答えが同じになる式を選んで，□に記号を書きましょう。

　　㋐　55.2 ÷ 1.2
　　㋑　55.2 ÷ 12
　　㋒　0.552 ÷ 1.2
　　㋓　0.552 ÷ 0.12

② 2.6m の重さが 11.7kg の金ぞくのパイプがあります。
　このパイプ 1m の重さは何 kg ですか。
　式

答え＿＿＿＿＿＿＿＿＿＿

③ わりきれるまで計算しましょう。
　① 19.5 ÷ 2.6　② 9 ÷ 0.4　③ 7.2 ÷ 4.5　④ 3.23 ÷ 8.5

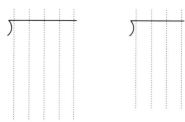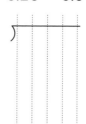

　⑤ 6.72 ÷ 2.8　⑥ 27.3 ÷ 3.9　⑦ 2.1 ÷ 2.5　⑧ 1.6 ÷ 6.4

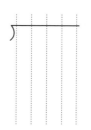

 小数倍（6）

名前

月　日

① 商が 15.6 より大きくなる式を選んで，□に記号を書きましょう。

　　㋐　15.6 ÷ 1.2
　　㋑　15.6 ÷ 1
　　㋒　15.6 ÷ 0.8
　　㋓　15.6 ÷ 0.5

② 9.5L のジュースを 0.4L ずつペットボトルに入れます。
　ペットボトルは何本できて，何 L あまりますか。　
　式

答え＿＿＿＿＿＿＿＿＿＿

③ 商は一の位まで求めて，あまりも出しましょう。
　① 7.1 ÷ 0.8　② 42.3 ÷ 1.4　③ 8.26 ÷ 2.8

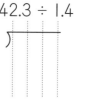

（　　　　　）（　　　　　）（　　　　　）

④ 商は四捨五入して，上から 2 けたのがい数で求めましょう。
　① 8.3 ÷ 1.5　② 9.04 ÷ 2.6　③ 3.52 ÷ 6.5

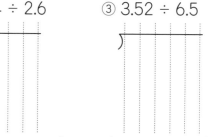

（　　　　　）（　　　　　）（　　　　　）

小数のかけ算・わり算

名前

1　1m の重さが 2.7kg の鉄のぼうがあります。
　　この鉄のぼう 3.8m の重さは何 kg ですか。
　　式

　　　　　　　　　　　　　　　　答え _____

2　1.5L の重さが 1.2kg の油があります。
　①　この油 1L の重さは何 kg ですか。
　　式

　　　　　　　　　　　　　　　　答え _____

　②　この油 1kg では何 L ですか。
　　式

　　　　　　　　　　　　　　　　答え _____

3　（　　　）にあてはまる数を書きましょう。
　①　4.5kg は 1.8kg の（　　　）倍です。
　②　20.4m² の 6.5 倍は（　　　　）m² です。
　③　7.2L は（　　　）L の 0.9 倍です。

4　答えが 12 より大きくなる式を選んで，□に記号を書きましょう。
　　㋐　12 × 1.1
　　㋑　12 × 0.9
　　㋒　12 ÷ 1.1
　　㋓　12 ÷ 0.9

　　　　　　　　　　　　　　□ □

合同な図形（1）

名前

●　次の㋐，㋑，㋒はぴったり重なる図形です。

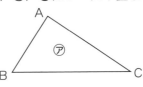
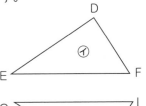
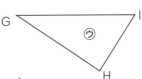

(1)　（　　　）にあてはまることばを書きましょう。
　①　㋐，㋑，㋒のように，ぴったり重ね合わせることができる図形は
　　　（　　　　　　　　）であるといいます。
　②　合同な図形では，対応する（　　　　　）の長さは等しく，
　　　対応する（　　　　　）の大きさも等しくなります。

(2)　次の表に対応する頂点，辺，角を書きましょう。

三角形㋐	三角形㋑	三角形㋒
頂点 A に対応する頂点		
頂点 B に対応する頂点		
辺 AB に対応する辺		
辺 AC に対応する辺		
角 C に対応する角		

復習

　①　58.5 ÷ 0.13　　②　22.1 ÷ 0.85　　③　4.9 ÷ 1.4　　④　26.6 ÷ 9.5

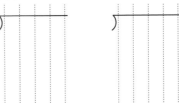

合同な図形 (2)

名
前

月　日

1　下の 3 つの三角形は合同です。（　　）にあてはまる数を書きましょう。

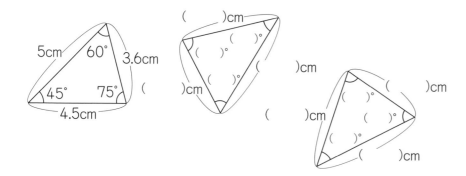

2　下の 2 つの四角形は合同です。（　　）にあてはまる数を書きましょう。

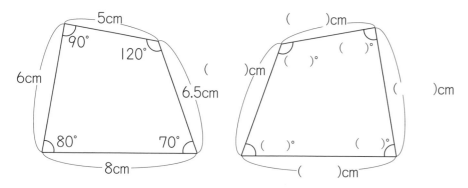

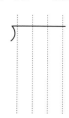
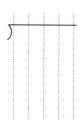

① 40 ÷ 0.8　② 560 ÷ 0.7　③ 450 ÷ 1.5　④ 720 ÷ 1.2

合同な図形 (3)

名
前

月　日

● 四角形にそれぞれ 1 本あるいは 2 本の対角線をひいて三角形に分けます。
そこでできる三角形は合同ですか。あてはまる方に○をつけましょう。

① 正方形
 （合同 / 合同でない）
4つとも
 （合同 / 合同でない）

② ひし形
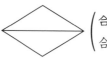 （合同 / 合同でない）
 （合同 / 合同でない）
4つとも
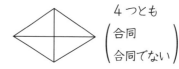 （合同 / 合同でない）

③ 長方形
 （合同 / 合同でない）
向かい合う三角形
 （合同 / 合同でない）

④ 平行四辺形
 （合同 / 合同でない）
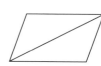 （合同 / 合同でない）
向かい合う三角形
 （合同 / 合同でない）

⑤ 台形
 （合同 / 合同でない）
 （合同 / 合同でない）

合同な図形（4）

名
前

● 下の図のような三角形をかきましょう。

①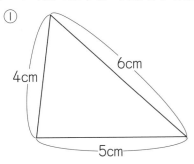

② 二等辺三角形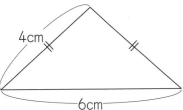

復習

● 商は一の位まで求めて，あまりも出しましょう。

① 6 ÷ 0.9　　　② 35 ÷ 0.8　　　③ 6.51 ÷ 0.23

（　　　　　　）（　　　　　　）（　　　　　　）

● 20mのテープを 0.6m ずつ切ります。0.6m のテープは何本できて，何mあまりますか。

式

答え　　　　　　　　　　

合同な図形（5）

名
前

● 下の図のような三角形をかきましょう。

①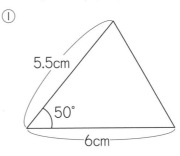

②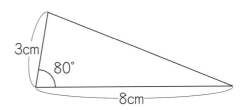

復習

● 商は四捨五入して，上から 2 けたのがい数で求めましょう。

① 7.09 ÷ 6.3　　　② 91.7 ÷ 2.3　　　③ 2.72 ÷ 4.5

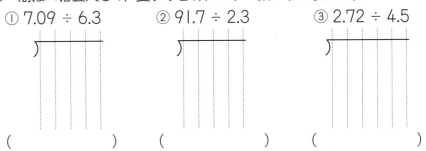

（　　　　　　）（　　　　　　）（　　　　　　）

● 3.3mの重さが 16.9kg の鉄パイプがあります。この鉄パイプ 1m の重さは何 kg ですか。商は四捨五入して，上から 2 けたのがい数で求めましょう。

式

答え

合同な図形（6）

● 下の図のような三角形をかきましょう。

①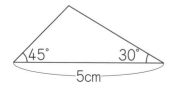

②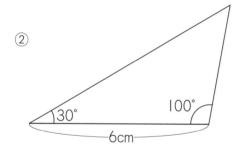

復習

① 7.5×6.8　　② 46.3×2.9　　③ 7.08×6.2　　④ 6.9×6.08

● たて 8.3m, 横 2.95m の花だんの面積を求めましょう。
式

答え＿＿＿＿＿＿＿＿

合同な図形（7）

● 下の図のような四角形をかきましょう。

①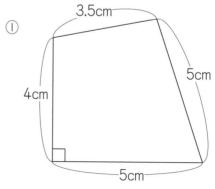

②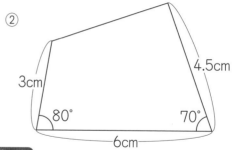

復習

① 8.5×0.6　　② 45.7×0.3　　③ 0.9×0.2　　④ 1.26×0.4

● あるジュースには, 1L あたり 25.5g のさとうがとけています。
このジュース 0.8L には, 何 g のさとうがとけていますか。
式

答え＿＿＿＿＿＿＿＿

合同な図形
まとめ

名
前

① 次の 2 つの四角形は合同です。

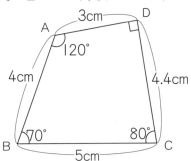

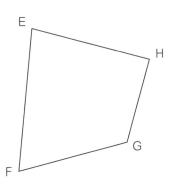

(1) 対応する頂点や辺を書きましょう。

① 頂点A（　　　　　）　　② 辺BC（　　　　　　）

(2) 次の辺の長さや角度を書きましょう。

① 辺FG（　　　　）　　② 辺HG（　　　　）　　③ 角E（　　　　）

② 次の四角形に対角線をひいてできる合同な三角形を書きましょう。

(1) 長方形

① 三角形ABOと（　　　　　　　　　　）

② 三角形AODと（　　　　　　　　　　）

(2) ひし形

① 三角形HEFと（　　　　　　　　　　）

② 三角形HEGと（　　　　　　　　　　）

③ 下の図のような平行四辺形をかきましょう。

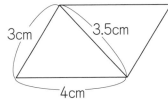

図形の角（1）

名
前

● 次の三角形の㋐〜㋜の角度を，式を書いて求めましょう。

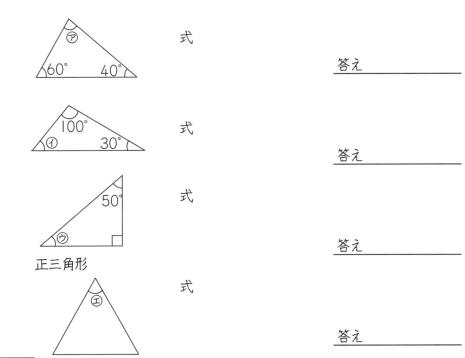

式

答え＿＿＿＿＿＿＿

式

答え＿＿＿＿＿＿＿

式

答え＿＿＿＿＿＿＿

正三角形

式

答え＿＿＿＿＿＿＿

復習..

● 三角定規の角の大きさを書きましょう。

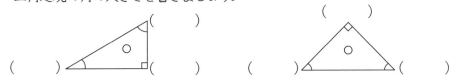

● 三角定規を使ってできる角㋐の大きさを，式を書いて求めましょう。

式

答え＿＿＿＿＿＿＿

図形の角（2）

名
前

● 次の三角形の⑦〜㊤の角度を，式を書いて求めましょう。

75°
55°
⑦

式

答え _____

二等辺三角形

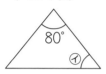
80°
⑦

式

答え _____

80°
40°
⑨

式

答え _____

㊤
110°
50°

式

答え _____

 復 習 ......

① 0.8 × 6.7　　② 0.4 × 7.92　　③ 0.72 × 0.38　　④ 86 × 7.9

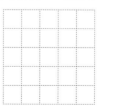

図形の角（3）

名
前

● 次の四角形の⑦〜㊤の角度を，式を書いて求めましょう。

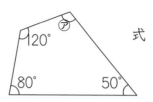
⑦
120°
80°
50°

式

答え _____

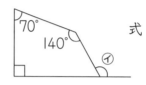
70°
140°
⑦

式

答え _____

ひし形

40°
⑨

式

答え _____

平行四辺形

㊤
55°

式

答え _____

 復 習 ......

① 7.28 ÷ 1.4　　② 9.6 ÷ 2.4　　③ 8.32 ÷ 3.2　　④ 2.88 ÷ 1.6

図形の角（4）

名前

月　日

● 五角形の5つの角の大きさの和を調べます。
　次の2つの方法で考えます。（　　）にあてはまることばや数を
下から選んで書きましょう。（同じ数を何度使ってもよい。）

【考え方1】
　右の図のように、五角形の1つの頂点から
対角線をひくと、3つの（　　　　）に分ける
ことができます。
　三角形の3つの角の大きさの和は（　　　）°で、
五角形は、その3つ分です。
　（　　　　）°× 3 ＝（　　　　）°

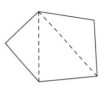

【考え方2】
　右の図のように、五角形の1つの頂点から1本
だけ対角線をひくと、三角形と（　　　　）に
分けられます。
　三角形の3つの角の大きさの和（　　　）°と四角形の4つの角の
大きさの和（　　　）°を合わせます。
　（　　　　）°＋（　　　　）°＝（　　　　）°

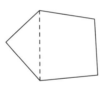

> 三角形 ・ 四角形 ・ 90 ・ 180 ・ 360 ・ 540

復習
① 9.42 ÷ 3.14　　② 1.88 ÷ 4.7　　③ 2.6 ÷ 0.4　　④ 0.96 ÷ 0.12

図形の角（5）

名前

月　日

① 六角形と七角形の角の大きさの和を求めましょう。
　1つの頂点から対角線をひき、三角形がいくつできるかで考えましょう。

① 六角形

式

答え＿＿＿＿＿＿

② 七角形

式

答え＿＿＿＿＿＿

② 多角形の角の大きさの和について、表にまとめましょう

多角形	三角形	四角形	五角形	六角形	七角形	八角形
三角形の数	1					
角の大きさの和	180°					

復習
① 3.4 ÷ 0.68　　② 7.2 ÷ 1.5　　③ 9 ÷ 3.6　　④ 15.6 ÷ 4.8

図形の角

まとめ

名 前

① ⑦～⑦の角の大きさを，式を書いて求めましょう。

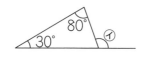
式

答え _____

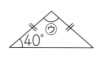
式

答え _____

二等辺三角形

式

答え _____

式

答え _____

式

答え _____

平行四辺形
式

答え _____

② 六角形の角の大きさの和を求めました。
①～③の式に合う図を選んで，□に記号を書きましょう。

① $180 \times 4 = 720$ □

② $180 \times 2 + 360 = 720$ □

③ $360 \times 2 = 720$ □

整数（1）

偶数と奇数

名 前

① 下の数直線で，偶数には○を，奇数には△をつけましょう。

0 1 2 3 4 5 6 7 8 9 10 11 12 13

② 次の数を偶数と奇数に分けて書きましょう。

| 27 | 72 | 55 | 88 |
| 100 | 159 | 2300 | 2003 |

偶数

奇数

③ 次の数が偶数か奇数かを，式で表します。（　）にあてはまる数を書きましょう。また，偶数か奇数かに○をつけましょう。

① $24 = 2 \times (\quad)$ 　　偶数・奇数

② $45 = 2 \times (\quad) + 1$ 　偶数・奇数

③ $54 = 2 \times (\quad)$ 　　偶数・奇数

④ $101 = 2 \times (\quad) + 1$ 　偶数・奇数

復習

① $11 \times 2 = (\quad)$ ② $11 \times 3 = (\quad)$ ③ $11 \times 4 = (\quad)$ ④ $11 \times 5 = (\quad)$

⑤ $12 \times 2 = (\quad)$ ⑥ $12 \times 3 = (\quad)$ ⑦ $12 \times 4 = (\quad)$ ⑧ $12 \times 5 = (\quad)$

⑨ $13 \times 2 = (\quad)$ ⑩ $13 \times 3 = (\quad)$ ⑪ $13 \times 4 = (\quad)$ ⑫ $13 \times 5 = (\quad)$

⑬ $14 \times 2 = (\quad)$ ⑭ $14 \times 3 = (\quad)$ ⑮ $14 \times 4 = (\quad)$ ⑯ $14 \times 5 = (\quad)$

⑰ $15 \times 2 = (\quad)$ ⑱ $15 \times 3 = (\quad)$ ⑲ $15 \times 4 = (\quad)$ ⑳ $15 \times 5 = (\quad)$

整数（2）
倍数

● 次の数の倍数を小さい方から順に５つ書きましょう。

① 　5の倍数　☐ ☐ ☐ ☐ ☐

② 　8の倍数　☐ ☐ ☐ ☐ ☐

③ 　9の倍数　☐ ☐ ☐ ☐ ☐

④ 　12の倍数　☐ ☐ ☐ ☐ ☐

⑤ 　16の倍数　☐ ☐ ☐ ☐ ☐

⑥ 　18の倍数　☐ ☐ ☐ ☐ ☐

⑦ 　20の倍数　☐ ☐ ☐ ☐ ☐

⑧ 　24の倍数　☐ ☐ ☐ ☐ ☐

復習

● 次の数が答えになる整数のかけ算を書きましょう。

① 6　（　　　）（　　　）（　　　）（　　　）

② 8　（　　　）（　　　）（　　　）（　　　）

③ 12　（　　　）（　　　）（　　　）（　　　）
　　　（　　　）（　　　）

④ 18　（　　　）（　　　）（　　　）（　　　）
　　　（　　　）（　　　）

整数（3）
公倍数

① 3と4の公倍数を調べましょう。

① 次の数直線の3と4の倍数にそれぞれ〇をつけましょう。

3の倍数
0 1 2 3 4 5 6 7 8 9 10 11 12 13 14 15 16 17 18 19 20 21 22 23 24 25 26 27 28 29 30 31 32 33 34 35 36 37 38 39 40 41

4の倍数
0 1 2 3 4 5 6 7 8 9 10 11 12 13 14 15 16 17 18 19 20 21 22 23 24 25 26 27 28 29 30 31 32 33 34 35 36 37 38 39 40 41

② 3と4の公倍数を小さい方から3つ書きましょう。

（　　　）（　　　）（　　　）

③ 3と4の最小公倍数を書きましょう。

（　　　）

② 3と5の公倍数を調べましょう。

① 3と5の倍数をそれぞれ小さい方から5つずつ書きましょう。

3の倍数　（　　　）（　　　）（　　　）（　　　）（　　　）
5の倍数　（　　　）（　　　）（　　　）（　　　）（　　　）

② 3と5の公倍数を小さい方から3つ書きましょう。

（　　　）（　　　）（　　　）

③ 3と5の最小公倍数を書きましょう。

（　　　）

復習

● 商は一の位まで求めて，あまりも出しましょう。
　① 3.9 ÷ 1.2　　　② 40 ÷ 0.9　　　③ 26.2 ÷ 2.9

（　　　　　）　　（　　　　　）　　（　　　　　）

整数（4）
公倍数
名　前

1　次の 2 つの数の公倍数を小さい方から順に 3 つ書きましょう。
　　また，最小公倍数に○をつけましょう。

　　① （ 2 , 5 ）　（　　　　　　　　　　　　　　）
　　② （ 3 , 9 ）　（　　　　　　　　　　　　　　）
　　③ （ 4 , 6 ）　（　　　　　　　　　　　　　　）
　　④ （ 3 , 7 ）　（　　　　　　　　　　　　　　）
　　⑤ （ 6 , 9 ）　（　　　　　　　　　　　　　　）
　　⑥ （ 8 , 12 ）　（　　　　　　　　　　　　　　）
　　⑦ （ 15 , 10 ）（　　　　　　　　　　　　　　）
　　⑧ （ 12 , 18 ）（　　　　　　　　　　　　　　）

2　たて 3cm，横 4cm の長方形の紙をしきつめて正方形を作ります。
　　できる正方形で，いちばん小さな正方形の 1 辺の長さは何 cm ですか。

　　　　　　　　　　　　　　　　　　　（　　　　　　）cm

復習

● 商は四捨五入して，上から 2 けたのがい数で求めましょう。
　　① 7.9 ÷ 2.6　　　② 37.2 ÷ 1.7　　　③ 34.4 ÷ 7.8

　　（　　　　　　）　　（　　　　　　）　　（　　　　　　）

● 9.6m は 2.1m の約何倍ですか。上から 2 けたのがい数で求めましょう。
　　式

　　　　　　　　　　　　　　　　答え

整数（5）
公倍数
名　前

1　4 と 6 と 8 の公倍数を調べましょう。
　　① 4 と 6 と 8 の倍数をそれぞれ小さい順に 6 つずつ書きましょう。
　　4 の倍数　（　　　　　　　　　　　　　　　）
　　6 の倍数　（　　　　　　　　　　　　　　　）
　　8 の倍数　（　　　　　　　　　　　　　　　）
　　② 4 と 6 と 8 の最小公倍数を書きましょう。

　　　　　　　　　　　　　　　　　　（　　　　　　）

2　次の 3 つの数の最小公倍数を書きましょう。
　　① (2, 3, 4)　　（　　　　　）
　　② (3, 4, 5)　　（　　　　　）
　　③ (4, 6, 9)　　（　　　　　）

3　高さが 4cm，5cm，8cm の箱をそれぞれ重ねて積んでいきます。
　　最初に 3 つの箱の高さが等しくなるのは，何 cm のときですか。

　　　　　　　　　　　　　　　　　　（　　　　　　）cm

復習

● 商は四捨五入して，$\frac{1}{10}$ の位までのがい数で求めましょう。
　　① 7.4 ÷ 2.9　　　② 5.73 ÷ 5.3　　　③ 73.1 ÷ 8.3

　　（　　　　　　）　　（　　　　　　）　　（　　　　　　）

● 40.5kg は 6.5kg の約何倍ですか。$\frac{1}{10}$ の位までのがい数で求めましょう。
　　式

　　　　　　　　　　　　　　　　答え

整数（6）

約数

名
前

● 次の数の約数を □ に書きましょう。

ペアで
さがしていくと
わかりやすいね。

① 8

② 12

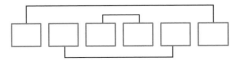

③ 24

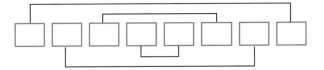

④ 25

⑤ 36

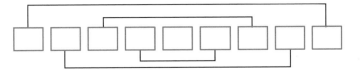

⑥ 42

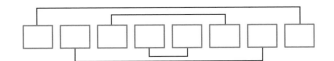

復 習 ....

① $\dfrac{5}{9} + \dfrac{2}{9}$

② $\dfrac{7}{4} + \dfrac{1}{4}$

③ $\dfrac{11}{8} + \dfrac{3}{8}$

④ $2\dfrac{1}{5} + 1\dfrac{2}{5}$

整数（7）

公約数

名
前

① 12と16の公約数を求めます。
　① 12と16の約数をそれぞれすべて書きましょう。
　　12の約数　　　　　（　　　　　　　　　　）
　　16の約数　　　　　（　　　　　　　　　　）
　② 12と16の公約数を書きましょう。
　　　　　　　　　　　　　　　　　（　　　　　　）
　③ 12と16の最大公約数を書きましょう。
　　　　　　　　　　　　　　　　　（　　　　　　）

② 次の2つの数の公約数をすべて書きましょう。
　　また，最大公約数を求めましょう。
　① （12, 20）　　公約数　（　　　　　　　　）
　　　　　　　　　最大公約数　（　　　　）
　② （ 8, 24）　　公約数　（　　　　　　　　）
　　　　　　　　　最大公約数　（　　　　）
　③ （24, 36）　　公約数　（　　　　　　　　）
　　　　　　　　　最大公約数　（　　　　）
　④ （30, 60）　　公約数　（　　　　　　　　）
　　　　　　　　　最大公約数　（　　　　）

復 習 ....

① $1\dfrac{5}{6} + \dfrac{5}{6}$

② $4\dfrac{5}{7} + 1\dfrac{3}{7}$

③ $3\dfrac{10}{11} + \dfrac{4}{11}$

④ $5 + 2\dfrac{1}{3}$

● $5\dfrac{2}{3}$ m と $4\dfrac{1}{3}$ m のテープをあわせると，何mになりますか。
式

答え_____

整数　（8）
公約数

名
前

整数　（9）
公約数

名
前

1　次の2つの数の公約数をすべて書きましょう。
　また，最大公約数を求めましょう。

① （28, 8）　　公約数（　　　　　　　　　　　　　）
　　　　　　　　最大公約数（　　　　）

② （18, 30）　公約数（　　　　　　　　　　　　　）
　　　　　　　　最大公約数（　　　　）

③ （16, 40）　公約数（　　　　　　　　　　　　　）
　　　　　　　　最大公約数（　　　　）

④ （28, 42）　公約数（　　　　　　　　　　　　　）
　　　　　　　　最大公約数（　　　　）

2　たて24cm，横36cmの長方形の画用紙があります。
　この画用紙からあまりが出ないように，合同な正方形を切り取ります。
　（正方形の1辺の長さは整数とします。）

① 1辺が何cmの正方形を切り取ることができますか。
　　すべての場合を書きましょう。
　　（　　　　　　　　　　　　　　　　　　　　　）

② いちばん大きな正方形の1辺の長さは何cmですか。
　　　　　　　　　　　　　　　　　　（　　　　　　　）

③ ②の長さで正方形を切り取ると，正方形は何まいできますか。
　　　　　　　　　　　　　　　　　　（　　　　　　　）

復習

① $\dfrac{15}{14} - \dfrac{9}{14}$　　　② $\dfrac{13}{7} - \dfrac{9}{7}$

③ $4\dfrac{5}{9} - 2\dfrac{1}{9}$　　　④ $3\dfrac{7}{10} - \dfrac{1}{10}$

1　次の3つの数の約数をすべて書きましょう。
　また，3つの数の最大公約数を求めましょう。

① 4と6と8
　4の約数　（　　　　　　　　　　　　　　　　）
　6の約数　（　　　　　　　　　　　　　　　　）
　8の約数　（　　　　　　　　　　　　　　　　）
　最大公約数（　　　　）

② 10と15と20
　10の約数（　　　　　　　　　　　　　　　　）
　15の約数（　　　　　　　　　　　　　　　　）
　20の約数（　　　　　　　　　　　　　　　　）
　最大公約数（　　　　）

2　りんごパイが8個，ゼリーが12個，チョコレートが20個あります。
　あまりが出ないように，同じ数ずつ配ります。配ることができる，いちばん
　多い人数は何人ですか。また，そのとき，りんごパイ，ゼリー，チョコレートは
　それぞれ何個ずつ配れますか。

　　　　　　　　　　　　　　　いちばん多い人数（　　　）人

　りんごパイ（　　　）個，クッキー（　　　）個，チョコレート（　　　）個

復習

① $3\dfrac{1}{6} - 1\dfrac{5}{6}$　　　② $1\dfrac{1}{4} - \dfrac{3}{4}$

③ $4 - 2\dfrac{1}{3}$　　　④ $5\dfrac{3}{4} - 2$

整数
まとめ

1 次の数を偶数と奇数に分けて書きましょう。

	偶数	奇数
0　22　33 101　110　285		

2 次の（ ）の中の数の最小公倍数を書きましょう。

① (3, 5)　　　　（　　　　　）

② (6, 8)　　　　（　　　　　）

③ (7, 3)　　　　（　　　　　）

④ (2, 3, 5)　　　（　　　　　）

⑤ (6, 8, 12)　　（　　　　　）

3 次の 2 つの数の公約数をすべて書きましょう。

また，最大公約数を求めましょう。

① 9 と 36

公約数　　（　　　　　　　　　　　）

最大公約数　（　　　　）

② 32 と 56

公約数　　（　　　　　　　　　　　）

最大公約数　（　　　　）

4 ある駅を上り電車は 20 分おきに，下り電車は 16 分おきに出発します。

午後 2 時に上り電車と下り電車が同時に出発しました。次に同時に出発するのは，何時何分ですか。

（　　　　　　　　　　　　　　）

分数と小数，
整数の関係（1）

1 わり算の商を分数で表しましょう。

① 2 ÷ 5　（　　　　）　② 5 ÷ 8　（　　　　）

③ 9 ÷ 4　（　　　　）　④ 7 ÷ 6　（　　　　）

⑤ 8 ÷ 11　（　　　　）　⑥ 16 ÷ 13　（　　　　）

2 □ にあてはまる数を書きましょう。

① $\frac{3}{7} = 3 ÷ \square$　　② $\frac{5}{6} = \square ÷ 6$

③ $\frac{7}{2} = \square ÷ \square$　　④ $\frac{6}{11} = \square ÷ \square$

3 5m のロープを 3 等分しました。1 つ分の長さは何 m ですか。
答えは分数で表しましょう。

式

答え＿＿＿＿＿＿＿＿

復習 ....

● わりきれるまで計算しましょう。

①4 ÷ 16　　②47.7 ÷ 18　　③8.4 ÷ 48　　④75.6 ÷ 225

分数と小数，整数の関係（2）

● 右の表のような長さのテープがあります。
テープの長さを比べて，分数で表しましょう。

色	長さ (m)
赤	3
金	5
銀	7

① 赤のテープの長さをもとにすると，
金のテープの長さは何倍ですか。
式

答え _____

② 銀のテープの長さは，赤のテープの長さの何倍ですか。
式

答え _____

③ 銀のテープの長さは，金のテープの長さの何倍ですか。
式

答え _____

④ 赤のテープの長さは，金のテープの長さの何倍ですか。
式

答え _____

⑤ 金のテープの長さは，銀のテープの長さの何倍ですか。
式

答え _____

復習 ....

① $\dfrac{7}{8} + \dfrac{3}{8}$

② $\dfrac{3}{5} + \dfrac{7}{5}$

③ $\dfrac{11}{6} + \dfrac{7}{6}$

④ $1\dfrac{3}{4} + 2\dfrac{1}{4}$

分数と小数，整数の関係（3）

● 次の分数を整数や小数で表しましょう。わりきれない場合は，$\dfrac{1}{100}$ の位
までのがい数で表しましょう。

① $\dfrac{2}{5} = \boxed{} \div \boxed{}$
$= \boxed{}$

② $\dfrac{1}{4} = \boxed{} \div \boxed{}$
$= \boxed{}$

③ $\dfrac{15}{8}$ (　　　　　)

④ $\dfrac{18}{6}$ (　　　　　)

⑤ $\dfrac{3}{7}$ (　　　　　)

⑥ $\dfrac{5}{9}$ (　　　　　)

⑦ $2\dfrac{1}{2}$ (　　　　　)

⑧ $1\dfrac{3}{4}$ (　　　　　)

⑨ $4\dfrac{1}{3}$ (　　　　　)

⑩ $3\dfrac{5}{6}$ (　　　　　)

復習 ....

① $1\dfrac{3}{5} + \dfrac{4}{5}$

② $1\dfrac{5}{8} + 3\dfrac{7}{8}$

③ $4\dfrac{5}{7} + \dfrac{6}{7}$

④ $3\dfrac{1}{4} + 4$

● $2\dfrac{5}{7}$ L のペンキを使うと，残りは $\dfrac{4}{7}$ L でした。はじめにペンキは何 L
ありましたか。
式

答え _____

分数と小数，整数の関係（4）

名　前

① 次の小数を分数で表しましょう。

① 0.7 （　　　）　② 0.6 （　　　）

③ 1.5 （　　　）　④ 3.2 （　　　）

⑤ 0.09 （　　　）　⑥ 0.76 （　　　）

⑦ 1.23 （　　　）　⑧ 1.45 （　　　）

⑨ 0.25 （　　　）　⑩ 0.125 （　　　）

② 次の整数を分数で表しましょう。

① 3 （　　　）　② 8 （　　　）

③ 16 （　　　）　④ 37 （　　　）

復習

① $\dfrac{9}{7} - \dfrac{2}{7}$　　② $\dfrac{15}{8} - \dfrac{9}{8}$

③ $4\dfrac{5}{6} - 1\dfrac{1}{6}$　　④ $1\dfrac{3}{8} - \dfrac{5}{8}$

● テープが 10m ありました。$4\dfrac{1}{8}$ m 使いました。何 m 残っていますか。
式

答え　　　　　　　　　

分数と小数，整数の関係（5）

名　前

① どちらが大きいですか。□に不等号を書きましょう。

① $\dfrac{2}{5}$ □ 0.3　　② $\dfrac{3}{4}$ □ 0.7

③ 0.35 □ $\dfrac{3}{8}$　　④ 0.9 □ $\dfrac{9}{11}$

⑤ $\dfrac{11}{8}$ □ 1.4　　⑥ $1\dfrac{2}{9}$ □ 1.3

② 次の分数を数直線に↑で書き入れましょう。

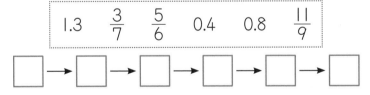

$\dfrac{2}{5}$　$\dfrac{3}{4}$　$\dfrac{6}{5}$　$\dfrac{7}{4}$　$1\dfrac{1}{2}$

0　　0.5　　1　　1.5

③ 次の分数と小数を小さい順に書きましょう。

1.3　$\dfrac{3}{7}$　$\dfrac{5}{6}$　0.4　0.8　$\dfrac{11}{9}$

□ → □ → □ → □ → □ → □

復習

① $3\dfrac{2}{7} - 2\dfrac{5}{7}$　　② $3\dfrac{4}{9} - \dfrac{8}{9}$

③ $3 - \dfrac{7}{12}$　　④ $3\dfrac{5}{11} - 2$

分数と小数，整数の関係
まとめ

名前

分　数（1）

名前

左ページ

1 次のわり算の商を分数で表しましょう。

① 2 ÷ 7 （　　）　　② 4 ÷ 12 （　　）

2 □ にあてはまる数を書きましょう。

① $\dfrac{4}{5} = \Box \div \Box$　　② $\dfrac{11}{6} = \Box \div \Box$

3 次の分数を小数や整数で表しましょう。
わりきれない場合は，四捨五入して，$\dfrac{1}{100}$ の位までのがい数で表しましょう。

① $\dfrac{5}{8}$ （　　　　）　　② $\dfrac{4}{25}$ （　　　　）

③ $\dfrac{24}{6}$ （　　　　）　　④ $\dfrac{22}{7}$ （　　　　）

4 次の小数や整数を分数で表しましょう。

① 0.8 （　　　　）　　② 2.4 （　　　　）

③ 1.05 （　　　　）　　④ 16 （　　　　）

5 □ にあてはまる不等号を書きましょう。

① $\dfrac{5}{9}$ □ 0.45　　② $\dfrac{5}{12}$ □ 0.4

③ 1.4 □ $\dfrac{10}{7}$　　④ 2.6 □ $\dfrac{21}{8}$

6 ㋐〜㋒ の数を下の数直線に↑で書き入れましょう。

㋐ 0.15　　　㋑ $\dfrac{4}{5}$　　　㋒ $\dfrac{5}{4}$

0　　　　0.5　　　　1　　　　1.5

右ページ

● □ にあてはまる数を書きましょう。

① $\dfrac{2}{3} = \dfrac{\Box}{6} = \dfrac{6}{\Box} = \dfrac{\Box}{12} = \dfrac{10}{\Box}$

② $\dfrac{3}{4} = \dfrac{6}{\Box} = \dfrac{\Box}{12} = \dfrac{12}{\Box} = \dfrac{\Box}{20}$

③ $\dfrac{5}{6} = \dfrac{\Box}{12} = \dfrac{\Box}{24} = \dfrac{30}{\Box} = \dfrac{\Box}{42}$

④ $\dfrac{8}{9} = \dfrac{16}{\Box} = \dfrac{24}{\Box} = \dfrac{48}{\Box} = \dfrac{\Box}{81}$

⑤ $\dfrac{7}{12} = \dfrac{\Box}{24} = \dfrac{21}{\Box} = \dfrac{\Box}{60} = \dfrac{70}{\Box}$

⑥ $\dfrac{21}{10} = \dfrac{\Box}{20} = \dfrac{63}{\Box} = \dfrac{\Box}{40} = \dfrac{210}{\Box}$

復 習

① $\dfrac{4}{7} + \dfrac{2}{7}$　　　　② $\dfrac{4}{9} + \dfrac{5}{9}$

③ $\dfrac{15}{8} + \dfrac{9}{8}$　　　　④ $1\dfrac{3}{5} + 3\dfrac{4}{5}$

分　数（2）

約分

名前

① □にあてはまる数を書きましょう。

① $\dfrac{6}{8} = \dfrac{\square}{4}$　　　② $\dfrac{6}{9} = \dfrac{\square}{3}$

③ $\dfrac{18}{24} = \dfrac{\square}{4}$　　　④ $\dfrac{10}{25} = \dfrac{\square}{5}$

⑤ $\dfrac{18}{30} = \dfrac{\square}{15} = \dfrac{3}{\square}$　　　⑥ $\dfrac{24}{40} = \dfrac{\square}{10} = \dfrac{\square}{5}$

② 次の分数を約分しましょう。

① $\dfrac{4}{8}$　（　　　）　② $\dfrac{3}{9}$　（　　　）　③ $\dfrac{4}{10}$　（　　　）

④ $\dfrac{3}{12}$　（　　　）　⑤ $\dfrac{12}{15}$　（　　　）　⑥ $\dfrac{15}{20}$　（　　　）

⑦ $\dfrac{36}{42}$　（　　　）　⑧ $\dfrac{80}{24}$　（　　　）　⑨ $4\dfrac{16}{20}$　（　　　）

⑩ $3\dfrac{18}{24}$　（　　　）　⑪ $1\dfrac{4}{12}$　（　　　）　⑫ $2\dfrac{21}{28}$　（　　　）

復習

① $2\dfrac{3}{5} + \dfrac{4}{5}$　　　② $3 + 1\dfrac{1}{2}$

③ $3\dfrac{5}{7} + 1\dfrac{6}{7}$　　　④ $2\dfrac{5}{9} + 3\dfrac{4}{9}$

分　数（3）

通分

名前

① 次の分数を通分して大きさを比べて，□に不等号を書きましょう。

① $\dfrac{2}{3}$ □ $\dfrac{3}{4}$　　　通分（　　　，　　　）

② $\dfrac{4}{5}$ □ $\dfrac{5}{6}$　　　通分（　　　，　　　）

② （　）の中の分数を通分しましょう。

① $\left(\dfrac{3}{4}, \dfrac{5}{6}\right)$　　通分（　　　，　　　）

② $\left(\dfrac{2}{3}, \dfrac{5}{9}\right)$　　通分（　　　，　　　）

③ $\left(\dfrac{5}{6}, \dfrac{7}{8}\right)$　　通分（　　　，　　　）

④ $\left(3\dfrac{3}{8}, 3\dfrac{5}{12}\right)$　　通分（　　　，　　　）

⑤ $\left(\dfrac{1}{2}, \dfrac{1}{3}, \dfrac{2}{5}\right)$　　通分（　　，　　，　　）

⑥ $\left(\dfrac{2}{5}, \dfrac{3}{8}, \dfrac{3}{4}\right)$　　通分（　　，　　，　　）

復習

① $\dfrac{7}{5} - \dfrac{2}{5}$　　　② $\dfrac{13}{7} - \dfrac{9}{7}$

③ $1\dfrac{2}{9} - \dfrac{4}{9}$　　　④ $3\dfrac{2}{5} - \dfrac{4}{5}$

分 数
まとめ

名
前

月　　日

① □ にあてはまる数を書きましょう。

① $\dfrac{\Box}{2} = \dfrac{4}{8} = \dfrac{16}{\Box}$　② $\dfrac{\Box}{6} = \dfrac{15}{18} = \dfrac{20}{\Box}$

③ $\dfrac{2}{\Box} = \dfrac{8}{12} = \dfrac{\Box}{18}$　④ $\dfrac{3}{\Box} = \dfrac{15}{20} = \dfrac{\Box}{28}$

② 次の分数を約分しましょう。

① $\dfrac{6}{10}$ （　　）　② $\dfrac{6}{9}$ （　　）　③ $\dfrac{4}{6}$ （　　）

④ $\dfrac{25}{30}$ （　　）　⑤ $\dfrac{36}{24}$ （　　）　⑥ $\dfrac{8}{18}$ （　　）

⑦ $4\dfrac{12}{20}$ （　　）　⑧ $3\dfrac{15}{24}$ （　　）　⑨ $2\dfrac{11}{22}$ （　　）

③ 次の分数を通分して大きさを比べて，□ に不等号を書きましょう。

① $\dfrac{3}{4}$ □ $\dfrac{5}{6}$　　　　　通分（　　　，　　　）

② $\dfrac{2}{3}$ □ $\dfrac{3}{5}$　　　　　通分（　　　，　　　）

③ $\dfrac{4}{5}$ □ $\dfrac{6}{7}$　　　　　通分（　　　，　　　）

④ $\dfrac{7}{8}$ □ $\dfrac{5}{6}$　　　　　通分（　　　，　　　）

⑤ $\dfrac{13}{18}$ □ $\dfrac{3}{4}$　　　　通分（　　　，　　　）

分数のたし算とひき算 (1)
たし算（約分なし）

名
前

月　　日

① 計算をしましょう。

① $\dfrac{1}{4} + \dfrac{3}{8}$　　　② $\dfrac{1}{3} + \dfrac{3}{5}$

③ $\dfrac{1}{4} + \dfrac{2}{3}$　　　④ $\dfrac{5}{9} + \dfrac{2}{7}$

⑤ $\dfrac{3}{4} + \dfrac{5}{3}$　　　⑥ $\dfrac{13}{10} + \dfrac{5}{4}$

⑦ $\dfrac{2}{3} + \dfrac{1}{2}$　　　⑧ $\dfrac{2}{5} + \dfrac{3}{10}$

⑨ $\dfrac{3}{4} + \dfrac{1}{2}$　　　⑩ $\dfrac{5}{6} + \dfrac{3}{4}$

② 赤いリボンが $\dfrac{1}{2}$ m，青いリボンが $\dfrac{3}{8}$ m あります。
リボンはあわせて何 m になりますか。
式

答え ＿＿＿＿＿＿＿

復 習 ....

① $3\dfrac{2}{5} - \dfrac{3}{5}$　　　② $1\dfrac{1}{7} - \dfrac{5}{7}$

③ $3 - 1\dfrac{2}{3}$　　　④ $5\dfrac{1}{6} - 5$

分数のたし算とひき算 (2)
ひき算（約分なし）

名前

① 計算をしましょう。

① $\dfrac{1}{2} - \dfrac{1}{3}$

② $\dfrac{3}{4} - \dfrac{1}{6}$

③ $\dfrac{2}{3} - \dfrac{1}{12}$

④ $\dfrac{2}{5} - \dfrac{1}{6}$

⑤ $\dfrac{7}{6} - \dfrac{3}{4}$

⑥ $\dfrac{9}{4} - \dfrac{7}{5}$

⑦ $\dfrac{7}{3} - \dfrac{3}{2}$

⑧ $\dfrac{6}{7} - \dfrac{2}{3}$

② 牛にゅうが $\dfrac{7}{10}$ L あります。料理に $\dfrac{2}{15}$ L 使うと，残りは何 L になりますか。

式

答え _____

復習

① 4.3×2.7　② 63.8×5.9　③ 4.63×7.3　④ 9.6×81.4

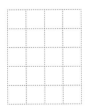 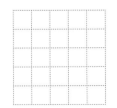 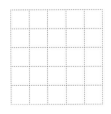 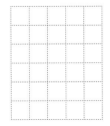

分数のたし算とひき算 (3)

名前

① 計算をしましょう。

① $\dfrac{1}{20} + \dfrac{1}{5}$

② $\dfrac{2}{3} + \dfrac{2}{15}$

③ $\dfrac{5}{18} + \dfrac{5}{6}$

④ $\dfrac{3}{4} + \dfrac{5}{12}$

⑤ $\dfrac{1}{6} + \dfrac{2}{15}$

⑥ $\dfrac{7}{12} - \dfrac{1}{3}$

⑦ $\dfrac{1}{2} - \dfrac{1}{10}$

⑧ $\dfrac{4}{9} - \dfrac{5}{18}$

⑨ $\dfrac{9}{10} - \dfrac{3}{20}$

⑩ $\dfrac{7}{12} - \dfrac{1}{30}$

② トマトが，ふくろに $\dfrac{5}{8}$ kg，かごに $\dfrac{7}{12}$ kg 入っています。

① ふくろとかごのトマトをあわせると，何 kg になりますか。
式

答え _____

② ふくろとかごのトマトの重さのちがいは，何 kg ですか。
式

答え _____

復習

① 8.2×0.5　② 60.7×0.5　③ 8.5×0.6　④ 2.73×0.8

分数のたし算とひき算 (4)
帯分数

名
前

① 計算をしましょう。

① $2\frac{1}{3} + 1\frac{1}{2}$

② $1\frac{1}{6} + 2\frac{1}{3}$

③ $2\frac{1}{6} + 2\frac{3}{10}$

④ $1\frac{5}{14} + 1\frac{1}{2}$

⑤ $2\frac{5}{8} - 1\frac{7}{12}$

⑥ $2\frac{7}{10} - 1\frac{1}{5}$

⑦ $3\frac{17}{20} - 1\frac{1}{4}$

⑧ $3\frac{1}{9} - 1\frac{5}{18}$

② Aの花だんの面積は $2\frac{2}{3}$ m², Bの花だんの面積は $1\frac{4}{7}$ m² です。
あわせると何 m² になりますか。

式

答え _____

復習

① 4.7×6.8　② 73.9×4.8　③ 6.48×7.5　④ 3.7×45.9

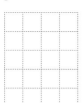 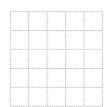 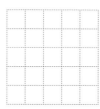 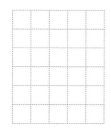

分数のたし算とひき算 (5)
3つの分数・分数と小数のまじった計算

名
前

① 計算をしましょう。

① $\frac{1}{3} + \frac{1}{4} - \frac{1}{2}$

② $\frac{7}{8} - \frac{2}{3} + \frac{3}{4}$

③ $1 - \frac{1}{9} + \frac{1}{3}$

④ $\frac{4}{5} + \frac{3}{4} - 1\frac{1}{10}$

② 計算をしましょう。

① $\frac{1}{4} + 0.6$

② $\frac{3}{5} + 0.3$

③ $0.25 + \frac{2}{5}$

④ $\frac{5}{8} - 0.5$

⑤ $\frac{2}{3} - 0.6$

⑥ $1.5 - \frac{5}{6}$

③ オレンジジュースが 1.6L あります。パイナップルジュースはオレンジジュースより $\frac{3}{5}$ L 少ないです。パイナップルジュースは何 L ありますか。
式

答え _____

復習
① 6.6×0.8　② 31.7×0.7　③ 9.2×0.3　④ 1.25×0.4

分数のたし算とひき算 (6)
時間と分数

名
前

● 次の □ にあてはまる分数を書きましょう。

① 15分 = □ 時間　　② 10分 = □ 時間

③ 20分 = □ 時間　　④ 40分 = □ 時間

⑤ 5分 = □ 時間　　⑥ 12分 = □ 時間

⑦ 80分 = □ 時間　　⑧ 100分 = □ 時間

⑨ 45秒 = □ 分　　⑩ 30秒 = □ 分

⑪ 90秒 = □ 分　　⑫ 70秒 = □ 分

復習

① 200×1.4　② 350×2.8　③ 240×0.6　④ 400×0.28

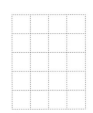

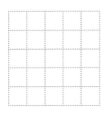

分数のたし算とひき算
まとめ

名
前

① 計算をしましょう。

① $\dfrac{2}{3} + \dfrac{1}{4}$　　② $\dfrac{1}{3} + \dfrac{5}{9}$

③ $\dfrac{4}{21} + \dfrac{3}{7}$　　④ $\dfrac{1}{4} + \dfrac{5}{12}$

⑤ $\dfrac{5}{24} + 1\dfrac{3}{4}$　　⑥ $1\dfrac{9}{10} + \dfrac{1}{2}$

⑦ $\dfrac{4}{7} - \dfrac{3}{14}$　　⑧ $\dfrac{4}{5} - \dfrac{2}{15}$

⑨ $2\dfrac{3}{4} - 1\dfrac{1}{12}$　　⑩ $2\dfrac{1}{5} - \dfrac{8}{15}$

⑪ $\dfrac{1}{2} + \dfrac{4}{5} - \dfrac{2}{3}$　　⑫ $\dfrac{2}{3} - \dfrac{5}{12} + \dfrac{3}{4}$

⑬ $1.3 - \dfrac{5}{6}$　　⑭ $\dfrac{2}{3} + 0.25$

② 赤いテープが $\dfrac{1}{2}$ m，白いテープが $\dfrac{2}{3}$ m，黒いテープが $\dfrac{1}{4}$ m あります。
テープは全部で何 m ありますか。
式

答え _____

平　均 (1)

名
前

1　右の表は，ふみやさんの 4 回のボール投げの記録です。平均は何 m ですか。

ボール投げの記録

回数	記録 (m)
1	26
2	32
3	28
4	30

式

答え _____

2　5 個のオレンジからジュースをしぼりました。その結果は，下のようでした。オレンジ 1 個から平均何 mL のジュースがしぼれたことになりますか。

1 個からしぼったジュースの量 (mL)

65	70	68	62	73

式

答え _____

3　きゅうりを 5 本しゅうかくして重さをはかると，下のようでした。1 本の平均の重さは何 g ですか。

きゅうり 1 本の重さ (g)

210	208	216	196	205

式

答え _____

復習

① $\dfrac{3}{4} + \dfrac{5}{6}$　　　② $\dfrac{2}{3} + \dfrac{4}{9}$

③ $\dfrac{3}{20} + \dfrac{3}{5}$　　　④ $\dfrac{5}{18} + \dfrac{5}{9}$

平　均 (2)

名
前

1　なみさんは，1 日平均 2.5km ずつ走ることにしました。1 か月間（30 日間）同じように走るとすると，1 か月間では何 km 走ることになりますか。

式

答え _____

2　A 小屋のたまご 1 個の重さの平均は 55g です。A 小屋のたまご 120 個では，重さは何 kg になると考えられますか。

式

答え _____

3　下の表は，るいさんの 5 回の漢字テストの成績です。1 回の平均は 95 点です。5 回目の漢字テストは何点でしたか。

るいさんの漢字テストの成績 (点)

1 回目	2 回目	3 回目	4 回目	5 回目
92	100	94	97	?

式

答え _____

復習

① $2\dfrac{1}{2} + 1\dfrac{1}{3}$　　　② $1\dfrac{2}{5} + 1\dfrac{1}{4}$

③ $1\dfrac{8}{9} + 2\dfrac{1}{6}$　　　④ $2\dfrac{3}{7} + 3\dfrac{2}{3}$

● $1\dfrac{2}{3}$ m と $2\dfrac{5}{6}$ m のテープをつなぎました。テープは全部で何 m になりますか。

式

答え _____

平　均 (3)

1　下の表は，たくみさんが１週間に運動場を何周走ったかを記録したものです。１日平均何周走ったことになりますか。

走った周数

曜日	月	火	水	木	金
周数(周)	8	7	0	9	10

式

答え _____

2　さくらさんの家のにわとりが１週間に産んだたまごの個数は，下のようでした。１日平均何個産んだことになりますか。上から２けたのがい数で求めましょう。

産んだたまごの個数

曜日	日	月	火	水	木	金	土
個数(個)	4	2	0	3	0	4	5

式

答え _____

3　下の表は，たろうさんのクラスでわすれ物をした人数を調べたものです。１日平均何人がわすれ物をしたことになりますか。

わすれ物をした人数

曜日	月	火	水	木	金
人数(人)	5	2	0	0	4

式

答え _____

復習 ....

① $\frac{2}{5} + \frac{1}{3} - \frac{1}{2}$
② $\frac{3}{4} - \frac{1}{12} - \frac{2}{9}$

③ $\frac{5}{6} - \frac{5}{12} + \frac{1}{3}$

 平　均 (4)

●　けんさんは，自分の歩はばを使って，きょりを調べることにしました。

①　まず，10歩で歩いた長さを４回はかりました。けんさんが10歩で歩いた長さは，平均何ｍ何ｃｍですか。

10歩で歩いた長さ

回　数	1回目	2回目	3回目	4回目
10歩の長さ	6m72cm	6m85cm	6m65cm	6m78cm

式

答え _____

②　①で求めた10歩の平均から，けんさんの歩はばは，平均何ｃｍといえますか。

式

答え _____

③　けんさんが，運動場のはしからはしまで歩くと，146歩でした。運動場のはしからはしまでは，約何ｍですか。上から２けたのがい数で表しましょう。（上から２けたのがい数にして，計算しましょう。）

式

答え _____

復習 ....

① $\frac{2}{11} + \frac{2}{3}$
② $\frac{1}{12} + \frac{2}{3}$

③ $1\frac{1}{3} + 2\frac{1}{6}$
④ $3\frac{3}{5} + 1\frac{11}{15}$

平　均
まとめ

① 下の表は，A学級で１週間に借りた本のさっ数です。
１日平均何さつ借りたことになりますか。

A学級で借りた本のさっ数

曜日	月	火	水	木	金
本の数(さつ)	6	8	10	7	12

式

答え＿＿＿＿＿＿＿＿

② 下の表は，ある学校で１週間の欠席者数をまとめたものです。
１日平均何人が欠席したことになりますか。

１週間の欠席者数

曜日	月	火	水	木	金
人数(人)	4	0	4	2	3

式

答え＿＿＿＿＿＿＿＿

③ 夏みかん１個の平均の重さは，325gです。
夏みかん40個の重さは，何kgになると考えられますか。

式

答え＿＿＿＿＿＿＿＿

④ 下の表は，みどりさんの４回目までのテストの結果です。
５回目に何点をとれば，平均が90点になりますか。

４回目までのテストの結果

回　数	1回目	2回目	3回目	4回目
点数(点)	88	96	92	82

式

答え＿＿＿＿＿＿＿＿

単位量あたりの大きさ(1)

● 右の表を見て，こみぐあいを比べましょう。

面積と人数

	面積 (m²)	人数 (人)
A	4	12
B	5	12
C	5	14

① AとBでは，どちらがこんでいますか。

（　　　　　）

② BとCでは，どちらがこんでいますか。

（　　　　　）

③ AとCを比べます。1m² あたりの人数を求めて，どちらがこんでいるかを答えましょう。

A　式

C　式

答え＿＿＿＿＿＿＿＿

④ A，B，Cをこんでいる順番に書きましょう。

□ → □ → □

復習 ....

① $\dfrac{3}{4} - \dfrac{1}{6}$　　　② $\dfrac{4}{3} - \dfrac{4}{5}$

③ $\dfrac{11}{12} - \dfrac{2}{3}$　　　④ $\dfrac{7}{12} - \dfrac{1}{30}$

● しょうゆが $\dfrac{9}{10}$ L ありましたが，料理に $\dfrac{3}{20}$ L 使いました。
しょうゆは，何L 残っていますか。

式

答え＿＿＿＿＿＿＿＿

単位量あたりの大きさ (2)

名
前

1 A電車には, 6両に432人乗っています。B電車には, 8両に600人乗っています。どちらの方がこんでいますか。

式

答え _____

2 同じノートを, A店では8さつで960円で, B店では12さつで1380円で売っています。1さつあたりのねだんは, どちらが高いですか。

式

答え _____

3 同じ65mLのジュースを, A店では12本入りで300円で, B店では15本入りで390円で売っています。1本あたりのねだんはどちらが安いですか。

式

答え _____

4 A店でガソリンを入れると, 42Lで5670円です。B店で入れると, 35Lで4620円です。1Lあたりのねだんはどちらが安いですか。

式

答え _____

復習

① $4\frac{5}{6} - 2\frac{3}{4}$

② $3\frac{7}{12} - 1\frac{5}{18}$

③ $2\frac{2}{5} - 1\frac{8}{15}$

④ $1\frac{7}{8} - \frac{8}{9}$

単位量あたりの大きさ (3)

名
前

1 Aさんの家では, 24m²の畑から, 36kgのさつまいもがとれました。Bさんの家では, 35m²の畑から, 49kgのさつまいもがとれました。どちらの畑の方がよくとれたといえますか。

式

答え _____

2 右の表を見て, CとDのどちらの田の方がお米がよくとれたか, 1aあたりのとれ高で比べましょう。

式

田の面積ととれた米の重さ

	面積 (a)	米の重さ(kg)
C	28	980
D	25	900

答え _____

3 山田市は, 面積が70km²で人口は43400人です。川田市は, 面積が80km²で人口は49200人です。どちらの市の方が, 人口密度が高いですか。

式

答え _____

4 南森市は, 面積が48km²で人口は12720人です。北波市は, 面積が53km²で人口は14310人です。どちらの市の方が, 人口密度が高いですか。

式

答え _____

復習

① $\frac{1}{2} - \frac{1}{4} - \frac{1}{5}$

② $\frac{3}{4} - \frac{1}{5} - \frac{1}{6}$

③ $\frac{4}{3} - \frac{1}{4} - \frac{5}{6}$

単位量あたりの大きさ (4)

① A自動車は, ガソリン 45L で 720km 走れます。B自動車は, ガソリン 32L で 480km 走れます。1L あたりで走れる道のりが長いのは, どちらですか。

式

答え _____

② 5分間で 300 まい印刷できる印刷機があります。

① 1分間あたり何まい印刷できますか。

式

答え _____

② 15 分間では, 何まい印刷できますか。

式

答え _____

③ 2100 まい印刷するには, 何分かかりますか。

式

答え _____

復習

① $\dfrac{3}{5} - \dfrac{1}{2}$

② $\dfrac{8}{15} - \dfrac{1}{3}$

③ $3\dfrac{11}{15} - 1\dfrac{1}{3}$

④ $1\dfrac{2}{3} - 1\dfrac{2}{15}$

単位量あたりの大きさ
まとめ

① 急行電車には, 6両に570人乗っています。快速電車には, 8両に744人乗っています。どちらの方がこんていますか。

式

答え _____

② A自動車は, ガソリン 18L で 270km 走れます。B自動車は, ガソリン 24L で 384km 走れます。1L あたりで走れる道のりが長いのは, どちらですか。

式

答え _____

③ 右の表を見て, 南市と北市では, どちらの人口密度が高いですか。

式

南市と北市の面積と人口

	面積 (km²)	人口 (人)
南市	53	38160
北市	48	35280

答え _____

④ 東の畑は, 80m² で 520kg のキャベツがとれました。西の畑は, 70m² で 448kg のキャベツがとれました。どちらの畑の方がよくとれたといえますか。

式

答え _____

速さ（1）
秒速・分速を求める

名
前

1　Aさんは，10秒で54m走ります。Bさんは，13秒で65m走ります。
どちらの方が速いか，秒速で比べましょう。
式

答え _____

2　右の表は，C，D，Eさんの走ったきょりとかかった時間を表しています。
秒速で速さを求め，速い順に記号を書きましょう。
式

走ったきょりとかかった時間

	きょり(m)	時間(秒)
C	45	8
D	55	10
E	60	12

□ → □ → □

3　Fさんは，6分間で900m走りました。Gさんは，5分間で850m
走りました。どちらの方が速いですか。分速で比べましょう。
式

答え _____

復習
① $\dfrac{2}{5} - \dfrac{1}{6} + \dfrac{2}{3}$　　② $\dfrac{1}{4} + \dfrac{5}{8} - \dfrac{1}{2}$

③ $\dfrac{5}{12} + \dfrac{5}{18} - \dfrac{5}{36}$

速さ（2）
時速を求める

名
前

● ㋐と㋑は，どちらが速いか時速で比べて，記号で答えましょう。

① ㋐ 3時間で420km走る特急電車
　　㋑ 2時間で290km走る快速電車
式

答え _____

② ㋐ 3時間で165km走るA自動車
　　㋑ 4時間で212km走るB自動車
式

答え _____

③ ㋐ 5時間で360km走るCバス
　　㋑ 6時間で450km走るDバス
式

答え _____

復習
① $\dfrac{5}{7} - 0.4$　　② $1.5 + \dfrac{1}{6}$

③ $\dfrac{3}{4} - 0.7$　　④ $\dfrac{5}{8} + 0.25$

速さ（3）
道のりを求める

① 秒速 14m で走る自転車が，40 秒間で進む道のりは何 m ですか。
式

　　　　　　　　　　　　　答え ＿＿＿＿＿＿＿＿

② 時速 45km で走る自動車が，5 時間で進む道のりは何 km ですか。
式

　　　　　　　　　　　　　答え ＿＿＿＿＿＿＿＿

③ 分速 80m で歩く人が，15 分間で歩く道のりは何 m ですか。
式

　　　　　　　　　　　　　答え ＿＿＿＿＿＿＿＿

④ 音は，空気中を秒速 340m で進みます。5 秒間では何 m 進みますか。
式

　　　　　　　　　　　　　答え ＿＿＿＿＿＿＿＿

復習

① $\dfrac{2}{9} + \dfrac{1}{12}$　　　　② $\dfrac{5}{18} + \dfrac{1}{6}$

③ $1\dfrac{5}{12} + 1\dfrac{1}{4}$　　　　④ $1\dfrac{2}{3} + 1\dfrac{7}{12}$

速さ（4）
時間を求める

① 時速 45km で走る自動車が 135km 走るには，何時間かかりますか。
式

　　　　　　　　　　　　　答え ＿＿＿＿＿＿＿＿

② 秒速 20m で飛ぶツバメが 1km 飛ぶには，何秒かかりますか。
式

　　　　　　　　　　　　　答え ＿＿＿＿＿＿＿＿

③ 分速 75m で歩く人が 1.8km 歩くには，何分かかりますか。
式

　　　　　　　　　　　　　答え ＿＿＿＿＿＿＿＿

④ 台風が時速 25km で進んでいます。この台風が，このままの速さで
　300km 進むには，何時間かかりますか
式

　　　　　　　　　　　　　答え ＿＿＿＿＿＿＿＿

復習

① $\dfrac{3}{4} - \dfrac{1}{3}$　　　　② $\dfrac{7}{12} - \dfrac{1}{3}$

③ $2\dfrac{3}{4} - 1\dfrac{1}{12}$　　　　④ $1\dfrac{1}{2} - \dfrac{2}{3}$

速さ（5）
秒速・分速・時速

名前

① 時速72kmで走る自動車があります。

　① この自動車の分速は何kmですか。
　　式

　　　　　　　　　　　　　　　　　　　　答え _____

　② この自動車の秒速は何mですか。
　　式

　　　　　　　　　　　　　　　　　　　　答え _____

② 秒速8mで走る人がいます。

　① この人の分速は何mですか。
　　式

　　　　　　　　　　　　　　　　　　　　答え _____

　② この人の時速は何kmですか。
　　式

　　　　　　　　　　　　　　　　　　　　答え _____

③ 分速300mで走る自転車があります。

　① この自転車の時速は何kmですか。
　　式

　　　　　　　　　　　　　　　　　　　　答え _____

　② この自転車の秒速は何mですか。
　　式

　　　　　　　　　　　　　　　　　　　　答え _____

復習 ....

① $\dfrac{1}{2} - 0.3$　　　　② $1.8 - \dfrac{7}{4}$

③ $1.5 - 1\dfrac{1}{6}$　　　④ $2.8 - 2\dfrac{1}{7}$

速さ
まとめ

名前

① みくさんは，10秒で62m走りました。けんとさんは，8秒で52m走りました。どちらの方が速いですか。秒速で比べましょう。
　　式

　　　　　　　　　　　　　　　　　　　　答え _____

② A自動車は，360kmを5時間で走りました。B自動車は，300kmを4時間で走りました。どちらが速いですか。時速で比べましょう。
　　式

　　　　　　　　　　　　　　　　　　　　答え _____

③ ゾウは，分速600mで走ることができます。

　① ゾウは15分間で何km走ることができますか。
　　式

　　　　　　　　　　　　　　　　　　　　答え _____

　② 分速600mのゾウの速さは，時速何kmですか。
　　式

　　　　　　　　　　　　　　　　　　　　答え _____

④ 自転車が，分速480mで走っています。
　① この自転車が12km走るには，何分かかりますか。
　　式

　　　　　　　　　　　　　　　　　　　　答え _____

　② 分速480mで走る自転車の秒速を求めましょう。
　　式

　　　　　　　　　　　　　　　　　　　　答え _____

四角形と三角形の面積 （1）

名
前

● 下の平行四辺形の面積の求め方を考えましょう。

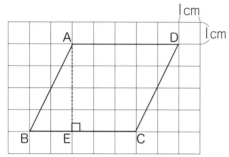

① 平行四辺形を長方形にして面積を求めます。長方形になるように，図にかきましょう。

② ①で形を変えてできた長方形のたてと横の長さは，何cmですか。また，その長方形の面積も求めましょう。

たての長さ（　　）cm，　横の長さ（　　）cm

面積　　式

答え＿＿＿＿＿＿＿＿

③ （　　）にあてはまることばを，右の ▢ から選んで書きましょう。

上の平行四辺形で，BCを（　　　）とすると，それに垂直な直線AEなどの長さを（　　　）といいます。

平行四辺形の面積は（　　　）×（　　　）で求めることができます。

> 底辺
> 高さ

復習

● 下の長方形や正方形の面積を求めましょう。

①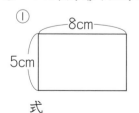
8cm
5cm
式
答え＿＿＿＿＿

②
3.5cm
5.8cm
式
答え＿＿＿＿＿

③ 正方形
4cm
式
答え＿＿＿＿＿

四角形と三角形の面積 （2）

名
前

1 次の平行四辺形の太線を底辺にしたときの高さを図にかきましょう。

① 　　② 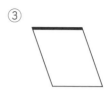　　③ 　　④

2 平行四辺形の面積を求める公式を書きましょう。

平行四辺形の面積 ＝（　　　　　）×（　　　　　）

3 次の平行四辺形の面積を求めましょう。

①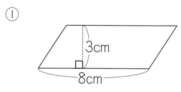
3cm
8cm
式

答え＿＿＿＿＿

②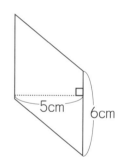
5cm
6cm
式

答え＿＿＿＿＿

復習

● 下の長方形の（　　）の辺の長さを求めましょう。

①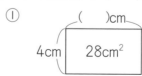
（　　）cm
4cm　28cm²
式
答え＿＿＿＿＿

②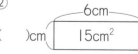
6cm
（　　）cm　15cm²
式
答え＿＿＿＿＿

四角形と三角形の
面積（3）

名
前

月　日

● 次の平行四辺形の面積を求めましょう。

①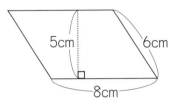

式

答え＿＿＿＿＿＿

②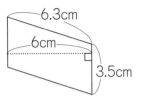

式

答え＿＿＿＿＿＿

③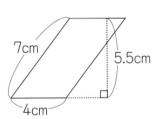

式

答え＿＿＿＿＿＿

④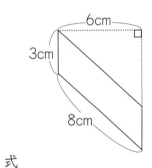

式

答え＿＿＿＿＿＿

復習

● 下の図形の面積を求めましょう。

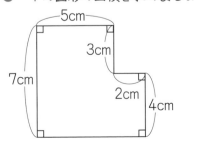

式

答え＿＿＿＿＿＿

四角形と三角形の
面積（4）

名
前

月　日

● 次の三角形の面積を求めましょう。

①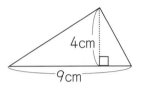

式

答え＿＿＿＿＿＿

②

式

答え＿＿＿＿＿＿

③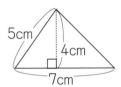

式

答え＿＿＿＿＿＿

④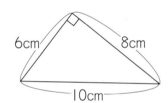

式

答え＿＿＿＿＿＿

復習

① 7.5×5.7　② 6.9×9.6　③ 39.1×6.2　④ 40.5×8.4

四角形と三角形の面積（5）

名
前

● 次の三角形の面積を求めましょう。

①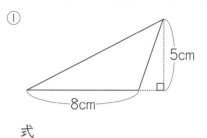

式

答え _____

②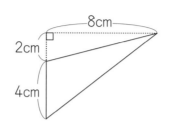

式

答え _____

③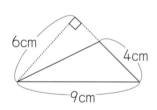

式

答え _____

④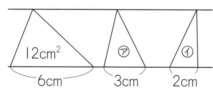

⑦の答え _____

⑦の答え _____

復習

① 5.27 × 4.8　② 8.09 × 5.6　③ 2.4 × 3.15　④ 9.7 × 4.56

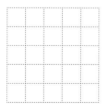   

四角形と三角形の面積（6）

名
前

● 次の台形の面積を求めましょう。

①

式

答え _____

②

式

答え _____

③

式

答え _____

④

式

答え _____

復習

① 2.6 × 0.8　② 7.2 × 0.4　③ 29.4 × 0.4　④ 87.4 × 0.5

四角形と三角形の面積（7）

名
前

● 次のひし形の面積を求めましょう。

①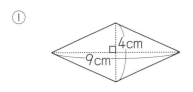

4cm
9cm

式

答え＿＿＿＿＿＿＿＿

②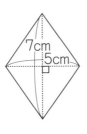

7cm
5cm

式

答え＿＿＿＿＿＿＿＿

③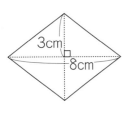

3cm
8cm

式

答え＿＿＿＿＿＿＿＿

④

2.5cm
7.5cm

式

答え＿＿＿＿＿＿＿＿

復習
．．．．．．．．．．．．．．．．．．．．．．．．．．．．．

① $9.6 × 0.9$　　② $7.2 × 0.8$　　③ $12.4 × 0.8$　　④ $49.7 × 0.3$

● 1mが4.2kgのパイプがあります。このパイプ0.6mの重さは何kgですか。

式

答え＿＿＿＿＿＿＿＿

四角形と三角形の面積（8）

名
前

● 次の図形の面積を求めましょう。

①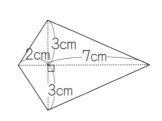

3cm
2cm
7cm
3cm

式

答え＿＿＿＿＿＿＿＿

②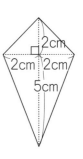

2cm
2cm　2cm
5cm

式

答え＿＿＿＿＿＿＿＿

③

1cm
1cm

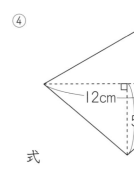

式

答え＿＿＿＿＿＿＿＿

④

5cm
12cm
5cm

式

答え＿＿＿＿＿＿＿＿

復習
．．．．．．．．．．．．．．．．．．．．．．．．．．．．．

① $0.3 × 0.7$　　② $0.8 × 0.5$　　③ $1.25 × 0.8$　　④ $2.25 × 0.4$

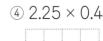

四角形と三角形の
面積 (9)

名
前

月　日

● 下のように，平行四辺形の底辺の長さを変えないで，高さを1cm，2cm 3cm，… と変えていきます。そのときの面積の変わり方を調べましょう。

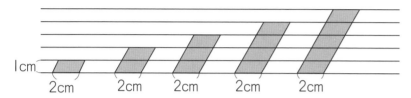

① 高さを□cm，面積を○cm² として，平行四辺形の面積を求める式を書きます。（ ）にあてはまる数を書きましょう。

$$(\quad\quad)\times\square=\bigcirc$$

② □（高さ）が1，2，3，… と変化すると，○（面積）はどのように変化しますか。下の表に書きましょう。

高さ□（cm）	1	2	3	4	5	6
面積○（cm²）						

③ 平行四辺形の面積は，高さに比例していますか。

（　　　　　　　　　　　　　　　　）

④ 高さが12cmのときの面積は何cm²ですか。

式

答え　　　　　　　　

⑤ 高さが20cmのときの面積は何cm²ですか。

式

答え　　　　　　　　

⑥ 高さが20cmのときの平行四辺形の面積は，高さが5cmのときの平行四辺形の面積の何倍ですか。

（　　　　）倍

四角形と三角形の面積
まとめ①

名
前

月　日

● 次の図形の面積を求めましょう。

① 平行四辺形

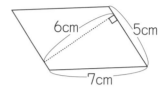

式

答え　　　　　　　　

② 平行四辺形

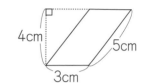

式

答え　　　　　　　　

③

式

答え　　　　　　　　

④

式

答え　　　　　　　　

⑤

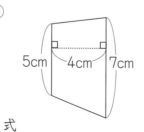

式

答え　　　　　　　　

⑥ ひし形

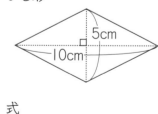

式

答え

四角形と三角形の面積
まとめ②

名前　月　日

1　次の四角形の面積を求めましょう。

①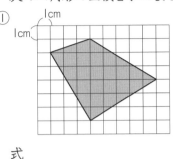

式

答え＿＿＿＿＿＿

②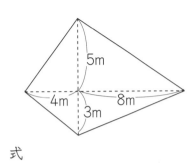

式

答え＿＿＿＿＿＿

2　下の平行四辺形 ㋐, ㋑, ㋒ の面積を求めましょう。

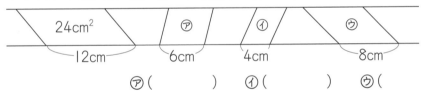

㋐（　　　）　㋑（　　　）　㋒（　　　）

3　右のように, 三角形の底辺の長さを変えないで
高さを変えていくときの面積の変わり方を
まとめましょう。

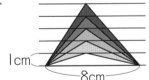

① □（高さ）が 1, 2, 3, … と変化すると, ○（面積）は
どのように変化しますか。下の表に書きましょう。

高さ□（cm）	1	2	3	4	5	6
面積○（cm²）						

② 三角形の面積は, 高さに比例していますか。

（　　　　　）

割合（1）

名前　月　日

● 右の表は, サッカーでシュートをした
結果の記録です。

シュートの結果

	シュートの回数(回)	ゴールの回数(回)
しょうた	12	9
ゆき	15	12
まさき	8	7

① ゴールした回数は, シュートをした
回数の何倍になっていますか。

【しょうた】

式

答え＿＿＿＿＿＿

【ゆき】

式

答え＿＿＿＿＿＿

【まさき】

式

答え＿＿＿＿＿＿

② ゴールが決まった割合がよい順番に名前を書きましょう。

　　　　→　　　　→　　　　

復習 ・・・・・・・・・・・・・・・・・・・・・・・・・・・・・・・・

① $0.6 × 2.5$　② $0.23 × 0.84$　③ $650 × 1.4$　④ $780 × 0.85$

● 1L が 650 円のソースを 0.8L 買ったときの代金は何円ですか。

式

答え＿＿＿＿＿＿

月　日

割合 (2)

名
前

① 小数や整数で表した割合を，百分率で表しましょう。
① 0.46 （　　　）　② 0.05 （　　　）
③ 0.8 （　　　）　④ 1 （　　　）
⑤ 1.2 （　　　）　⑥ 1.07 （　　　）

② 百分率で表した割合を，整数や小数で表しましょう。
① 72% （　　　）　② 8% （　　　）
③ 60% （　　　）　④ 120% （　　　）
⑤ 104% （　　　）　⑥ 200% （　　　）

③ 100人のうち25人が犬を飼っています。
犬を飼っている人の割合を百分率で表しましょう。
式

答え＿＿＿＿＿＿

④ 80人のうち56人が野球ファンです。
野球ファンの割合を百分率で表しましょう。
式

答え＿＿＿＿＿＿

復習

① 1.05 ÷ 0.5　② 3.6 ÷ 0.8　③ 9.1 ÷ 2.6　④ 15.6 ÷ 2.4

月　日

割合 (3)

名
前

① 全部で350mLのジュースがあります。このうち，果じゅうは20%
ふくまれています。このジュースに入っている果じゅうは何mLですか。
式

答え＿＿＿＿＿＿

② 定員140人の電車があります。
乗客が定員の75%，120%のときの，それぞれの人数を求めましょう。
① 75%
式

答え＿＿＿＿＿＿

② 120%
式

答え＿＿＿＿＿＿

③ お母さんは，5000円のセーターを，バーゲンセールでもとのねだんの
80%のねだんで買いました。何円で買いましたか。
式
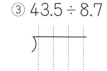

答え＿＿＿＿＿＿

復習

① 30.1 ÷ 3.5　② 57.8 ÷ 6.8　③ 43.5 ÷ 8.7　④ 10.8 ÷ 1.8

割合 (4)

名
前

① 電車に 150 人乗っています。これは定員の 120% にあたります。
この電車の定員は何人ですか。
式

答え _____

② ある店では、あんパンを 96 円で売っています。これは、いつものねだんの
80% にあたります。いつものあんパンのねだんは何円ですか。
式

答え _____

③ あみさんの家の花畑は 60m² で、これは畑全体の面積の 20% にあたります。あみさんの家の畑全体の面積は何 m² ですか。
式

答え _____

復習

① 7.35 ÷ 3.5　② 7.03 ÷ 1.9　③ 2.73 ÷ 3.9　④ 1.89 ÷ 2.7

● 4.5m² のかべを 7.56dL のペンキでぬりました。1m² あたり何 dL の
ペンキでぬったことになりますか。
式

答え _____

割合 (5)

名
前

① 300 円のいちごが、安くなって 210 円で売っていました。このねだん（210円）は、もとのねだん（300 円）の何％ですか。
式

答え _____

② けんたさんの家のしき地は 88m² で、そのうちの 75% の面積に家が
建っています。家が建っている土地の面積は何 m² ですか。
式

答え _____

③ みなみさんは、もとのねだんの 70% でくつ下を買いました。
みなみさんがはらった代金は 560 円でした。もとのねだんは何円ですか。
式

答え _____

復習

① 5.64 ÷ 0.6　② 7.76 ÷ 0.8　③ 2.76 ÷ 0.12　④ 9.62 ÷ 0.37

● 0.6m の重さが 25.8g のはり金があります。このはり金 1m の重さは何 g
ですか。
式

答え _____

割合 (6)

名
前

① おかしが増量されて 96g 入りで売られています。これは，増量前の量の 120% にあたります。増量前のおかしの量は何 g ですか。

式

答え＿＿＿＿＿＿＿

② 定員が 60 人のバスに，定員の 130% の人が乗っています。このバスに乗っている人は何人ですか。

式

答え＿＿＿＿＿＿＿

③ 5 年生 25 人のうち，動物を飼っている人は 8 人です。5 年生で動物を飼っている人の割合を百分率で求めましょう。

式

答え＿＿＿＿＿＿＿

復習 ....

● わりきれるまで計算しましょう。
① 7 ÷ 0.8　　② 1.2 ÷ 1.6　　③ 4.65 ÷ 2.5　　④ 1.5 ÷ 1.2

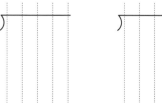

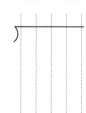

割合 (7)

名
前

① さとしさんは，3000 円のくつを，20% 引きのねだんで買いました。代金は何円ですか。

式

答え＿＿＿＿＿＿＿

② 420 円のぶどうが 25% 引きで売られています。このぶどうのねだんは何円ですか。

式

答え＿＿＿＿＿＿＿

③ 360mL のジュースが 15% 増量して売られています。増量後のジュースは何 mL ですか。

式

答え＿＿＿＿＿＿＿

復習 ....

① 36 ÷ 1.2　　② 600 ÷ 1.5　　③ 560 ÷ 1.4　　④ 720 ÷ 1.6

● たけのこが，昨日の高さより 1.5 倍のびて 30cm になりました。昨日のたけのこは何 cm でしたか。

式

答え＿＿＿＿＿＿＿

割合
まとめ①

名
前

1　定員が60人のバスがあります。
　①　45人の乗客がいるとき，乗客の数は，定員の何％にあたりますか。
　　式

答え _____

　②　72人の乗客がいるとき，乗客の数は，定員の何％にあたりますか。
　　式

答え _____

　③　乗客の数の割合が定員の90％にあたるとき，乗客は何人ですか。
　　式

答え _____

2　花畑のうちの15m²にパンジーの花を植えました。これは，花畑全体の25％にあたります。花畑全体は何m²ですか。
　式

答え _____

3　バナナが1ふさ84円で売られています。これは，定価の60％にあたります。このバナナの定価は何円ですか。
　式

答え _____

割合
まとめ②

名
前

1　300g入りのかつおぶしが，15％増量して売られています。15％増量のかつおぶしは何gですか。
　式

答え _____

2　1200円の肉を20％引きのねだんで買いました。代金は何円ですか。
　式

答え _____

3　買い物をすると，食品には8％，それ以外の品物には10％の消費税がつきます。次の品物を買ったときの代金は何円になりますか。
　①　650円分の野菜を買ったときの代金
　　式

答え _____

　②　4700円の電気スタンドを買ったときの代金
　　式

答え _____

4　1箱800円だったマスクが，40％安くなっていました。マスクのねだんは1箱何円になっていますか。
　式

答え _____

割合とグラフ（1）

● 下のグラフは，ある年のキウイフルーツの生産量の都道府県別の割合（わりあい）を表したものです。グラフを見て答えましょう。

キウイフルーツの生産量の都道府県別割合

| 愛媛 | 福岡 | 和歌山 | 神奈川 | その他 |

```
0  10  20  30  40  50  60  70  80  90  100%
```

① 上のようなグラフを何といいますか。

（　　　　　　　　　）

② それぞれの生産量の割合は，全体の何％ですか。

愛媛県　（　　　　　）　　　　福岡県　（　　　　　）

和歌山県（　　　　　）　　　　神奈川県（　　　　　）

その他　（　　　　　）　　　　合　計　（　　　　　）

③ 愛媛県は神奈川県の何倍ですか。

（　　　　　）

④ 全体の生産量が３万 t とすると，愛媛県の生産量は何 t ですか。

愛媛県
式

答え＿＿＿＿＿＿＿＿

復習

● 商は一の位まで求めて，あまりも出しましょう。

① 6 ÷ 0.7　　　② 3.2 ÷ 1.2　　　③ 43.5 ÷ 2.8

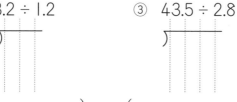

（　　　　　）　（　　　　　）　（　　　　　）

割合とグラフ（2）

● 右のグラフは，ある小学校の５年生の好きな教科を調べて，教科別の割合（わりあい）を表したものです。

5年生の好きな教科の割合

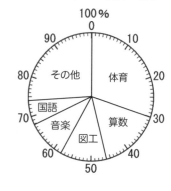

① このようなグラフを何といいますか。

（　　　　　　　　　）

② それぞれの教科の割合は，全体の何％ですか。

体育　（　　　　　）

算数　（　　　　　）

図工　（　　　　　）

音楽　（　　　　　）

国語　（　　　　　）

③ 体育は図工の何倍ですか。（　　　　　）

④ 算数は音楽の何倍ですか。（　　　　　）

⑤ ５年生の人数は 150 人です。次の教科を好きな人の数を求めましょう。

【体育】式

答え＿＿＿＿＿＿＿＿

【算数】式

答え＿＿＿＿＿＿＿＿

復習

● 商は四捨五入（ししゃごにゅう）して，上から２けたのがい数で表しましょう。

① 8.6 ÷ 4.1　　　② 26.4 ÷ 3.5　　　③ 5 ÷ 0.26

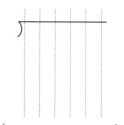

（　　　　　）　（　　　　　）　（　　　　　）

割合とグラフ (3)

名 前

月　日

● 下の表は，ある小学校の 5 年生の図書コーナーにある，本の種類とさっ数を まとめたものです。割合を求めて，帯グラフに表しましょう。

5 年生の図書コーナーの本調べ

本の種類	さっ数 (さつ)	割合 (%)
物　語	105	
図かん	60	
絵　本	40	
辞　典	25	
その他	20	
合　計	250	

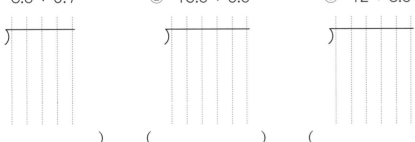

復習

● 商は四捨五入して， $\frac{1}{10}$ の位までのがい数で表しましょう。

① 3.8 ÷ 0.7

② 15.8 ÷ 6.8

③ 12 ÷ 3.6

(　　　　) (　　　　) (　　　　)

割合とグラフ (4)

名 前

月　日

● 下の表は，ある小学校の 1 年生の図書コーナーにある，本の種類とさっ数を まとめたものです。割合を求めて，円グラフに表しましょう。

1 年生の図書コーナーの本調べ

本の種類	さっ数 (さつ)	割合 (%)
絵　本	105	
物　語	96	
図かん	42	
辞　典	24	
その他	33	
合　計	300	

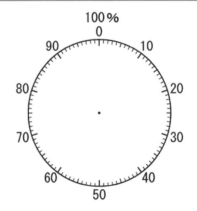

復習

① $\frac{3}{5} + \frac{1}{3}$

② $\frac{3}{4} + \frac{1}{6}$

③ $\frac{7}{30} + \frac{3}{5}$

④ $\frac{3}{4} + \frac{1}{36}$

　(122%に拡大してご使用ください)

割合とグラフ（5）

名前

月　　日

● 南小学校，北小学校の2つの学校で，好きなスポーツを調べて帯グラフに表しました。調べた人数は，南小学校が80人，北小学校が120人です。

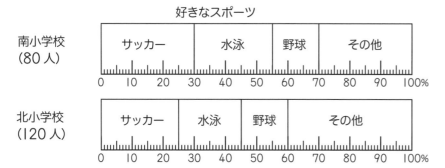

好きなスポーツ

南小学校（80人）：サッカー　水泳　野球　その他
北小学校（120人）：サッカー　水泳　野球　その他

① サッカーが好きな人の割合は，それぞれ何％ですか。

南小学校（　　　　　）　北小学校（　　　　　）

② 「サッカーが好きな人数は南小の方が多い。」…これは正しいですか。
　　人数を求めて比べ，どちらかに○をしましょう。

式　南小　　　　　　　　　　　　　　　　　（　　　　人）
　　北小　　　　　　　　　　　　　　　　　（　　　　人）
　　　　（　　正しい　・　正しくない　）

③ 「野球が好きな人数は同じだ。」…これは正しいですか。
　　人数を求めて比べ，どちらかに○をしましょう。

式　南小　　　　　　　　　　　　　　　　　（　　　　人）
　　北小　　　　　　　　　　　　　　　　　（　　　　人）
　　　　（　　正しい　・　正しくない　）

復習

① $1\frac{1}{3} + 2\frac{1}{6}$　　　② $3\frac{1}{2} + 2\frac{1}{10}$

③ $1\frac{3}{4} + 1\frac{5}{12}$　　　④ $2\frac{7}{8} + 1\frac{11}{24}$

割合とグラフ（6）

名前

月　　日

● 子どもたちが好きな食べ物を，30年前と今で調べた結果を帯グラフに表しました。2つのグラフを見て答えましょう。

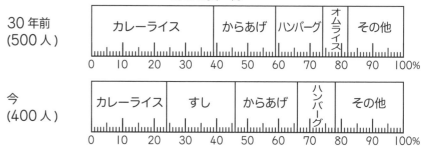

好きな食べ物

30年前（500人）：カレーライス　からあげ　ハンバーグ　オムライス　その他
今（400人）：カレーライス　すし　からあげ　ハンバーグ　その他

① カレーライスが好きな人の割合は，30年前と今ではどうなりましたか。
（　　　　　　　　　　　　　　　　　　　　　　　　　　）

② カレーライスが好きな人の割合は，ハンバーグが好きな人の割合の何倍になっていますか。

式　30年前　　　　　　　　　　　　　　　　（　　　　倍）
　　今　　　　　　　　　　　　　　　　　　（　　　　倍）

③ 「からあげが好きな人の割合は同じだから人数は同じだ」…これは正しいですか。人数を求めて比べ，どちらかに○をしましょう。

式　30年前　　　　　　　　　　　　　　　　（　　　　人）
　　今　　　　　　　　　　　　　　　　　　（　　　　人）
　　　　（　　正しい　・　正しくない　）

復習

① $\frac{1}{2} + \frac{1}{3} + \frac{1}{6}$　　　② $\frac{1}{4} + \frac{1}{5} + \frac{1}{6}$

③ $\frac{3}{4} + \frac{3}{5} + \frac{3}{20}$

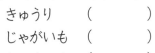 **割合とグラフ**
まとめ①

名
前

① 右のグラフは，250人に好きな野菜を聞いて，その割合(わりあい)を表したものです。

① それぞれの野菜の割合は，全体の何％ですか。

きゅうり　（　　　　　）

じゃがいも　（　　　　　）

さつまいも　（　　　　　）

トマト　（　　　　　）

なす　（　　　　　）

その他　（　　　　　）

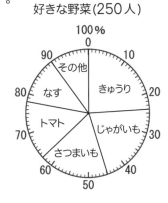

好きな野菜(250人)

② きゅうりが好きな人数を求めましょう。

式

答え＿＿＿＿＿＿＿＿

② 下のグラフは，150人に好きな給食のメニューを聞いて，その割合を表したものです。

好きな給食のメニュー(150人)

カレーライス	からあげ	ハンバーグ	ラーメン	スパゲティ	その他

0　10　20　30　40　50　60　70　80　90　100%

① カレーライスとハンバーグのメニューが好きな人数をそれぞれ求めましょう。

カレーライス　式　　　　　　　　　　（　　　　　）

ハンバーグ　　式　　　　　　　　　　（　　　　　）

② カレーライスが好きな人の割合は，からあげが好きな人の割合の何倍ですか。

式

答え＿＿＿＿＿＿＿＿

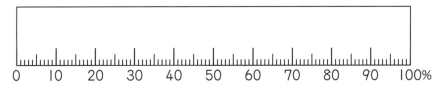 **割合とグラフ**
まとめ②

名
前

① 下の表は，保健室(ほけん)を利用した理由をまとめたものです。
それぞれの割合(わりあい)を求めて，帯グラフに表しましょう。

保健室を利用した理由

理　由	けが	発熱	おなかがいたい	気分が悪い	その他	合　計
人数（人）	27	18	15	9	6	75
割合（%）						

0　10　20　30　40　50　60　70　80　90　100%

② 下の表は，好きな教科についてまとめたものです。

好きな教科

教　科	算数	体育	音楽	国語	その他	合　計
人数（人）	30	24	18	12	36	120
割合（%）						

① それぞれの割合を求めて，円グラフに表しましょう。

② 算数が好きな人の割合は，国語が好きな人の割合の何倍ですか。

式

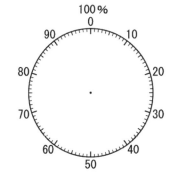

答え＿＿＿＿＿＿＿＿

正多角形と円 (1)

名
前

① （　　）にあてはまることばを書きましょう。

　　正多角形とは,（　　　　）の長さがすべて等しく,（　　　　）の大きさが
すべて等しい多角形です。

② 次の正多角形の名前を（　　　）に,角の大きさを ☐ に書きましょう。

①

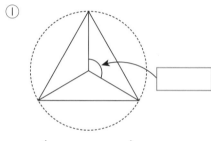

（　　　　　）

②

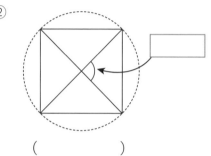

（　　　　　）

③

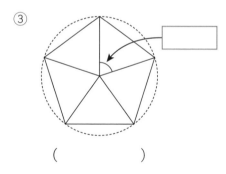

（　　　　　）

④

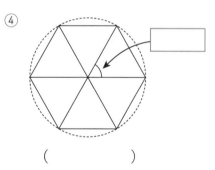

（　　　　　）

復習

① $\frac{1}{3} + 0.4$

② $\frac{5}{8} + 0.25$

③ $1.2 + \frac{1}{4}$

④ $1.5 + \frac{3}{5}$

正多角形と円 (2)

名
前

● 円の中心のまわりの角を等分する方法で,次の正多角形をかきましょう。

① 正八角形

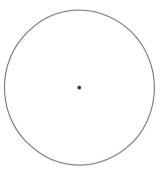

② 正五角形

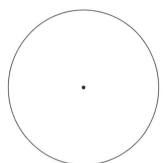

③ 正六角形

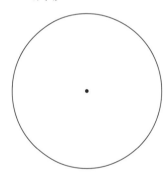

④ 正三角形

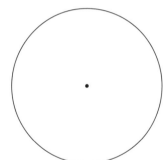

⑤ 正方形

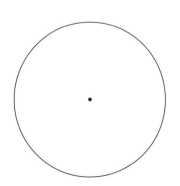

正多角形と円（3） 名前

● 正六角形を次の2つの方法でかきましょう。

① 円の中心のまわりの角を等分する方法

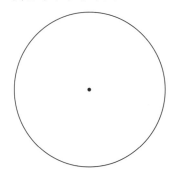

② 円のまわりを半径で区切っていく方法。

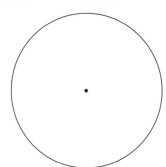

復習

① $\dfrac{5}{6} - \dfrac{3}{4}$　　② $\dfrac{4}{5} - \dfrac{3}{4}$

③ $\dfrac{17}{18} - \dfrac{1}{6}$　　④ $\dfrac{7}{15} - \dfrac{1}{5}$

● 赤いリボンの長さは $\dfrac{5}{6}$ m，青いリボンの長さは $\dfrac{1}{3}$ m です。
ちがいは何 m ですか。

式

答え _____

正多角形と円（4） 名前

① 次の文の（　　）にあてはまることばや数を下の _____ から選んで
書きましょう。

① 円のまわりを（　　　　　）といいます。

② 円周の長さは，直径の約（　　　　　）倍になります。

③ どんな大きさの円でも，円周 ÷ 直径は同じ数になり，
この数を（　　　　　）といいます。

④ 円周の長さは，次の式で求められます。

円周の長さ ＝（　　　　）× 3.14

> 3.14　直径　円周　円周率

② 次の円の，円周の長さを求めましょう。

① 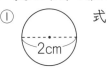 式
2cm

答え _____

② 直径 5cm の円
式

答え _____

復習

① $2\dfrac{3}{4} - 1\dfrac{1}{2}$　　② $2\dfrac{1}{12} - \dfrac{3}{4}$

③ $2\dfrac{7}{15} - 1\dfrac{4}{5}$　　④ $3\dfrac{3}{14} - 1\dfrac{6}{7}$

● 麦茶が $1\dfrac{1}{6}$ L ありました。みんなで飲むと，残りが $\dfrac{2}{3}$ L になりました。
みんなが飲んだのは何 L ですか。

式

答え _____

月　日

正多角形と円（5）

名前

① 次の円の，円周の長さを求めましょう。

①
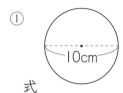
10cm

式

答え _____

②

8cm

式

答え _____

③
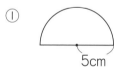 2.5cm

式

答え _____

④　半径10cmの円

式

答え _____

② 次の図形のまわりの長さを求めましょう。

①
5cm

式

答え _____

②
4cm

式

答え _____

復習..

① $\frac{17}{18} - \frac{1}{6} - \frac{1}{3}$

② $\frac{7}{8} - \frac{1}{4} - \frac{1}{2}$

③ $\frac{11}{12} - \frac{1}{4} - \frac{1}{3}$

月　日

正多角形と円（6）

名前

① 円周の長さが次のような円の，直径や半径の長さは何cmですか。

わりきれない場合は，四捨五入して $\frac{1}{10}$ の位までのがい数で求めましょう。

①　円周が28.26cmの円の直径

式

答え _____

②　円周が37.68cmの円の半径

式

答え _____

③　円周が1mの円の直径

式

答え _____

② 次の図形のまわりの長さを求めましょう。

式

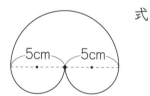
5cm　5cm

答え _____

復習..

① $\frac{3}{4} - 0.3$

② $\frac{8}{5} - 1.2$

③ $3.2 - 1\frac{3}{4}$

④ $1.5 - 1\frac{1}{3}$

● はり金が $5\frac{1}{6}$ m ありましたが，2.5m 使いました。残りは何mですか。

式

答え _____

正多角形と円 (7)

名前

月　日

● 下の図のように，円の直径が 1cm, 2cm, 3cm, … と変わると，円周の
　長さはどのように変わるかを調べましょう。

直径1cm

直径2cm

3cm

4cm

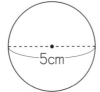
5cm

① □(直径)が 1, 2, 3, … と変わると，○(円周)はどう変わるか
　表にしましょう。

直径□ (cm)	1	2	3	4	5	6	7
円周○ (cm)							

② 直径□ cm と円周○ cm の関係を式に表します。
　( )にあてはまる数を書きましょう。
　　　□ × (　　　　) = ○

③ 直径の長さが 2 倍，3 倍，… になると円周はどうなりますか。
　(　　　　　　　　　　　　)

④ 円周の長さは，直径の長さに比例していますか。
　(　　　　　　　　　　　　)

⑤ 直径が 15cm のときの円周の長さは，直径が 5cm のときの円周の長さの
　何倍で，何 cm になりますか。
　　　直径 15cm の円周の長さは，直径 5cm の円周の (　　　) 倍
式

答え ＿＿＿＿＿＿＿＿

復習

① $\dfrac{15}{16} - \dfrac{1}{2} + \dfrac{1}{4}$

② $\dfrac{11}{12} + \dfrac{1}{4} - \dfrac{1}{3}$

③ $\dfrac{3}{5} + \dfrac{1}{2} - \dfrac{9}{10}$

正多角形と円

まとめ①

名前

月　日

1 次の正多角形の角度を，式を書いて求めましょう。

①
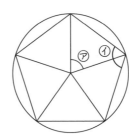
　⑦ 式
　答え ＿＿＿＿＿
　⑦ 式
　答え ＿＿＿＿＿

②
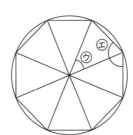
　⑦ 式
　答え ＿＿＿＿＿
　⑦ 式
　答え ＿＿＿＿＿

2 円を使って，正六角形をかきましょう。

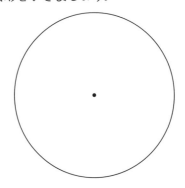

3 半径 10cm の円の，円周の長さを求めましょう。
式

答え ＿＿＿＿＿

正多角形と円
まとめ②

名前

① 円周が次の長さのときの直径を求めましょう。
　① 25.12cm
　　式

　　　　　　　　　　　　　　　　　　　答え _____

　② 43.96cm
　　式

　　　　　　　　　　　　　　　　　　　答え _____

② 下の色のついた図形のまわりの長さを求めましょう。

　①
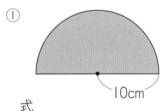
10cm
　　式

　　　　　　答え _____

　②

10cm
　　式

　　　　　　答え _____

③ 円の直径を 1cm, 2cm, 3cm, … と長くしていくと,
　円周の長さはどのように変化しますか。
　① 直径を□cm, 円周を○cm として,
　　関係を式に表します。(　　)にあてはまる
　　数を書きましょう。

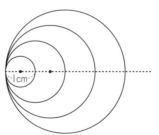
1cm

　　　□ ×(　　　　　)= ○

　② 直径が 12cm のときの円周の長さを求めま
　　しょう。
　　式

　　　　　　　　　　　　　　　　　　　答え _____

角柱と円柱（1）

名前

① 右の立体について答えましょう。

　(1) 右の立体の名前を書きましょう。
　　　　　　　　　　(　　　　　　　　　)

　(2) 色のついた平行な 1 組の面を何と
　　いいますか。
　　　　　　　　　　(　　　　　　　　　)

　(3) 色のついていない面を何といいますか。
　　　　　　　　　　(　　　　　　　　　)

　(4) 角柱について説明しています。(　　)にあてはまることばを
　　下の □ から選んで書きましょう。
　　① 角柱の 2 つの底面は(　　　　　)な多角形で, たがいに
　　　(　　　　　)な関係になっています。
　　② 角柱の底面と側面はたがいに(　　　　　)な関係になっています。
　　③ 角柱の側面の形は(　　　　　)か正方形になっています。

| 垂直 | 平行 | 長方形 | 合同 | 五角形 |

復習 ....

　① 6.7 × 4.8　　② 72.9 × 5.3　　③ 9.04 × 2.5　　④ 5.4 × 0.13

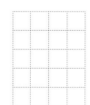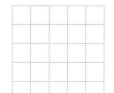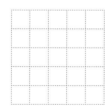

● 1L の重さが 0.92kg のサラダ油 3.5L の重さは何 kg ですか。
　式

　　　　　　　　　　　　　　　　　　　答え _____

角柱と円柱（2）

名前

● 次の ㋐〜㋑ の角柱について調べましょう。

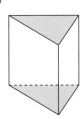 ㋐　 ㋑　㋒　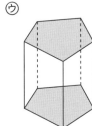  ㋑

① ㋐〜㋑の角柱の名前を下の表に書きましょう。
② ㋐〜㋑について，底面の形や側面の形，側面の数，頂点の数，辺の数を，下の表にまとめましょう。

角柱の名前	㋐	㋑	㋒	㋑
底面の形				
側面の形		長方形　か　正方形		
側面の数				
頂点の数				
辺の数				

復習 ....

① 7.5 × 0.8　② 36.4 × 0.9　③ 3.5 × 0.2　④ 1.78 × 0.3

● 時速 4.6km の速さで歩きます。0.75 時間では何 km 歩けますか。
式

答え _____

角柱と円柱（3）

名前

● 円柱について（　　　）にあてはまることばを下の □ から選んで書きましょう。

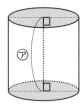 ㋐　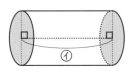 ㋑

① 円柱では，向かい合った 2 つの面を（　　　　）といい，それ以外のまわりの面を（　　　　）といいます。
② 円柱の 2 つの底面は合同で，たがいに（　　　　）な関係です。
③ 角柱の側面はすべて平面ですが，円柱の側面は（　　　　）です。
④ 上の図の ㋐ や ㋑ のように，円柱の 2 つの底面に垂直な直線の長さを円柱の（　　　　）といいます。

> 高さ　　垂直　　平行　　底面　　側面　　曲面

復習 ....

① 680 × 0.25　② 1200 × 0.92　③ 560 ÷ 0.4　④ 640 ÷ 0.16

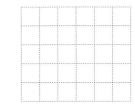 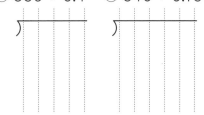

● 0.7mが 140 円のリボンがあります。このリボン 1mのねだんは何円ですか。
式

答え _____

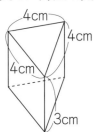 **角柱と円柱（4）**　名前

① 次の三角柱の展開図の続きをかきましょう。

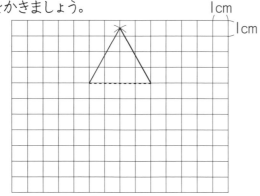

底面は１辺が４cmの
正三角形

② 右の三角柱の展開図を見て答えましょう。
　① この展開図を組み立ててできる
　　立体の高さは何 cm ですか。
　　　（　　　　　）cm
　② 点オに集まる点をすべて書きましょう。
　　　（　　　　　　　　　　）

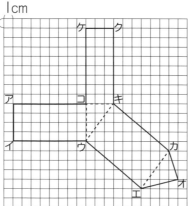

復習
① 8.76 ÷ 1.46　② 1.56 ÷ 2.6　③ 1.86 ÷ 0.6　④ 9.28 ÷ 2.9

● 1mの重さが 1.2kg のパイプがあります。4.56kg では何 m になりますか。
　式

　　　　　　　　　　　　　　　答え ＿＿＿＿＿＿

角柱と円柱（5）　名前

● 円柱の展開図をかくと，下のようになります。

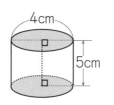

① 円柱の側面は，展開図ではどんな形ですか。
　　　　　　　　　（　　　　　　　　）

② 展開図のＡＢの長さは何 cm ですか。
　　　　　　　　　（　　　　　　　　）

③ ＡＤの長さは，底面の何の長さと同じですか。
　　　　　　　　　（　　　　　　　）

④ ＡＤの長さを求めましょう。
　式

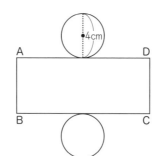

　　　　　　　　　　　　　　　答え ＿＿＿＿＿＿

復習
① 7.56 ÷ 2.8　② 8.4 ÷ 2.4　③ 11.9 ÷ 3.5　④ 64.4 ÷ 4.6

● 1m² を 5.4dL のペンキでぬります。64.8dL では何 m² ぬれますか。
　式

　　　　　　　　　　　　　　　答え ＿＿＿＿＿＿

76　（ 122%に拡大してご使用ください ）

角柱と円柱 (6)

名前

月　日

● 次の立体の展開図からできる立体の見取図をかきましょう。

①
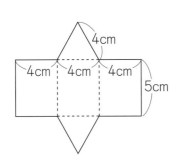
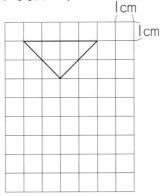
1cm
1cm

②
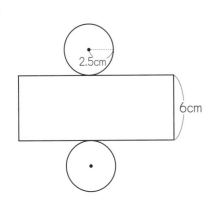
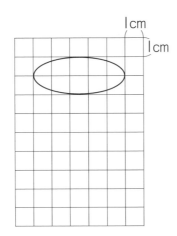
1cm
1cm

復習

● わりきれるまで計算しましょう。

① 0.9 ÷ 0.18　② 0.35 ÷ 0.25　③ 9.84 ÷ 4.8　④ 2.7 ÷ 1.2

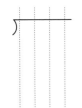

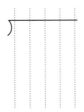

角柱と円柱
まとめ

名前

月　日

① 次の⑦〜⑨の立体について答えましょう。

⑦
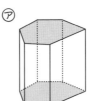
⑦

⑦
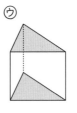
⑦
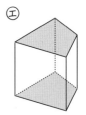

(1) 立体の名前を書きましょう。

⑦ (　　　　　　　)　　⑦ (　　　　　　　)
⑦ (　　　　　　　)　　⑦ (　　　　　　　)

(2) (　) にあてはまることばを ┈┈ から選んで書きましょう。

① 角柱の側面は, すべて (　　　　　　) ですが,
円柱の側面は (　　　　　　) です。

② 角柱や円柱の 2 つの底面は (　　　　　　) で,
たがいに (　　　　　　) な関係になっています。

③ 角柱の底面と側面は, たがいに (　　　　　　) になっています。

| 合同 | 平行 | 垂直 | 曲面 | 平面 |

② 下の円柱の展開図をかきましょう。

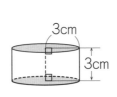
3cm
3cm

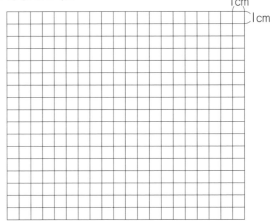
1cm
1cm

漢字の成り立ち（1）　名前

1　次の漢字の成り立ちは、□のア～エのどれですか。（ ）に記号を書きましょう。

㋐ 目に見える物の形を絵にしたものからできた漢字（象形文字）
㋑ 目に見えない事がらを図形や記号で表したものからできた漢字（指事文字）
㋒ いくつかの漢字の意味を組み合わせてできた漢字（会意文字）
㋓ 音を表す部分と、意味を表す部分を組み合わせてできた漢字（形成文字）

① 馬（　）
② 上（　）
③ 三（　）
④ 信（　）
⑤ 雨（　）
⑥ 銅（　）
⑦ 男（　）
⑧ 板（　）
⑨ 鳴（　）
⑩ 竹（　）

2　次の漢字は、二つの漢字の意味を組み合わせてできた会意文字です。□に漢字を書きましょう。

① 山＋石　□
② 木＋木　□
③ 重＋力　□
④ 日＋月　□
⑤ 火＋田　□
⑥ 女＋子　□

（右ページ）

漢字の成り立ち（2）　名前

1　次の漢字は、音を表す部分と、意味を表す部分を組み合わせてできた形成文字です。音を表す部分を□に、意味を表す部分を（ ）に書きましょう。

① 粉　□（　）
② 草　□（　）
③ 週　□（　）
④ 河　□（　）
⑤ 時　□（　）
⑥ 花　□（　）
⑦ 清　□（　）
⑧ 絵　□（　）
⑨ 際　□（　）

2　次の漢字と同じ成り立ちの漢字を、下の□から選んで書きましょう。

① 目
② 下
③ 休
④ 飯

日	本	多	品
天	間	想	油	月
晴	火	木	省	森
二	習	立	貝	小

和語・漢語・外来語 (1)

名前

１ 和語・漢語・外来語の意味を⑦〜⑦から、その言葉を⑥〜⑥から選んで、それぞれ記号を書きましょう。

和語…意味（　）・言葉（　）

漢語…意味（　）・言葉（　）

外来語…意味（　）・言葉（　）

⑦ もともと日本にあった言葉で、漢字を「訓」で読む言葉
⑦ 漢字を「音」で読む言葉
⑦ 世界のさまざまな国から入ってきた言葉

あ ホテル　い 人　う 人魚　え 魚
お 先頭　か フォーク　き キッチン
く 台所　け 旅人　こ トップ　さ 旅行
し 手紙　す 学習　せ カステラ　そ 写真

２ 次の外来語を、和語や漢語に直しましょう。

① スイミング（　）　② スポーツ（　）

③ テスト（　）　④ ランチ（　）

和語・漢語・外来語 (2)

名前

１ 次の漢字の和語の読み方を（　）に書きましょう。

① 宿（　）　② 春休み（　み）　③ 深さ（　さ）

④ 赤色（　）　⑤ 美しい（　しい）　⑥ 花火（　）

⑦ 鳥（　）　⑧ 母親（　）　⑨ 本屋（　）

⑩ 黒い（　い）　⑪ 青空（　）　⑫ 道（　）

２ 次の漢字の音読みをカタカナで書きましょう。

① 昨日（　）　② 読書（　）　③ 学校（　）

④ 両親（　）　⑤ 白鳥（　）　⑥ 目標（　）

⑦ 朝食（　）　⑧ 音楽（　）　⑨ 救急車（　）

⑩ 上空（　）　⑪ 先生（　）　⑫ 工作（　）

和語・漢語・外来語（3）

名前

1　次の和語と同じ意味の漢語を、□から選んで、（　）に書きましょう。

① 調べる（　　）
② 決める（　　）
③ 山登り（　　）
④ 深い海（　　）
⑤ 生き物（　　）
⑥ 減る（　　）
⑦ 周り（　　）
⑧ 速さ（　　）
⑨ 負ける（　　）

速度　生物　登山　決定　周囲　深海　減少　敗北　調査

2　次の漢語と同じ意味の和語を□から選んで、（　）に書きましょう。

① 高山（　　）
② 規則（　　）
③ 理由（　　）
④ 増加（　　）
⑤ 海水（　　）
⑥ 使用（　　）
⑦ 熱湯（　　）
⑧ 効果（　　）
⑨ 道路（　　）

きまり　増える　海の水　道　わけ　使う　効き目　高い山　熱い湯

和語・漢語・外来語（4）

名前

1　次の文の──線の言葉の漢語（ア）と和語（イ）の読み方を（　）に書きましょう。（漢語はカタカナで、和語はひらがなで書きましょう。）

①
ア　水辺の生物の観察をする。（　　）
イ　生物はなるべく早く食べる。（　　）

②
ア　祭りを見物する。（　　）
イ　今日の試合は、見物だ。（　　）

③
ア　転校する友だちに色紙の寄せ書きをわたす。（　　）
イ　色紙を折って遊ぶ。（　　）

2　次の言葉と同じ意味の和語や漢語を、下の□から選んで、（　）に書きましょう。

① ベンチ（　　）
② ピッチャー（　　）
③ レストラン（　　）
④ ミラー（　　）
⑤ プレゼント（　　）
⑥ スピーチ（　　）

演説　長いす　食堂　おくり物　投手　鏡

同訓異義語（1）

名前

1 次の文の ―線のカタカナを漢字に直したものを、□の中から選んで、〇で囲みましょう。

① アツいお茶を飲む。

　熱・暑・厚

② 駅にツく。

　着・付

③ 図形の角度をハカる。

　測・量・計

④ 山にノボる。

　登・上

2 次の文に合う漢字を□から選んで、（　）の中に書きましょう。

① はやい
　走るのが（　）。
　朝、起きるのが（　）。

　早い・速い

② うつす
　黒板の文字をノートに（　）。
　席を別の場所に（　）。

　移す・写す

③ たつ
　ビルが（　）。
　にげ道を（　）。
　台の上に（　）。

　立つ・建つ・絶つ

④ かえる
　家に（　）。
　ひっくり（　）。

　帰る・返る

同訓異義語（2）

名前

● 文の意味を考えて、□にあてはまる漢字を書きましょう。

① やぶれる
　ノートが□れる。
　野球の試合に□れる。

② さす
　こしに刀を□す。
　北を□す。

③ かえる
　形を□える。
　ピッチャーを□える。

④ きる
　紙を□る。
　服を□る。

⑤ なく
　子どもが□く。
　鳥が□く。

⑥ あらわす
　グラフに□す。
　すがたを□す。

⑦ あう
　友だちに□う。
　答えが□う。

⑧ さめる
　目が□める。
　熱いお茶が□める。

1 次の文の——線に合う漢字は、⑦、①のどちらですか。（　）に記号を書きましょう。

(1) さす　⑦指す　①差す
① 時計のはりが十二時をさす。（　）
② 刀をさす。（　）
③ 太陽の光がさす。（　）
④ 先生が田中さんをさす。（　）
⑤ 目薬をさす。（　）

(2) はかる　⑦測る　①量る
① 体重をはかる。（　）
② 身長をはかる。（　）
③ 教室の面積をはかる。（　）
④ 米の量をはかる。（　）
⑤ かぜをひいて、熱をはかる。（　）

2 次の文の中で、——線の漢字の使われ方が正しければ○を、まちがっていれば正しい漢字を、（　）の中に書きましょう。

① 駅で、先生に合う。（　）
② 長いかみの毛を短く代える。（　）
③ 暑い辞書を買う。（　）
④ 山田さんは足が早い。（　）
⑤ 階段を上る。（　）
⑥ 気持ちを言葉に表す。（　）
⑦ 月日が立つ。（　）
⑧ 今年の夏は、熱い。（　）

1 次の文の——線のカタカナを漢字に直したものを、□から選んで、○で囲みましょう。

① コウエンでサッカーをして遊ぶ。
　公園　・　公演　・　講演
② 本日発売のシュウカン誌を買う。
　週刊　・　習慣　・　週間
③ 今度のテストは、百点のジシンがある。
　自信　・　自身

2 次の漢字が（　）にあてはまる方を選んで、□に○をつけましょう。

① 楽器
　（　）を演そうする。
　新（　）が始まる。
　□　□

② 性格
　弟は（　）がやさしい。
　（　）に計算する。
　□　□

③ 照明
　（　）が明るい。
　（　）写真をとる。
　□　□

④ 火事
　（　）に注意する。
　（　）を手伝う。
　□　□

● 次の文に合う熟語を □ から選んで □ に書きましょう。

① しゅうせい
　まちがいを □ する。

　［習性 ・ 修正］

　カエルは、冬みんする □ がある。

② さいしゅう
　植物を □ する。

　［最終 ・ 採集］

　最終のバスに乗る。

③ しんねん
　□□ が強い。

　□□ のあいさつをする。

　［新年 ・ 信念］

④ いいん
　歯科 □□ に行く。

　学級 □□ に選ばれる。

　［委員 ・ 医院］

⑤ きかん
　□□ 限定商品を買う。

　じょう気 □□ 車の絵をかく。

　［期間 ・ 機関］

⑥ かんしん
　勇気のある行動に □□ する。

　中国語に □□ がある。

　［感心 ・ 関心］

---

1 ── 線の漢字はまちがっています。（　）に正しく書き直しましょう。

① 木村さんの意見に酸性する。（　　）

② 最新の注意をはらう。（　　）

③ 小学生対照の大会に出場する。（　　）

④ 意思が固い。（　　）

⑤ 店などの決まった休みの日のことを庭球日という。（　　）

2 次の ── 線のカタカナを漢字に直しましょう。

① デンキを読む。（　　）
　部屋のデンキを消す。（　　）

② 友だちとサイカイする。（　　）
　試合がサイカイする。（　　）

③ 算数イガイの勉強は苦手だ。（　　）
　イガイとおもしろかった。（　　）

④ 国語ジテン（　　）
　百科ジテン（　　）

1 ていねい語、尊敬（そんけい）語、けんじょう語のうち、次の説明にあてはまる敬語の種類を□の中に書きましょう。また、それぞれの種類に合った下の言葉を——線で結びましょう。

① 相手や会話の中の人をうやまう気持ちを表す　□

② 相手にていねいな言葉で話す　□

③ 自分や身内の動作をけんそんして、相手をうやまう　□

・聞きます
・お聞きになる
・うかがう

2 次の文中の——線の言葉を、ていねいな言い方に直しましょう。

① 花びんがテーブルの上にある。（　　　）

② 友だちと公園に遊びに行く。（　　　）

③ 明日は、雨がふるだろうか。（　　　）

④ これが、今日、先生にもらったプリントだ。（　　　）

1 ——線の敬語の意味を一つずつ選んで○をつけましょう。

① 今からそちらにうかがいます。
（　）行きます
（　）聞きます

② どうぞ、めし上がってください。
（　）使ってください
（　）食べてください

2 次の文中の——線の言葉を、尊敬（そん）語に直しましょう。

(1) 特別な言葉を使って

① 校長先生が言う。（　　　）

② 先生が来る。（　　　）

③ 先生が手紙をくださる。
（　）くれる
（　）もらう

④ 先生からお花をいただく。
（　）あげる
（　）もらう

(2) 「お（ご）——になる」を使って

① 先生が話を聞く。（　　　）

② 校長先生が話す。（　　　）

(3) 「——れる（られる）」を使って

① 先生が帰る。（　　　）

② 先生が教科書を読む。（　　　）

敬語（4）
名前　月　日

● 次の文を、（　）の敬語を使った文に直しましょう。

① わたしは、六年生だ。（ていねい語）

② 先生が、大きなメダルをくれた。（尊敬語）

③ 母は、明日、先生のお話を聞く。（けんじょう語）

④ 卒業おめでとうございます。（尊敬語）

⑤ いつもありがとう。（ていねい語）

敬語（3）
名前　月　日

1　文に合う言葉の方に○をつけましょう。

① 弟がクッキーを（　）くれた。（　）くださった。

② 先生は、教室に（　）いらっしゃる。（　）いる。

③ 先生が給食を（　）いただく。（　）めし上がる。

④ 妹が、学校に（　）行く。（　）いらっしゃる。

2　次の文中の──線の言葉を、けんじょう語に直しましょう。

① となりのおじさんにみかんをもらった。（　）

② おいしい料理を食べました。（　）

③ 荷物を送ります。（　）

④ 先生に借りた消しゴムを返す。（　）

⑤ 会いたいので、そちらに行きます。（　）

一つの漢字に いろいろな読み（1）　名前

次のそれぞれの □ には同じ漢字が入ります。あてはまる漢字を下の □ から選んで書き、（ ）にその漢字の読み方を書きましょう。

① 大（　）・□作（　）
② 人（　）・□（　）式
③ □和（　）・□等（　）
④ 時□（　）・□人（　）
⑤ 日□（　）・□正（　）
⑥ □半（　）・□午（　）
⑦ □港（　）・□大（　）
⑧ □事（　）・□動（　）
⑨ □格（　）・□宿（　）
⑩ □作（　）・□来（　）

家　合　直　行　後
・　・　・　・　・
漁　形　間　平　工

一つの漢字に いろいろな読み（2）　名前

1 矢印の方向に読むと、二字の熟語になるように、□の中に漢字を書きましょう。

① 休→□→光　先↓　↑毎
② 天→□←上　地↓　↓車
③ 有→□→字　本↓　↑命

2 次の漢字の読み方を（ ）に書きましょう。

① 都合（　）　都会（　）
② 競泳（　）　競馬（　）
③ 北極（　）　極楽（　）
④ 自然（　）　天然（　）
⑤ 登山（　）　登校（　）
⑥ 分速（　）　分配（　）
⑦ 力作（　）　努力（　）
⑧ 画家（　）　計画（　）
⑨ 米国（　）　白米（　）

特別な読み方をする言葉

名前

1
――線の漢字の読み方を（　）に書きましょう。

① 時計のはりが、十時を指している。
（　）

② 七月七日は、七夕です。
（　）

③ 迷子になった妹をさがす。
（　）

④ 岩の間から清水がわき出ている。
（　）（　）

⑤ お母さんと二人で買い物に行く。
（　）（　）

⑥ 八百屋で果物を買う。
（　）（　）

⑦ わたしのお父さんは、眼鏡をかけている。
（　）（　）

⑧ 川原で水遊びをする。
（　）

2
次の読み方をする言葉を漢字に直しましょう。

① つゆ ☐☐
② ついたち ☐☐
③ はかせ ☐☐
④ ひとり ☐☐
⑤ ふたり ☐☐
⑥ じょうず ☐☐
⑦ きょう ☐☐
⑧ けしき ☐☐
⑨ きのう ☐☐
⑩ へた ☐☐

複合語（1）

名前

● 次の複合語を、もとの言葉に分けましょう。

① 歩き始める
（　）＋（　）

② 色えん筆
（　）＋（　）

③ 飛びはねる
（　）＋（　）

④ 紙コップ
（　）＋（　）

⑤ 細長い
（　）＋（　）

⑥ 日本記録
（　）＋（　）

⑦ 泣きさけぶ
（　）＋（　）

⑧ 走り回る
（　）＋（　）

⑨ 読書感想文
（　）＋（　）＋（　）

⑩ 待ち合わせ場所
（　）＋（　）＋（　）

名前

月　日

次の言葉を組み合わせて、複合語を作りましょう。

（例）帰る ＋ 道

（ 帰り道 ）

② 体そう ＋ 服

（　　　　　）

④ 息 ＋ 苦しい

（　　　　　）

⑥ 昼 ＋ 休み

（　　　　　）

⑧ 学級 ＋ 委員

（　　　　　）

⑩ 目 ＋ 覚ます ＋ 時計

（　　　　　）

① 食べる ＋ 始める

（　　　　　）

③ りんご ＋ ジュース

（　　　　　）

⑤ 作る ＋ 終わる

（　　　　　）

⑦ クリスマス ＋ パーティー

（　　　　　）

⑨ 力 ＋ 強い

（　　　　　）

⑪ パン ＋ 食う ＋ 競争

（　　　　　）

名前

月　日

1 例のように、次の言葉を一つの言葉に言いかえましょう。

（例）おもちゃが入っている箱 → おもちゃ箱

① あまくてすっぱい →（　　　　　）

② ねているときの顔 →（　　　　　）

③ 青みがかって白い →（　　　　　）

④ 雨のとき、使うかさ →（　　　　　）

2 次の言葉の複合語を　　に書き、読み方を（　）に書きましょう。

（例）船 ＋ 旅 →

| 船旅 |

（ふね）（たび）（ふなたび）

② 雨 ＋ 雲 →

（　　）（　　）

|　　|

（　　　）

④ 昔 ＋ 話 →

（　　）（　　）

|　　|

（　　　）

① 白 ＋ 波 →

（　　）（　　）

|　　|

（　　　）

③ 目 ＋ 薬 →

（　　）（　　）

|　　|

（　　　）

⑤ 本 ＋ 箱 →

（　　）（　　）

|　　|

（　　　）

複合語（4）

1 次の複合語は、下の □ の㋐〜㋕のどの種類ですか。（　）に記号を書きましょう。

① カレーライス（　）
② 油絵（　）
③ スープ皿（　）
④ 観光バス（　）
⑤ 新緑（　）
⑥ 夕食（　）
⑦ 消しゴム（　）
⑧ スポーツ選手（　）
⑨ 森林（　）
⑩ サッカーボール（　）
⑪ 花火大会（　）
⑫ 墓参り（　）

- ㋐ 和語と和語
- ㋑ 漢語と漢語
- ㋒ 外来語と外来語
- ㋓ 和語と漢語
- ㋔ 和語と外来語
- ㋕ 漢語と外来語

2 □ の中から言葉を選んで（　）に書き、文に合う複合語を作りましょう。

①
雨が（　）出す。
ダンスを（　）出す。
駅に向かって（　）出す。
あせが（　）出す。
赤ちゃんが（　）出す。

ふき・おどり・走り・泣き・ふり

②
係活動について（　）合う。
みんなで力を（　）合う。
音が（　）合う。
こまったときに（　）合う。
おたがいに名前で（　）合う。

出し・助け・話し・よび・ひびき

文の組み立て

次の文に「、」を打って、㋐と㋑の意味になるように、それぞれ書き直しましょう。

① 母がうれしそうに出かける弟に手をふる。
㋐ うれしそうにしているのが母
（　）
㋑ うれしそうにしているのが弟
（　）

② わたしは姉と弟を応えんした。
㋐ 姉と弟の二人を応えんした
（　）
㋑ 弟一人を応えんした
（　）

③ わたしは昨日発売されたばかりのおかしを買った。
㋐ 買ったのが昨日
（　）
㋑ 発売されたのが昨日
（　）

二字熟語（1）

名前　　月　日

1 似た意味の漢字を二字組み合わせて熟語を作ります。□に合う漢字を書きましょう。
① 人口が減□する。
② 英語を学□する。
③ 明日、旅行に出□する。
④ けがをした人を救□する。

2 意味が反対（対）になる漢字を二字組み合わせて熟語を作ります。□に合う漢字を書きましょう。
① たなを上□に仕切る。
② 左□をよく見て横断歩道をわたる。
③ 図書館まで自転車で往□する。
④ じゃんけんで□敗が決まる。

3 次の熟語と組み立てが同じ熟語を、（　）の中から一つ選んで、○で囲みましょう。
① 強風〔苦楽・新年・開門〕…上の漢字が下の漢字の意味をくわしくするもの
② 登山〔黒板・行進・読書〕…「〜を」「〜に」にあたる意味の漢字が下にくるもの

二字熟語（2）

名前　　月　日

● 熟語の組み立てには、次の①〜⑤のようなものがあります。それぞれの組み立てに合う熟語を下の□から選んで、（　）に書きましょう。

① 似た意味の漢字を組み合わせたもの
（　）　（　）　（　）
② 反対の意味の漢字を組み合わせたもの
（　）　（　）
③ 上の漢字が下の漢字の意味をくわしくするもの
（　）　（　）
④ 「〜を」「〜に」にあたる意味の漢字が下にくるもの
（　）　（　）
⑤ 打ち消しをつけたもの
（　）　（　）

男女	登校	行進
無休	青空	決心
強弱	未定	曲線
高低	増加	不安
寒冷	再会	投球

二字熟語（3）

名前

3 次の□に「不・無・非（ひ）・未」のうち、どれか一字を入れて、二字の熟語を作りましょう。

① □利
② □来
③ □色
④ □道
⑤ □害
⑥ □完

2 熟語の組み立てが、ほかとちがうものを一つ選んで、○で囲みましょう（かこ）。

① （ 売買 ・ 晴雨 ・ 直線 ・ 兄弟 ・ 昼夜 ・ 加減 ）
② （ 停止 ・ 変化 ・ 絵画 ・ 帰国 ・ 永久 ・ 希望 ）

1 次の漢字と意味が反対（対）（たい）になる漢字を下の□から選んで、二字の熟語（じゅく）を作りましょう。

① 南 ：
② 自 ：
③ 地 ：
④ 少 ：
⑤ 欠 ：
⑥ 大 ：

多	他	小
北	天	出

二字熟語（4）

名前

2 ㋐と㋑の□から、似た意味の漢字や反対の意味の漢字を一字ずつ組み合わせて、□に、二字の熟語を作りましょう。

㋐
長	岩	豊	終	身	損
感	東	明	道	前	幸

㋑
想	石	後	富	暗	路
短	体	得	福	始	西

1 次の意味を表す二字の熟語（じゅく）を作りましょう。

① 海の底 →
② 文を作る →
③ 馬に乗る →
④ 古い都 →
⑤ 熱い湯 →
⑥ 火を消す →
⑦ 鉄の橋 →
⑧ 学校の門 →
⑨ 外に出る →

三字熟語 （1）

名前

①

次の三字熟語は、□の㋐〜㋒のどの形にあてはまりますか。（　）に記号を書きましょう。

㋐ 一字 ＋ 二字（○＋○○）
㋑ 二字 ＋ 一字（○○＋○）
㋒ 一字 ＋ 一字 ＋ 一字（○＋○＋○）

① 大中小（　）
② 図書館（　）
③ 新発売（　）
④ 救急車（　）
⑤ 高性能（　）
⑥ 和洋中（　）
⑦ 悪天候（　）
⑧ 上中下（　）
⑨ 青信号（　）
⑩ 作曲家（　）
⑪ 衣食住（　）
⑫ 決勝戦（　）

②

次の□に □のどれか一字を入れて、三字熟語を完成させましょう。

大　長　最　車　性　人　活　不

① 消防□
② □安定
③ 委員□
④ □年少
⑤ 可能□
⑥ 失敗□
⑦ 有名□
⑧ 火山□

三字熟語 （2）

名前

①

次の□に「不・無・非・未」のうち、どれか一字を入れて、熟語を作りましょう。

① □関心
② □合格
③ □完成
④ □常識
⑤ □自由
⑥ □制限
⑦ □公式
⑧ □成年

②

㋐と㋑の□から、一つずつ選んで組み合わせ、三字熟語を六つ作りましょう。

㋐
学期　・　会社
新年　・　会議
日本　・　指定

㋑
人室
会員
末席

③

㋒と㋓の□から、一つずつ選んで組み合わせ、三字熟語を六つ作りましょう。

㋒
熱　・　最　・　合
副　・　好　・　新

㋓
作用　・　都合　・　気球
言葉　・　学期　・　年長

四字以上の熟語（1）　名前

1 次の長い熟語を省略した言葉を、（　）に書きましょう。

① 入学試験（　　）
② 国際連合（　　）
③ 高等学校（　　）
④ 特別急行（　　）
⑤ 図画工作（　　）

2 次の □ に入る漢字を □ から選んで書き、四字熟語を完成させましょう。また、その四字熟語の読み方を（　）に書きましょう。

① 意気□合（　　）
② 発□百中（　　）
③ 十人□色（　　）
④ □心伝心（　　）
⑤ 前代□聞（　　）
⑥ □方美人（　　）
⑦ 日進□歩（　　）
⑧ 寒□温□（　　）
⑨ 古□東西（　　）
⑩ □苦八苦（　　）
⑪ □給自足（　　）
⑫ 一石□鳥（　　）

二　三　四　八　十　百　月　未　今　自　以　投

四字以上の熟語（2）　名前

1 次の熟語は、文字の順番がばらばらになっています。正しくならべかえて、（　）に書きましょう。

① 族旅家行（　　）
② 典科百事（　　）
③ 人星衛工（　　）
④ 体大民育国会（　　）
⑤ 都県道府（　　）
⑥ 水海浴場（　　）

2 上と下の言葉を結んで、熟語を完成させましょう。

①
総理・　　・研究
春夏・　　・大臣
自由・　　・選手
野球・　　・秋冬

②
児童・　　・地図
夏期・　　・測定
身長・　　・手当
世界・　　・講習

ことわざ（1）

名前

１

（　）にあてはまる漢数字を入れて、ことわざを完成させましょう。

① 石の上にも（　）年

② （　）死に（　）生を得る

③ （　）転び（　）起き

④ （　）階から目薬

⑤ 仏の顔も（　）度

⑥ ローマは（　）日にしてならず

２

（　）の中にあてはまる動物の名前を　から選んで書き、ことわざを完成させましょう。

① （　）も歩けばぼうにあたる

② （　）の耳に念仏

③ （　）も木から落ちる

④ とらぬ（　）の皮算用

⑤ （　）に小判

⑥ （　）に真じゅ

⑦ にがした（　）は大きい

⑧ 能ある（　）はつめをかくす

ねこ　犬　馬　ぶた　たか　さる　たぬき　魚

ことわざ（2）

名前

（　）の中にあてはまる言葉を　から選んで書き、ことわざを完成させましょう。また、それぞれのことわざの意味を下の㋐～㋖から選んで、□に書きましょう。

① （　）をたたいてわたる

② （　）の子はかえる

③ かわいい子には（　）をさせよ

④ 好きこそものの（　）なれ

⑤ 失敗は（　）のもと

⑥ 類は（　）をよぶ

⑦ （　）あれば（　）あり

友　旅　上手　苦楽　石橋　成功　かえる

□　□　□　□　□　□　□

㋐ 失敗しても反省して改めれば、かえってその後の成功につながる。

㋑ あまやかして育てるより、世の中の苦しみを経験させることのほうが大切だ。

㋒ 用心の上にも用心を重ねて、しんちょうに物事を行う。

㋓ 楽しいことの後には、苦しいことがある。

㋔ 気の合う人や似ている人は、自然に集まって、仲間になる。

㋕ 子どもの才能などは親に似るものだ。

㋖ 好きなことには熱心になるので、上達が早い。

慣用句

月 日

名前

1 （ ）に体の部分の名前を書き、慣用句を完成させましょう。また、それに合う意味を──線で結びましょう。

① （ ）を長くする ・ ・ 知り合いが多い

② （ ）が広い ・ ・ ひみつなどをむやみに人に言わない

③ （ ）が立たない ・ ・ 期待して待ちこがれる

④ （ ）がかたい ・ ・ 相手が強すぎて、まるで対こうできない

⑤ （ ）を丸くする ・ ・ おどろいて目を見開く

2 （ ）にあてはまる動物の名前を書き、慣用句を完成させましょう。また、それに合う意味を──線で結びましょう。

① （ ）のなみだ ・ ・ 都合の悪いときに、ねたふりをする

② まな板の（ ） ・ ・ 面積がとてもせまいこと

③ ふくろの（ ） ・ ・ ほんのわずかなもの

④ （ ）のひたい ・ ・ 自分の力ではどうすることもできない

⑤ （ ）ね入り ・ ・ 追いつめられて、にげ場がないこと

仮名づかい

月 日

名前

1 次の言葉をひらがなで書きましょう。

① 三日月 （ ） ② 氷 （ ） ③ 小包 （ ）

④ お姉さん （ ） ⑤ 王様 （ ） ⑥ 鼻血 （ ）

⑦ 大通り （ ） ⑧ 時計 （ ） ⑨ 布地 （ ）

2 仮名（かな）づかいのまちがいに×をつけ、右側に正しい字を書きましょう。

① きのお、田中さんとゆう人が、たづねてきた。

② おとおとが、せんせえに おうきな声で 「こんにちわ」と あいさつした。

③ かんずめを買いにスーパーえ行くと、スーパーの前のどおろで こおじを していた。

名
前

世界の国々と日本

1　下の世界地図で，日本を見つけて赤でぬりましょう。

2　地図帳で調べて，①〜⑱の国名を書きましょう。

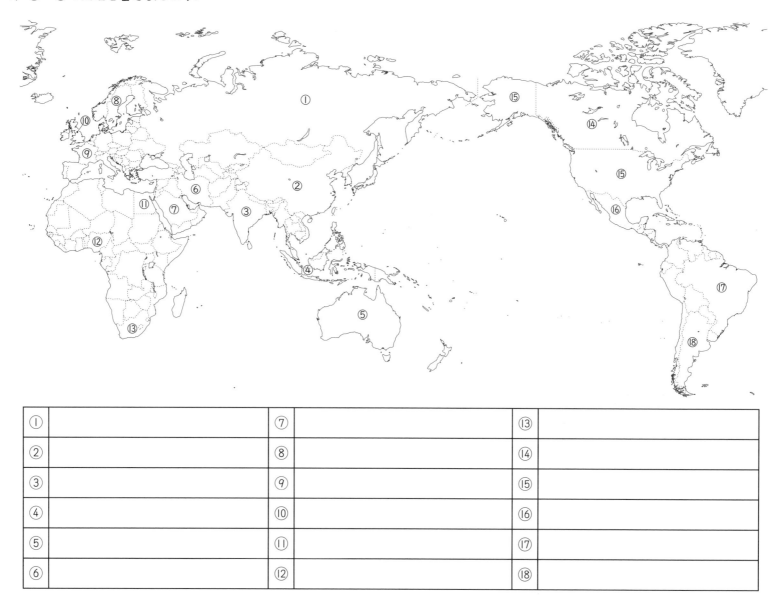

①		⑦		⑬	
②		⑧		⑭	
③		⑨		⑮	
④		⑩		⑯	
⑤		⑪		⑰	
⑥		⑫		⑱	

世界の大陸と海洋

名
前

● 下の図の①〜⑨にあてはまる世界の6つの大陸と3つの海洋の名前を書きましょう。

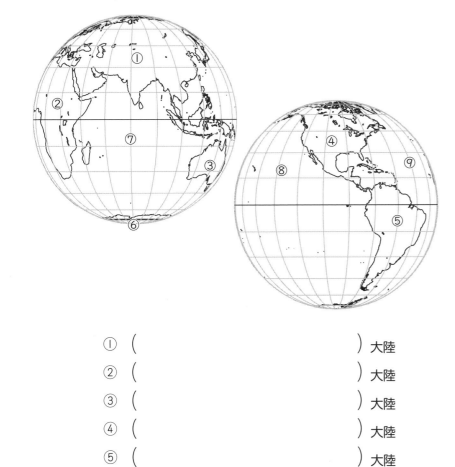

① （　　　　　　　　　　）大陸

② （　　　　　　　　　　）大陸

③ （　　　　　　　　　　）大陸

④ （　　　　　　　　　　）大陸

⑤ （　　　　　　　　　　）大陸

⑥ （　　　　　　　　　　）大陸

⑦ （　　　　　　　　　　）

⑧ （　　　　　　　　　　）

⑨ （　　　　　　　　　　）

日本の位置と まわりの国々

名
前

● 下の図を見て，①〜④の日本のまわりにある国々の名前を（　　　）に，⑦〜⊕の海洋名を □ に書きましょう。

110°　120°　130°　140°　150°　160°　170°
50°

④

ユーラシア大陸

⑦

①

北緯46°
ほくい

北海道

択捉島（日本の北端）
えとろふ

色丹島
しこたん

40°

②

⑦

歯舞諸島
はぼまい

③

本州
ほんしゅう

日本

国後島
くなしり

⊕

九州
きゅうしゅう

四国
しこく

30°

⑦

東経154°
とうけい

（台湾）
たいわん

南西諸島
なんせいしょとう

南鳥島（日本の東端）
みなみとり　とうたん

与那国島（日本の西端）
よなぐに　せいたん

東経123°

沖ノ鳥島（日本の南端）
おきのとり　なんたん

北緯20°

1度（°）＝60分（′）

20°

0　　500　　1000km

① （　　　　　　　　　　）　⑦ □

② （　　　　　　　　　　）　⑦ □

③ （　　　　　　　　　　）　⑦ □

④ （　　　　　　　　　　）　⊕ □

日本の自然（1）
山地・山脈

月　　　日

● ①～⑨の山地や山脈の名前を書きましょう。

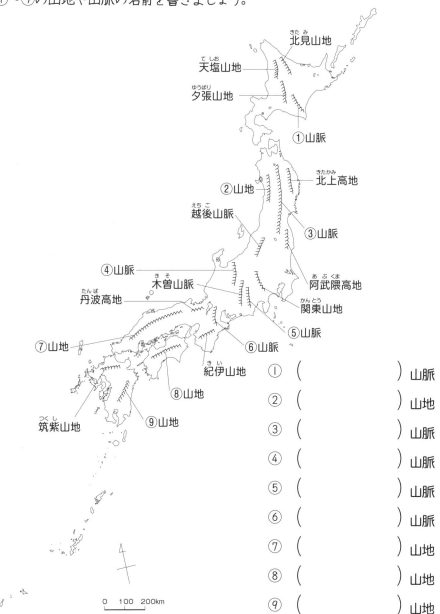

北見山地
天塩山地
夕張山地
①山脈
北上高地
②山地
越後山脈
③山脈
④山脈
木曽山脈
丹波高地
阿武隈高地
関東山地
⑤山脈
⑥山脈
⑦山地
紀伊山地
⑧山地
筑紫山地
⑨山地

① （　　　　　　　）山脈

② （　　　　　　　）山地

③ （　　　　　　　）山脈

④ （　　　　　　　）山脈

⑤ （　　　　　　　）山脈

⑥ （　　　　　　　）山脈

⑦ （　　　　　　　）山地

⑧ （　　　　　　　）山地

⑨ （　　　　　　　）山地

0　100　200km

日本の自然（2）
平野・川

月　　　日

① ⑦～⑰の平野の名前を書きましょう。

⑦ （　　　　　　　）平野

⑦ （　　　　　　　）平野

⑦ （　　　　　　　）平野

⑰ （　　　　　　　）平野

⑰ （　　　　　　　）平野

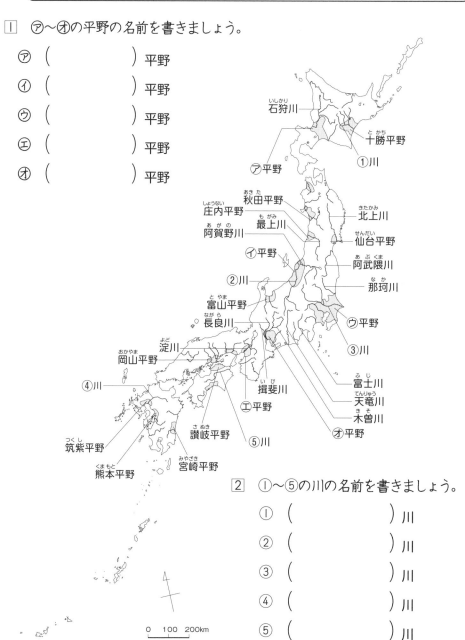

石狩川
十勝平野
①川
⑦平野
秋田平野
庄内平野
最上川
北上川
阿賀野川
仙台平野
⑰平野
阿武隈川
②川
那珂川
富山平野
⑰平野
長良川
③川
淀川
岡山平野
揖斐川
富士川
④川
天竜川
⑰平野
木曽川
讃岐平野
⑰平野
⑤川
筑紫平野
熊本平野
宮崎平野

② ①～⑤の川の名前を書きましょう。

① （　　　　　　　）川

② （　　　　　　　）川

③ （　　　　　　　）川

④ （　　　　　　　）川

⑤ （　　　　　　　）川

0　100　200km

堤防に囲まれた低地

名前

● （　　）にあてはまることばを ▭ から選んで書きましょう。

　大昔，濃尾平野（のうび）は海でした。木曽三川（きそさんせん）とよばれる（　　　　　　）川，（　　　　　　）川，（　　　　　　）川の上流から土や砂（すな）を運んできて，今の濃尾平野ができました。養分を多くふくんだ土で，（　　　　　　）をするのに適（てき）していました。

　しかし，その土地は標高（ひょうこう）が大変低く，（　　　　　　）もなく自然のまま流れていた川は，大雨がふると流れを変え，こう水となって，田畑や人々の（　　　　　　）をうばっていました。

| 農業 | 木曽 | 堤防（ていぼう） |
| 長良（ながら） | 命 | 揖斐（いび） |

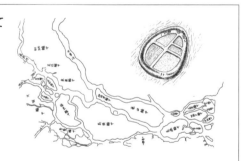

濃尾平野には３つの大きな川がつくっていた無数の中洲（なかす）がありました。人々は中洲のまわりに堤防をつくり，その中に住むようになりました。その形が輪の中にあるような形だったので「輪中（わじゅう）」とよばれるようになったといわれています。

輪中のくらしと農業

名前

① 下の「水屋（みずや）」とよばれている建物の絵を見て，（　　　）にあてはまることばを ▭ から選んで書きましょう。

輪中（わじゅう）の中にある「水屋」とよばれる昔からある家のようす

　母屋（おもや）よりさらに高い（　　　）の上にある「水屋」には、こう水でひなんしても数日間の生活ができるように，（　　　）や（　　　）などを保管（ほかん）した倉庫を作りました。ひとたびこう水がおこれば，水がひくまで長期間そこで生活をしていました。平時は水屋やのき下などに「（　　　）」とよばれる舟をつるして災害（さいがい）に備（そな）えていました。

| 衣服 | 上げ舟（ふね） | 食料 | 石積み |

② 農業のようすを表した Ⓐ Ⓑ のイラストを見て，（　　　）にあてはまることばを ▭ から選んで書きましょう。

Ⓐ 　Ⓑ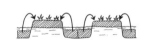

　輪中は土地の高さが（　　　）く，水はけが悪いので,雨がふれば田畑がすぐに（　　　）につかってしまいます。そのため，イラストⒷのように土地の一部をほり下げ，そのほった土を盛り上げて（　　　）を高くしました。ほり下げたところは水がたまるので，（　　　）として利用され,農家の人は（　　　）を使って農作業に向かいました。これを（　　　）といいます。

| 田 | 水路 | 道路 | ほり田 | 高 | 低 | 舟 | 水 |

つゆ・台風・季節風

名前 _____

① 左のことばの説明を右の文から選び，線で結びましょう。また，（　　）にあてはまることばを ▭ から選んで書きましょう。

つゆ・

季節風・

台風・

四季・

・夏は（　　　　　）から風がふいて，太平洋側に多くの雨をふらせ，冬は（　　　　　）から風がふいて，日本海側に雨や（　　　　　）をふらせる。

・日本では，春，夏，秋，冬の季節の（　　　　　）がはっきりと見られる。

・6月中ごろから7月ごろにかけて，（　　　　　）雨がふる。短時間で多くの（　　　　　）をふらせることもある。

・夏から秋にかけて日本をおそう。特に（　　　　　）や九州地方，四国地方に大雨や（　　　　　）による被害を多くもたらす。

> 北西　南東　沖縄　北海道　変化　雨　雪　強風　多く

② 日本の各地の気候について，正しいものには○を，まちがっているものには×を（　）の中に書きましょう。

（　）沖縄から北海道まで,どこも同じ時期に桜がさく。

（　）東北地方より九州地方のほうが桜は早くさく。

（　）日本海側は，冬に雪が多くふる。

（　）3月には,北海道で海開きがあり海水浴ができる。

（　）同じ中部地方でも，高い山の上は気温が低く，海ぞいの平野のほうが気温は高い。

（　）花がさいたり,木の葉が紅葉したり,雪がふったり,季節によって自然の風景が変わる。

③ 右のような図を雨温図といいます。折れ線グラフとぼうグラフは，それぞれ何を表していますか。

折れ線グラフ（　　　　　）

ぼうグラフ（　　　　　）

凡例: 降水量 (mm) ／ 平均気温 (℃)

（グラフ縦軸左: ℃ 40〜-20，右: mm 500〜0，横軸: 1月 3月 5月 7月 9月 11月）

沖縄のくらしと農業

名前 _____

① 沖縄の家のつくりを調べてみましょう。左の絵を見て，（　）にあてはまることばを書きましょう。

① 沖縄の昔からある家

② 沖縄の最近のコンクリートの住宅

① 戸を広くとってあるのは,（　　　　　）をよくして,暑さや湿度をやわらげるためです。家のまわりに，さんごを積んだ石垣や，「ふくぎ」という木を植え，強い（　　　　　）を防いでいます。

② 最近の住宅は（　　　　　）でつくられた家が多くなってきています。水不足になりやすい沖縄では，家の屋根にあるタンクに（　　　　　）をたくわえています。

② 下のグラフを見て答えましょう。

沖縄の農産物産出額 (億円)　縦軸 250〜0
肉用牛／さとうきび／豚／きく／鶏卵／葉たばこ／生乳／マンゴー／ゴーヤ／パイナップル

沖縄の作付面積 (km)　縦軸 350〜0
さとうきび／牧草／葉たばこ／きく／稲／パイナップル

① 沖縄の農作物産出額の1位と2位の農産物を書きましょう。
1位（　　　　　）　2位（　　　　　）

② 沖縄の作付面積の1位と2位の農産物を書きましょう。
1位（　　　　　）　2位（　　　　　）

③ ②のグラフからわかる沖縄の農業の特色を ▭ から選んで書きましょう。

（　　　　　）の栽培面積が特に大きく，（　　　　　）や（　　　　　）を飼って肉を生産する（　　　　　）もさかんです。

> 牛　ぶた　稲作　畜産　さとうきび

米の産地ベスト10

名
前

● 下の都道府県別, 米の作付面積ととれ高の表を見て答えましょう。

① 米の作付面積のベスト10と, とれ高のベスト10のマスにそれぞれ色を
ぬりましょう。

都道府県	作付面積	とれ高	都道府県	作付面積	とれ高	都道府県	作付面積	とれ高
全国	146.2	776.3	新潟	12.0	66.7	鳥取	1.3	6.6
北海道	10.2	59.4	富山	3.7	20.6	島根	1.7	8.7
青森	4.5	28.4	石川	2.5	13.1	岡山	3.0	15.0
岩手	5.0	27.9	福井	2.5	13.0	広島	2.3	11.3
宮城	6.8	37.7	山梨	0.5	2.5	山口	1.9	7.3
秋田	8.8	52.7	長野	3.1	19.3	徳島	1.1	5.2
山形	6.7	40.2	岐阜	2.3	10.6	香川	1.2	5.8
福島	6.5	36.8	静岡	1.6	7.4	愛媛	1.3	6.4
茨城	6.8	36.0	愛知	2.7	13.4	高知	1.1	4.9
栃木	5.9	31.6	三重	3.1	13.0	福岡	3.5	14.5
群馬	1.6	7.6	滋賀	3.1	15.8	佐賀	2.4	10.4
埼玉	3.2	15.8	京都	1.4	7.2	長崎	1.1	4.7
千葉	5.5	29.8	大阪	0.5	2.2	熊本	3.3	15.7
東京	0.01	0.05	兵庫	3.6	17.4	大分	2.0	8.1
神奈川	0.3	1.4	奈良	0.8	4.1	宮崎	1.6	7.6
2020年　農水省			和歌山	0.6	2.9	鹿児島	1.9	8.8
(単位：面積 = 万ha　とれ高 = 万t)						沖縄	0.06	0.21

② 米の作付面積ととれ高が1番多いのは, それぞれどの都道府県ですか。

作付面積 (　　　　　) とれ高 (　　　　　)

米づくりの1年

名
前

● 下の絵を参考にして, (　　) にあてはまる作業を ▢ から選んで書き
ましょう。

1月	― 土づくり
2月	
3月	種もみを選ぶ たい肥をまく
4月	① (　　　　)
	田おこし
5月	② (　　　　)
	③ (　　　　)
6月	― 水の管理 田のみぞをほる 田の水をぬく
7月	④ (　　　　)
8月	肥料（ひりょう）をまく
9月	⑤ (　　　　) だっこく, かんそう, もみすり
10月	たい肥づくり
11月	― 土づくり
12月	

しろかき　稲（いね）かり　田植え　なえづくり　農薬をまく

月　日

米のとれ高と消費量

名
前

1 下のグラフを見て答えましょう。

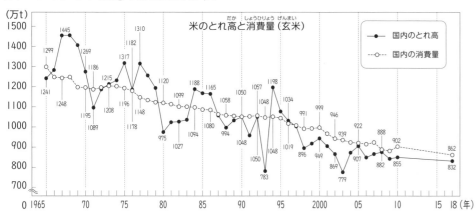

（万t）

米のとれ高と消費量（玄米）

● 国内のとれ高
○--- 国内の消費量

① 米の消費量は、どのように変化していますか。

（　　　　　　　　　　　　　　　　　　）

② 米の消費量が①のようになってきたのは、どうしてですか。

（　　　　　　　　　　　　　　　　　　）

2 米のとれ高の変化について（　）にあてはまることばを ⸽⸽⸽ から選んで書きましょう。

① 農家の（　　　　　　）がいなくなり、全体としては米のとれ高が（　　　　　　）いる。

② 田が、（　　　　　　）や工場などに変わってきた。

⸽⸽⸽⸽⸽⸽⸽⸽⸽⸽⸽⸽⸽⸽⸽⸽⸽⸽⸽⸽⸽⸽⸽⸽⸽⸽⸽⸽⸽⸽⸽⸽⸽⸽⸽
住宅　　減って　　増えて　　あとつぎ
⸽⸽⸽⸽⸽⸽⸽⸽⸽⸽⸽⸽⸽⸽⸽⸽⸽⸽⸽⸽⸽⸽⸽⸽⸽⸽⸽⸽⸽⸽⸽⸽⸽⸽⸽

3 左のことばの説明をしている文を線で結びましょう。

専業農家　　　・　　　　・農業と他の仕事を兼ねていて、農業以外の収入の方が多い。

第1種兼業農家・　　　　・農業だけをしていて、兼業の人が家族に1人もいない。

第2種兼業農家・　　　　・農業と他の仕事を兼ねているが、農業からの収入の方が多い。

月　日

進む農業の機械化

名
前

● 右の2つのグラフを見て、答えましょう。

① 農作業の時間はどのように変わってきていますか。

（　　　　　　　　　　　　　　　　）

② 特に時間の変化が大きい作業を2つ選んで書きましょう。

（　　　　　　　　　　　　　　　　）

（　　　　　　　　　　　　　　　　）

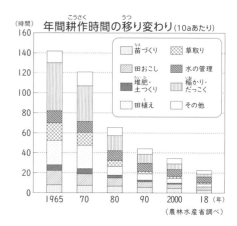

（時間）　年間耕作時間の移り変わり（10aあたり）

苗づくり　草取り
田おこし　水の管理
堆肥・土つくり　稲かり・だっこく
田植え　その他

（農林水産省調べ）

③ 農作業で使われる機械の数は、どのように変わってきていますか。

㋐ 耕うん機・トラクター

（　　　　　　　　　　　　　　　　）

㋑ 田植え機

（　　　　　　　　　　　　　　　　）

㋒ コンバイン

（　　　　　　　　　　　　　　　　）

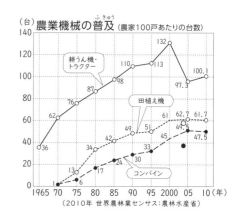

（台）農業機械の普及（農家100戸あたりの台数）

耕うん機・トラクター
田植え機
コンバイン

（2010年 世界農林業センサス：農林水産省）

④ 農作業の時間が短くなってきた理由を書きましょう。

（　　　　　　　　　　　　　　　　　　　　）

102　（122%に拡大してご使用ください）

水産業のさかんな地域

名前

● 下の図は,「日本の主な漁港とその水あげ量」を表しています。

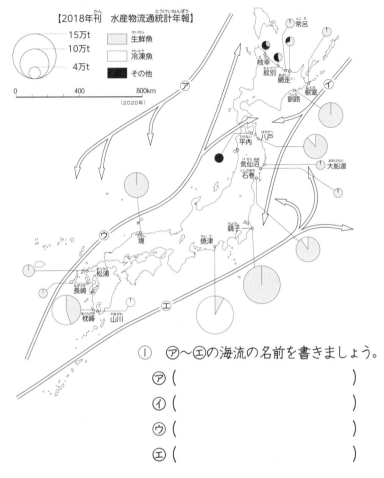

【2018年刊　水産物流通統計年報】

15万t
10万t
4万t

生鮮魚
冷凍魚
その他

0　400　800km
(2020年)

① ⑦〜⑤の海流の名前を書きましょう。

⑦ (　　　　　　　　　　　)

① (　　　　　　　　　　　)

⑦ (　　　　　　　　　　　)

⑤ (　　　　　　　　　　　)

② ⑦〜⑤の海流の矢印を暖流(赤色)と寒流(青色)に色分けしましょう。

③ 水あげ量が多い漁港の名前を7つ書きましょう。

(　　　　　) (　　　　　　) (　　　　　　)

(　　　　　) (　　　　　　) (　　　　　　)

(　　　　　)

魚を集めてとる まきあみ漁

名前

● 下の絵について答えましょう。

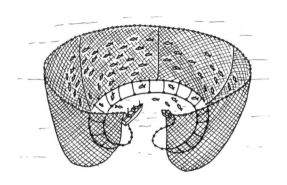

① このような魚のとり方を何といいますか。

(　　　　　　　　　　) 漁

② この漁のやり方を説明した文の(　　)にあてはまることばを □ から選んで書きましょう。

それぞれの役割を持った船で(　　　　　　)を組んで漁をします。(　　　　　　　)を積んだ船が魚の群れを見つけると, (　　　　　　　)を照らした船が魚の群れを集め, あみをはる船があみを海に入れながら魚を(　　　　　　)こんでとります。とれた魚は(　　　　　　)に積んで運びます。

| 集魚灯 | 囲い | 運ぱん船 | 魚群探知機 | 船団 |

おもな野菜の産地

名
前

● 下の地図は各地の野菜のとれ高（単位：万t）を表しています。
① □ に都道府県名を書きましょう。
② それぞれの野菜について，いちばん多くとれる都道府県の野菜の絵に
色をぬりましょう。

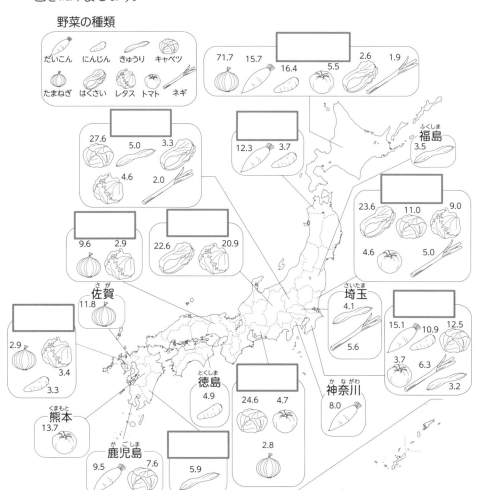

野菜の種類

だいこん　にんじん　きゅうり　キャベツ
たまねぎ　はくさい　レタス　トマト　ネギ

71.7　15.7
16.4　5.5　2.6　1.9

27.6　5.0　3.3
4.6　2.0

12.3　3.7

ふくしま
福島
3.5

23.6　11.0　9.0
4.6　5.0

9.6　2.9

22.6　20.9

さが
佐賀
11.8

2.9
3.4
3.3

とくしま
徳島
4.9

くまもと
熊本
13.7

かごしま
鹿児島
9.5　7.6

5.9

24.6　4.7

2.8

さいたま
埼玉
4.1

15.1　10.9　12.5
5.6
3.7　6.3
3.2

かながわ
神奈川
8.0

単位：万t
2018年　農林水産省統計

 食料の自給率と輸入

名
前

1 下の折れ線グラフを見て答えましょう。
① 2019年度で自給率が高い食料と低い食料を2つずつ書きましょう。

高い（　　　　　）（　　　　　）

低い（　　　　　）（　　　　　）

② 食料自給率は全体としてどの
ように変化していますか。

（　　　　　　　　　　　）

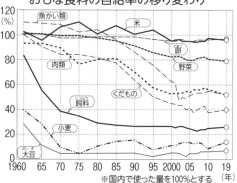

おもな食料の自給率の移り変わり
（％）
魚かい類　米
卵
肉類　野菜
飼料　くだもの
小麦
大豆
1960 65 70 75 80 85 90 95 2000 05 10 19（年）
※国内で使った量を100%とする

2 「おもな国の食料自給率」のグラフ
を見て答えましょう。
① 7か国の中で最も自給率が低い
国はどこでしょう。

（　　　　　　　　　　　）

② カナダの自給率は何％ですか。

（　　　　　　　　　　　）

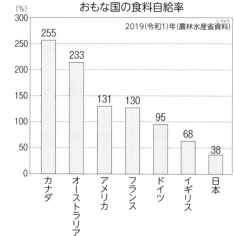

おもな国の食料自給率
（％）
2019（令和1）年（農林水産省資料）
255　233　131　130　95　68　38
カナダ　オーストラリア　アメリカ　フランス　ドイツ　イギリス　日本

3 日本の食料自給率が今の状態だと，どのような問題が起こることが考えら
れますか。

月　　　日

工業製品の種類

名前

● 工業製品は，使い道によって種類別に分けられます。

時計　パン　レール　カメラ　銅線　カーテン　せんざい
糸　自動車　Tシャツ　ハム・ソーセージ　革製品　家具
金属の食器　医薬品　紙・パルプ　金属のなべ　テレビ　ガソリン　インスタント食品

① 上の工業製品を表に分けて書きましょう。

② 〔　〕に軽工業，重化学工業のどちらかあてはまることばを書きましょう。

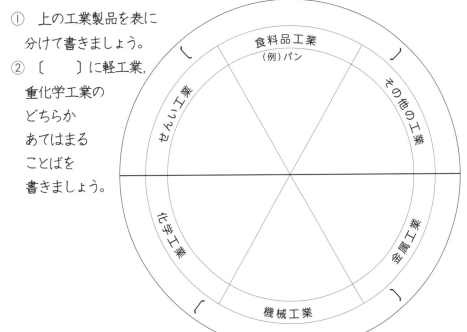

食料品工業（例）パン
その他の工業
せんい工業
金属工業
化学工業
機械工業

〈軽工業〉 食料品や衣類，日常生活に使う道具などを生産する工業のこと。
〈重化学工業〉 鉄鋼などの金属製品や電気製品，自動車などの機械製品を生産する重工業と，原油を精製したり，精製品を原料にしていろいろな製品を生産する化学工業をまとめていう。

月　　　日

工業のさかんな地域

名前

● 下のグラフを見て，地図の □ に工業のさかんな地域を書きましょう。

2017年　工業地帯・工業地域別出荷額と構成

北九州工業地域　9.8兆円
京葉工業地域　12.2兆円
北陸工業地域　14.4兆円
東海工業地域　16.9兆円
京浜工業地帯　26.0兆円
瀬戸内工業地域　30.7兆円
関東内陸工業地域　32.1兆円
阪神工業地帯　33.1兆円
中京工業地帯　57.8兆円

□機械 □金属 □化学 □せんい □食料品 □その他

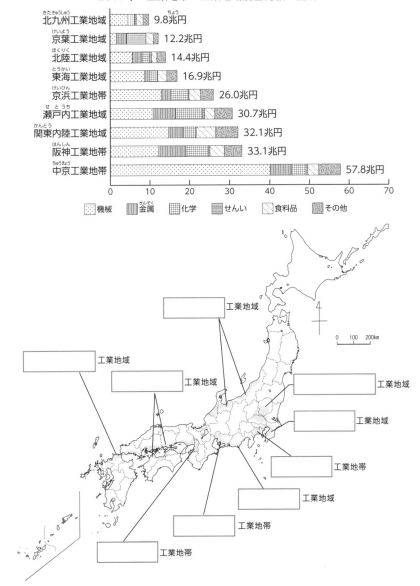

工業地域／工業地域／工業地域／工業地域／工業地域／工業地帯／工業地域／工業地帯／工業地帯

105　（122%に拡大してご使用ください）

自動車が完成するまで
名前

① 自動車ができるまでの絵を見て,どの作業をしているところか,□□□ から選んで（　）に書きましょう。

> シートの取りつけ　　エンジンの取りつけ
> 最終検査（けんさ）　　ようせつ　　ドアの取りつけ
> プレス　　とそう

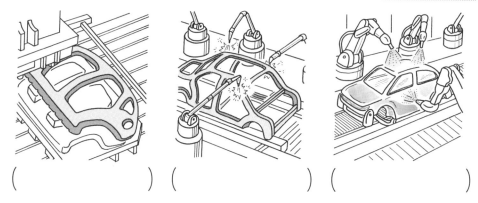

（　　　　　）（　　　　　）（　　　　　　　）

（　　　　　）（　　　　　）（　　　　　）（　　　　　）

② （　）にあてはまることばを下の □□□ から選んで書きましょう。

たくさんの人たちが作業を分担（ぶんたん）して生産することを,（　　　　　　　）といいます。
自動車工場では,ベルトコンベアーに製品（せいひん）をのせて運ぶ（　　　　　　　）で生産されています。大工場は,たくさんの機械と（　　　　　　）によって,安く大量に生産する（　　　　　　　）方式で発展してきました。

> 労働者　　流れ作業　　大量生産　　分業

たくさんの関連工場
名前

① 右の絵を見て答えましょう。
① □□□ に「組み立て工場」か「第二次関連工場」のどちらかあてはまることばを書きましょう。
② □□□ に「注文」「納品」のどちらかあてはまることばを書きましょう。
③ （　）の正しい方のことばに○をつけましょう。
絵の下の方に行くほど,工場の規模（きぼ）は（ 小さく・大きく ）なり,作る部品は（ 小さく・大きく ）なり,工場の数は（ 少なく・多く ）なっていきます。

② （　）にあてはまることばや数字を下の □□□ から選んで書きましょう。
① 自動車は,約（　　　　　　）個の部品からできています。
② このユニット部品を生産する工場が（　　　　　　）工場です。
③ 部品をつくる工場から（　　　　　　）工場にユニット部品が納入されて,自動車が完成します。

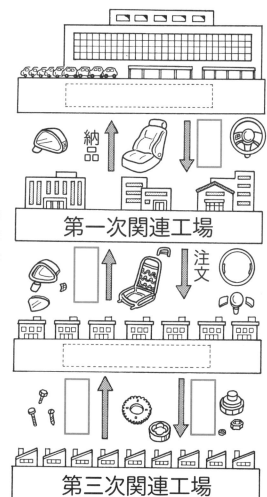

納品

第一次関連工場

注文

第三次関連工場

> 組み立て　　70　　下うけ・関連　　3万

世界に広がる 日本の自動車

名 前

月　日

[1] 右のグラフを見て（　　）にあてはまることばや数字を ⬚ から選んで書きましょう。

　1990年と比べると，現在の生産台数は，（　　　　　）きています。

　それでも，（　　　　　）台前後の自動車が毎年生産されています。

　生産された自動車のおよそ（　　）分の1は輸出されています。少しですが（　　　　　）もされています。

2	1000万	2000万
増えて	減って	輸入

日本の自動車の生産と輸出・輸入
（四輪車　単位万台）

年	生産台数	輸出台数	輸入台数
1980年	1104	597	4
1990年	1349	538	22
2000年	1014	445	28
2010年	963	484	23
2019年	922	460	35

□生産台数　▨輸出台数　■輸入台数

[2] 右下のグラフを見て答えましょう。

① 現地（海外）生産の説明であっているものを選んで○をつけましょう。

（　　）外国に日本の工場をつくり現地の人をやとって生産する。

（　　）外国の工場に日本人がやとわれて生産をする。

（　　）外国企業の工場に日本人が行って技術指導をする。

日本車の海外生産台数
（万台）

年	台数
1985年	89
1990年	326
1995年	556
2000年	629
2005年	1061
2010年	1318
2015年	1809
2019年	1885

② 海外生産台数は，どのように変化していますか。

（　　　　　　　　　　　　　　　　　　　　）

③ 2019年には，自動車の国内生産と海外生産では，どちらが多くなっていますか。[1]のグラフと比べて答えましょう。

（　　　　　　　　　　　　　　　　　　　　）

工業生産を支える エネルギー

名 前

月　日

[1] 下のグラフを見て（　　）にあてはまることばや数字書きましょう。

エネルギー供給の割合
（単位：ペタジュール）

【資料】総合エネルギー統計（資源エネルギー庁）
（小数点以下は四捨五入）

1カロリー＝約4.2ジュール
1ペタジュール＝10^{15}ジュール
（10の後ろに0が14個つく）

年	石油	石炭	原子力	水力	天然ガス	その他	計
1965	60	27		11		3	7071
1970	72	20		6		2	13383
1980	66	17	5	5	7		16627
1990	56	17	10	4	13		20183
2000	49	18	13	3	17		23622
2010	40	23	11	3	23		21995
2017	39	25	1	3	31		20095

① エネルギー供給量（ペタジュール）は1965～2017年の約50年間で，約（　　　　）倍になっています。

② 一番多く使われているエネルギーは（　　　　　）です。

[2] 下のグラフを見て，正しい説明すべてに○をつけましょう。

（　　）1960年度は，石炭は国産でした。

（　　）どちらの年度もエネルギーの9割は輸入です。

（　　）2017年度は1960年度より石油の割合が減っています。

＜エネルギーの輸入と国産の割合＞

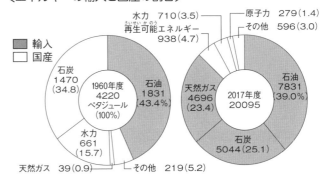

■輸入　□国産

1960年度
4220ペタジュール（100%）
石炭 1470（34.8）
石油 1831（43.4%）
水力 661（15.7）
天然ガス 39（0.9）
その他 219（5.2）

2017年度
20095
水力 710（3.5）
再生可能エネルギー 938（4.7）
原子力 279（1.4）
その他 596（3.0）
天然ガス 4696（23.4）
石油 7831（39.0%）
石炭 5044（25.1）

日本の貿易

名前

[日本国勢図会2020/21]

● 上の地図は，日本のおもな貿易相手国と輸出入総額を表したものです。

① 円グラフの輸出に水色，輸入に黄色をぬりましょう。

② 輸出入総額が1位の国の金額を書きましょう。

（　　　　　兆　　　　　億円）

③ 輸出入総額ベスト5の国や地域を書きましょう。

1（　　　　　　　）　2（　　　　　　　）
3（　　　　　　　）　4（　　　　　　　）
5（　　　　　　　）

④ 上位2国で日本への輸入の方が多い国はどこですか。

（　　　　　　　）

⑤ 上位2国で日本からの輸出の方が多い国はどこですか。

（　　　　　　　）

昔から伝わる工業製品

名前

1 日本各地に，昔から伝わる技術でつくられている製品があります。自分の家にあるものや知っているものを書きましょう。

（　　　　　）（　　　　　）
（　　　　　）（　　　　　）

2 次の製品は，何を原料や材料にして，どのように作られるのか下の説明から選んで⑦～⑰の記号を入れましょう。

若狭塗（　）　　　　樺細工（　）
加賀友禅（　）　　　信楽焼（　）
久留米絣（　）　　　高岡銅器（　）

⑦ 木製のおわんやおぼんに漆を塗り重ねた漆器。
④ とかした銅で形をつくり、仕上げの加工や着色をする。
⑰ 粘土でつくったものをかまで焼いて仕上げた陶器。
④ 布地に絵を描いて染め、着物の生地などにする。
⑦ 染め分けた糸を使って織りあげた織物。
⑰ 桜の皮を使って茶筒や小箱をつくる木工品。

3 昔から伝わる工業のキーワードを選び，1つだけ○をつけましょう。

（　）機械化　　（　）熟練した技術　　（　）大量生産

わたしたちを とりまく情報

名前

1 情報を伝えるメディアと、その説明を線で結びましょう。

新聞　　　　　・　　　　・映像と音声で伝えることができ，録画もできる。

テレビ　　　　・　　　　・文章にくわしく書いて相手に送ることができる。

スマートフォン・　　　　・見出し，本文，写真などでくわしく，わかりやすくまとめてあり，
　　　　　　　　　　　　　くりかえし読める。

手紙　　　　　・　　　　・どこからでも，どこにいても連らくがとれる。写真，メール，
　　　　　　　　　　　　　インターネットも利用できる。

2 町の中には，言葉以外で伝えられる情報が多くあります。下の絵を見て，
何から，どんな情報が伝えられるか見つけましょう。

(例)（何から）自動車のクラクション	(例)（どんな情報）車が来ているのであぶない。
(何から)	(どんな情報)
(何から)	(どんな情報)
(何から)	(どんな情報)

ニュース番組を つくる

名前

1 ニュース番組が放送されるまでの仕事を考えましょう。
下の㋐,㋑,㋒の絵は，だれが何をしているところですか。◻ のことばを使っ
て書きましょう。

㋐　取材記者が，（　　　　　　　）をしている。

　　カメラマンが，（　　　　　　　）をしている。

㋑　大道具係が，（　　　　　　　）をしている。

㋒　番組のスタッフが，（　　　　　　　）をしている。

> スタジオのセット
> インタビュー
> 打ち合わせ
> さつえい

2 ニュース番組の本番放送中の仕事を考えましょう。下の㋔,㋕の絵は，
だれが何をしているところですか。◻ のことばを使って書きましょう。

㋔（　　　　　　　）が，画面の切りかえをしている。

㋕（　　　　　　　）が，ニュースを伝えている。

　（　　　　　　　）が，スタジオカメラで写している。

> スイッチャー
> カメラマン
> アナウンサー

さまざまな産業と 情報の活用

名 前

月　日

① 次のように情報を活用しているのはどこですか。 ⬚ から選んで（　　）に書きましょう。

用水や温室をスマホで管理　　　　　（　　　　　　　　）

ICカードで乗車やきっぷの予約　　　（　　　　　　　　）

情報をもとに自動運転できる車の開発（　　　　　　　　）

GPSを利用してトラックの位置がわかる（　　　　　　　　）

> 鉄道会社
> 自動車工場
> 運送会社
> 農家

② スマートフォンの「バスナビ」で調べられるバスの情報を，3つ選んで○をつけましょう。

（　　）乗りたいバスの乗り場や時こく表
（　　）バスの形や作られた年月日
（　　）乗りたいバスの走行位置（接近情報）
（　　）運転手の名前や写真
（　　）目的地までのバスルートや運ちん，時間など

③ バス車内では，お客さんのためにどのような情報が出されていますか。知っていることを書きましょう。

(例) 各停留所までの料金を表示している。

（　　　　　　　　　　　　　　　　　　　　　　　　　）

④ 旅行に行くとき，家の人はインターネットをどんなことに使っていますか。

（　　　　　　　　　　　　　　　　　　　　　　　　　）
（　　　　　　　　　　　　　　　　　　　　　　　　　）

⑤ 旅行会社や観光協会は，どのように情報を活用していますか。

(例) いろいろな旅行プランを作って利用者に知らせている。

（　　　　　　　　　　　　　　　　　　　　　　　　　）
（　　　　　　　　　　　　　　　　　　　　　　　　　）

あふれる情報

名 前

月　日

① 下の絵のもので，50年以上前から使われていたものを3つ選んで書きましょう。

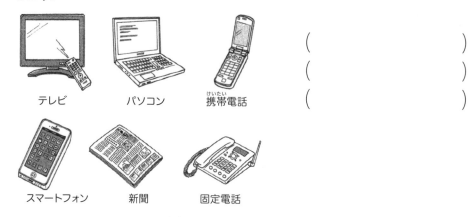

テレビ　　　パソコン　　　携帯電話

スマートフォン　　新聞　　　固定電話

（　　　　　　　　　　）
（　　　　　　　　　　）
（　　　　　　　　　　）

② 下のグラフは、おもな情報機器の世帯（家庭ごと）保有率です。グラフを見て答えましょう。

① 増えているのは何ですか。

（　　　　　　　　　　）（　　　　　　　　　　）

② 2018年に多くの世帯にふきゅうしているのは何ですか。

（　　　　　　　　　　）（　　　　　　　　　　）

おもな情報機器の世帯（家庭ごと）保有率

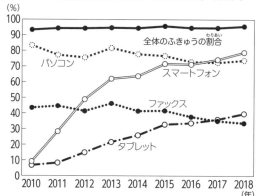

自然災害の多い日本　名前

① 日本で起きた大震災について，①②の説明を読み，震災名，発生年月日，死者や行方不明者の数を ▢ から選んで書きましょう。

① 淡路島で起きた地震によって，おもに神戸市や淡路島で多くの建物が倒れたり，火災が起きたりした。

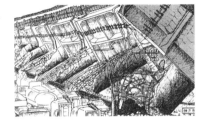

震災名（　　　　　　　　）大震災

年月日（　　　　　　　　）

死者・行方不明者（　　　　　　　　）人

② 三陸沖の海底で起きた地震で大津波が発生した。津波に大勢の人がのみこまれ，建物・船・車などが壊れたり流されたりした。

震災名（　　　　　　　　）大震災

年月日（　　　　　　　　）

死者・行方不明（　　　　　　　　）人

```
東日本　　阪神・淡路　　1995年1月17日
2011年3月11日　　6437　　1万8425
```
※2021年3月時点

② 東日本大震災のときには，震災が原因で，もう一つ大きな事故が起こりました。それは何で，どんな被害でしたか。（　　）にあてはまることばを ▢ から選んで書きましょう。

（　　　　　　　　　　　）発電所が事故を起こし，広いはん囲が（　　　　　　　　　　　）におせんされました。今でも，（　　　　　　　　）のしょ理ができず，（　　　　　　　　）が増え続けています。おせん地域の住民は，今も（　　　　　　　　）を続けている人がいます。

```
放射能　　ひなん生活　　おせん水　　福島第1原子力　　核燃料
```

③ 日本では、地震や津波のほかにどんな自然災害がありますか。

（　　　　　　　　　　　）（　　　　　　　　　　　）

自然災害への取り組み　名前

① 地震の被害を防ぐため，国や県などが行っている取り組みについて，（　　）にあてはまることばを ▢ から選んで書きましょう。

① 学校や地域で（　　　　　　　　　）を行う。

② 被害のはん囲を予測した（　　　　　　　　　）を作る。

③ 地震が起きたら（　　　　　　　　　）を出して地震を知らせる。

④ 学校やその他の建物の（　　　　　　　　　）を行う。

```
緊急地震速報　　暴風警報　　耐震工事　　ひなん訓練　　ハザードマップ
```

② 大雨や台風でどんな災害が起こるのか，（　　）にあてはまることばを ▢ から選んで書きましょう。

① 〈短時間に激しい雨がふったり，大雨が続くと…〉

（　　　　　　）の堤防が切れて，家や（　　　　　　）が浸水する。がけ（　　　　　　）や地すべりがおきて，（　　　　　　）がつぶれたり埋まったりする。

② 〈強風で…〉

木や建物が倒れたり、物が（　　　　　　）たりする。

```
田畑　　家　　くずれ　　川　　ふきとばされ
```

③ 風水害を防ぐための国、県や市町村の取り組みについて，（　　）にあてはまることばを ▢ から選んで書きましょう。

土砂が流れ出すのを防ぐために，砂防（　　　　　　）を造り，川の（　　　　　　）を高くしています。（　　　　　　）を作って危険な場所を知らせ，ひなん（　　　　　　）を設けています。危険がせまってきたら，注意報や（　　　　　　）が出されます。（　　　　　　）指示が出されることもあります。

```
ハザードマップ　　ひなん　　堤防　　場所　　警報　　ダム
```

森林の働き

名
前

● 森林はどんな働きをしていますか。（　）にあてはまることばを [＿＿] から選んで書きましょう。

① 〈森林と水〉

雨水がいっきに（　　　　　）てしまわないように,水を（　　　　　）える。木の（　　　　　）や枝にとどめたり,（　　　　　）がつもった土にたくわえたりして,水をゆっくり地中にしみこませ,（　　　　　）水にする。

> 葉　地下　流れ　落ち葉　たくわ

② 〈森林と空気〉

（　　　　　）が高くなりすぎないように調節する。二酸化炭素を取りこんで,（　　　　　）を出し、空気を（　　　　　）にする。

> きれい　酸素　気温

③ 〈森林と生き物〉

生き物の（　　　　　）になる。木の実などは生き物の（　　　　　）にもなる。森林から流れ出た（　　　　　）をふくんだ水が川や（　　　　　）の生き物を育てる。

> 海　えさ　栄養分　すみか

④ 〈森林と土〉

（　　　　　）や枯れ葉は,分解されて,栄養分をふくんだ（　　　　　）になる。土砂くずれや（　　　　　）を防ぐ。

> こう水　土　落ち葉

自然環境を守る

名
前

① 下の絵を参考にして,森林が減ってきた原因を考え,（　）にあてはまることばを書きましょう。

〈田畑〉　〈牧草地〉

森林の木は（　　　　　）として利用されるために大量に切り出された。

また、森林を切り開いて,（　　　　　）や,（　　　　）住宅地などに変られていった。

② 自然環境を守るために, どんな取り組みがなされていますか。絵を参考にして（　）にあてはまることばを [＿＿] から選んで書きましょう。

木の苗を植える　　古紙回しゅう　　油でよごれた海岸をそうじする

木の（　　　　　）を植えて森を復活させたり,（　　　　　）パックや（　　　　　）を回しゅうして,（　　　）紙をつくっています。また,川や（　　　　　）のそうじをして,きれいな（　　　　）を残そうとしています。

> 海　苗　再生　牛乳　自然　古紙

天気の変化（1）

● 下のグラフは，１日の気温の変化を記録したものです。このグラフを見て，
次の問いに答えましょう。

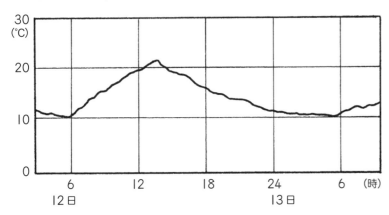

① 正しく説明しているものに○を，まちがっているものに×をつけましょう。

（　　）　気温がいちばん高いのは，正午より少しおそい時間である。

（　　）　気温がいちばん高いのは，正午である。

（　　）　午前６時ごろから気温が上がりはじめるのは，太陽がのぼって
　　　　　きたからだと考えられる。

（　　）　気温がいちばん低いのは，真夜中の24時ごろである。

② 12日は，どんな天気だったと考えられますか。正しいものに○をつけ
ましょう。

（　晴れ　・　くもり　・　雨　）

天気の変化（2）

● 下の図の白い部分は，３日間の雲の動きのようすを表したものです。

㋐ 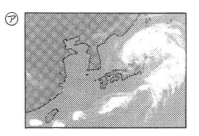　　㋑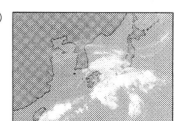

㋒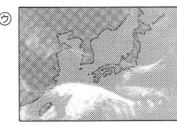

① 上の㋐〜㋒の図を時間の順になるようにならべましょう。

（　　　）━━━▶（　　　）━━━▶（　　　）

② この図からどんなことがわかりますか。下の（　　）から正しい方を
選んで○をつけましょう。

日本上空の雲は，（北　・　西）のほうから，（東　・　南）のほうへと
移っていくことがわかる。

だから，天気を予想するときは，自分が住んでいる地いきより
（東　・　西）の地方の天気のようすを見るとよい。

天気の変化 （3）

名前

月　日

① 下の3つのことばにあてはまる説明を，次の⑦〜⑨の文から選んで，（ ）の中に記号で書きましょう。

気象衛星（き しょう えい せい）（　　）　　アメダス（　　）　　百葉箱（　　）

⑦　人の手で，気象を調べることができ，身近にある観測（かん そく）そうち。

④　全国各地につくられていて，おもに雨のふった場所や量を知らせる。

⑨　うちゅうから地球の雲の写真をとって，天気の予報（よ ほう）に役立てる。

② 下の図は，9月中ごろの日本列島周辺の雲のようすを衛星が写したものです。

① 図に台風が見えています。図の台風の中心（台風の目）に←印をかき入れましょう。

② 台風の動きについて，正しい方に○をつけましょう。

（　　）台風は日本の南の海上ででき，東に進んでくる。

（　　）台風は中国大陸の方ででき，日本に来る。

③ 台風が日本に近づいてくると，天気はどのように変化していきますか。正しい説明を □ から選んで，記号で答えましょう。

・雨の様子　　　　（　　）

・風の様子　　　　（　　）

・海の波の様子　（　　）

> ⑦　風はしだいに強まっていく。
> ④　風はしだいに弱まっていく。
> ⑨　雨はだんだん強くふる。
> ㋔　雨はふらない。
> ㋕　ふつうのときと変わらない。
> ㋖　大きな波がつぎつぎとやってくる。

植物の発芽と成長 （1）

名前

月　日

● 下の図のように，種子が発芽（はつ が）するのに必要な条件（じょう けん）【温度，水分，空気】について調べました。

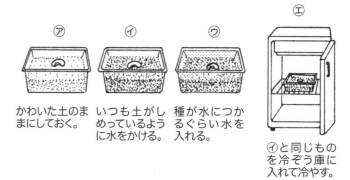

⑦　かわいた土のままにしておく。

④　いつも土がしめっているように水をかける。

⑨　種が水につかるぐらい水を入れる。

㋔　④と同じものを冷ぞう庫に入れて冷やす。

① ⑦と④を比べる（くら）と，発芽の条件【温度，水分，空気】のうち，何を調べることができますか。

（　　　　　　）

② ④と⑨を比べると，発芽の条件【温度，水分，空気】のうち，何を調べることができますか。

（　　　　　　）

③ ④と㋔を比べると，発芽の条件【温度，水分，空気】のうち，何を調べることができますか。

（　　　　　　）

④ ⑦，④，⑨，㋔のうち，発芽したものはどれですか。

（　　　　　　）

植物の発芽と成長（2）

名前　　　　　　　月　　日

1　種子が発芽するための条件を３つ書きましょう。

（　　　　　　　　　　　）
（　　　　　　　　　　　）
（　　　　　　　　　　　）

2　インゲンマメの種子のつくりについて，下の図を見て答えましょう。

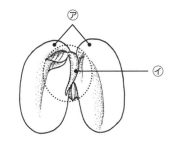

① ⑦の名前は何ですか。

（　　　　　　　　）

② インゲンマメの種子で，根，くき，葉になるところは，⑦，①のどちらですか。

（　　　　）

③ インゲンマメの種子で，でんぷんがふくまれている部分は，⑦，①のどちらですか。

（　　　　）

植物の発芽と成長（3）

名前　　　　　　　月　　日

1　種子の中にでんぷんがあるかどうか調べる液を，何といいますか。

（　　　　　　　　　）

2　1の液は，種子の中にでんぷんがあると，何色に変わりますか。

（　　　　　　　　　）

3　インゲンマメの種子のつくりの中で，でんぷんがある部分の名前を書きましょう。

（　　　　　　　　　）

4　（　　　　）にあてはまることばを　　　　から選んで書きましょう。

① 種子の中には，発芽に必要な養分が（　　　　　　　　　　）。

② その養分は，子葉の中にある（　　　　　　　　　　）である。

③ その養分は，ヨウ素液につけると，（　　　　　　　　　　）色に変わる。

| でんぷん　　ふくまれている　　青むらさき |

月　日

植物の発芽と成長（4）

名前

● インゲンマメのなえで，発芽（はつが）後の育ちを調べました。日当たりの良いところ・悪いところ，肥料（ひりょう）のある・なしで，育ちがどのようにちがうか，12日間調べました。図を見て，下の問いに答えましょう。

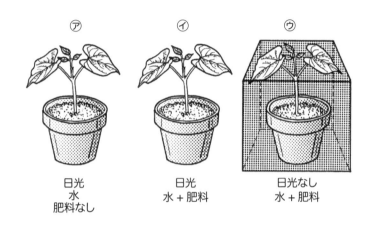

㋐
日光
水
肥料なし

㋑
日光
水＋肥料

㋒
日光なし
水＋肥料

① 日光と育ちの関係を調べるには，㋐～㋒のどれとどれを比（くら）べればよいですか。

（　　　）と（　　　）

② 肥料と育ちの関係を調べるには，㋐～㋒のどれとどれを比べればよいですか。

（　　　）と（　　　）

③ 次の文は，上の実験の結果について書いたものです。㋐～㋒のどの実験の結果ですか。（ ）に記号を書きましょう。

葉は，緑色をしているが，全体に小さくて，数も少ない。

（　　　）

月　日

魚のたんじょうと成長（1）

名前

① 下の図は，メダカのたまごが育っていく順番をかいたスケッチです。

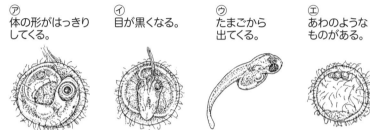

㋐
体の形がはっきりしてくる。

㋑
目が黒くなる。

㋒
たまごから出てくる。

㋓
あわのようなものがある。

① たまごが育つ順番に記号を書きましょう。

（　　　）→（　　　）→（　　　）→（　　　）

② 生まれたばかりのメダカの大きさは，どれくらいですか。正しいものに○をつけましょう。

（　　）1cmぐらい　　（　　）5mmぐらい　　（　　）1mmぐらい

② 下の図は，メダカのおすとめすです。図をよく見て，どちらがおすで，どちらがめすか，（ ）に書きましょう。

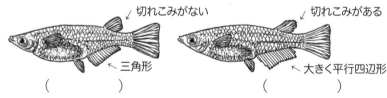

切れこみがない

切れこみがある

三角形

大きく平行四辺形

（　　　　　　）　　　　　（　　　　　　）

③ 下の文は，メダカのおす，めすの特ちょうについて書かれています。（ ）にあてはまることばを下の □ から選んで，㋐～㋓の記号で書きましょう。

① おすは，せびれに切れこみが（　　　　）。しりびれは，（　　　　）形をしている。

② めすは，せびれに切れこみが（　　　　）。しりびれは，（　　　　）形をしている。

㋐ ある　　㋑ ない　　㋒ 平行四辺形に近い　　㋓ 三角形に近い

魚のたんじょうと成長（2）

名
前

花のつくり・花から実へ（1）

名
前

---

① 下の図は，たまごから生まれたばかりの子メダカです。

① 子メダカのはらには，丸いふくらみがあります。この中に何が入っていまか。

（　　　　　　　　　　　）

② このふくらみは，子メダカが成長するにつれて，どうなっていきますか。正しいものに○をしましょう。

（　大きくなる　・　小さくなる　・　変わらない　）

② メダカの飼い方について，正しいものに○を，まちがっているものに×をつけましょう。

① （　　） 水そうは，直接日光があたらない明るいところに置く。

② （　　） メダカのおすとめすのちがいは，体の大きさで見分けられ，おすは大きい。

③ （　　） メダカは，小さい魚なので，えさを食べなくても大きくなる。

④ （　　） メダカは，めすだけいれば，受精卵をうむことができる。

⑤ （　　） メダカは，あたたかくなって水温が高くなる（約25℃）時期にたまごをうむ。

● アサガオの花のつくりを調べました。

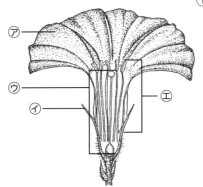

① 図の㋐〜㋒の部分の名前を下の　　　から選んで書きましょう。

㋐（　　　　　　　）

㋑（　　　　　　　）

㋒（　　　　　　　）

㋓（　　　　　　　）

めしべ　がく　おしべ　花びら

② ㋐〜㋓のうち，実になるのはどれですか。　（　　　　）

③ 下の図は，㋒の先についているものをけんび鏡で見たものです。何という名前のものですか。

（　　　　　）

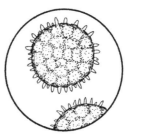

④ ㋒の先についていたものは，花のどの部分でつくられたものですか。㋐〜㋓の中から選んで記号で書きましょう。

（　　　　）

● 下のけんび鏡の図を見て，答えましょう。

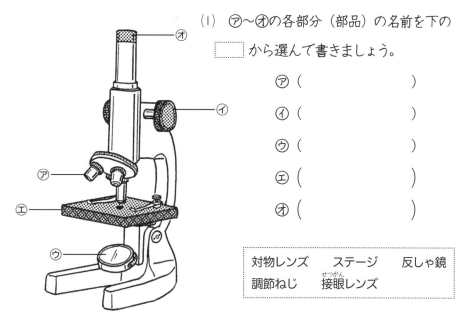

(1)　⑦～㋭の各部分（部品）の名前を下の

　　　┈┈┈ から選んで書きましょう。

　　　　　　　⑦　（　　　　　　　　）

　　　　　　　⑦　（　　　　　　　　）

　　　　　　　⑦　（　　　　　　　　）

　　　　　　　㋑　（　　　　　　　　）

　　　　　　　㋭　（　　　　　　　　）

┌─────────────────────────────────┐
│　対物レンズ　　　ステージ　　　反しゃ鏡　│
│　調節ねじ　　　接眼レンズ　　　　　　　　│
└─────────────────────────────────┘

(2)　次の使い方をするときは，けんび鏡のどの部分を使えばよいか，
　　⑦～㋭の記号で答えましょう。

　　①よく見えるようにピントを合わせるとき　　　（　　　）

　　②光をけんび鏡に取り入れるとき　　　　　　　（　　　）

● ヘチマの花粉をつけためばなと，つけないめばなで，実のでき方を調べました。

　　⑦　花粉をつけためばな　　　　　⑦　花粉をつけないめばな

ふくろをとって，花粉をつける

ふくろをつける

花粉をつけない

ふくろをつけたままにする

（めばながしぼんだら，ふくろをとって成長を比べる。）

①　ヘチマの実ができるのは，⑦と⑦のどちらですか。　　　（　　　）

②　なぜふくろをかけるのでしょう。（　）にあてはまることばを ┈┈
　から選んで書きましょう。

　おばなの（　　　）を，めばなにつかないようにすることで，
　（　　　）させる花とさせない花の（　　　）を整えるため。

┌──────────────────────┐
│　条件　　受粉　　花粉　│
└──────────────────────┘

花のつくり・花から実へ（4）

名
前

● 下の®と◎の図は、ヘチマのおばなとめばなです。

® ◎

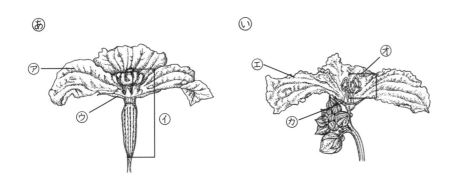

① ⑦〜⑰の花の部分（つくり）の名前を、下の ☐ から選んで（ ）
に書きましょう。（同じことばを2度使ってもよい。）

⑦ （　　　　　　）　　④ （　　　　　　）

⑦ （　　　　　　）　　④ （　　　　　　）

⑦ （　　　　　　）　　⑰ （　　　　　　）

　　　　　花びら　　めしべ　　おしべ　　がく

② ®は、おばなですか、めばなですか。　　　　　（　　　　）

③ 図の中で、ヘチマの実になるところを黒くぬりましょう。

④ ⑰の先についているものは、何といいますか。　（　　　　）

流れる水のはたらき（1）

名
前

1 大雨がふり、雨水が土の上をいきおいよく流れているところをさがして、
にごった雨水をコップにくみとりました。それをしばらくおいておくと、
右の図のようになりました。たまったものの名前を、下の ☐ から選んで
（ ）に書きましょう。

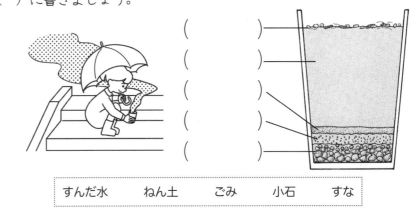

（　　　　　　）
（　　　　　　）
（　　　　　　）
（　　　　　　）
（　　　　　　）

　　すんだ水　　ねん土　　ごみ　　小石　　すな

2 ねん土、すな、小石を下の図のように平たい木の板の上にのせ、川の流れ
の中において、どのように流されるか調べました。

川の流れ → → → → →
ねん土　すな　小石

① はじめに流されるのは、3つのうちどれ
ですか。

（　　　　　　）

② いちばん最後まで流されずに残って
いるのは、3つのうちどれですか。

（　　　　　　）

流れる水の はたらき（2）

名 前 　　　　　　月　日

● 流れる水のはたらきを調べるために，図のような土の山にみぞを作って水を流す実験をしました。

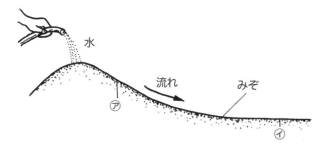

(1) 水の流れが速いのは，⑦と④のどちらのあたりですか。

（　　　　）

(2) 土の山のみぞが深くけずれているのは，⑦と④のどちらですか。

（　　　　）

(3) どろやすなが多く積もっているのは，⑦と④のどちらですか。

（　　　　）

(4) ホースで流す水の量を多くすると，流れや土の山のようすはどうなりますか。正しいもの１つに○をつけましょう。

① 流れの速さは
- （　　）速くなる。
- （　　）おそくなる。
- （　　）変わらない。

② 「土の山」の土のけずられ方は
- （　　）多くけずられて深くなる。
- （　　）変わらない。

③ 運ばれる土の量は
- （　　）多くなる。
- （　　）少なくなる。
- （　　）変わらない。

流れる水の はたらき（3）

名 前 　　　　　　月　日

① 下の図のような川があります。川の流れやはたらきについて，次の問いに答えましょう。

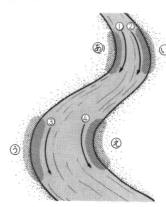

(1) 流れの速さが速いのは，①〜④のどことどこですか。

（　　　　）と（　　　　）

(2) 川岸が「がけ」のようになりやすいのは，あ〜えのどことどこですか。

（　　　　）と（　　　　）

(3) すながたまって，川原ができやすいのは，あ〜えのどことどこですか。

（　　　　）と（　　　　）

② （　）にあてはまることばを □ から選んで書きましょう。

① 流れる水の（　　　　　　　　）によって，石やすなやねん土の流され方がちがう。

② 山にふった（　　　　　　　　）は，土地をけずり，（　　　　　　　　）やすなやねん土をおし流して，土地のようすを変えてしまいます。流れは集まり，川になり，けずるはたらきも（　　　　　　　　）なります。

③ 川の水の流れが，ゆるやかに（　　　　　　　　）なるにしたがって，はじめに大きな石が，次に（　　　　　　　　）石，そして，（　　　　　　　　），ねん土の順番で，川の底へとしずみはじめます。

雨水　　おそく　　小さな　　速さ　　石　　すな　　大きく

流れる水のはたらき（4）

名
前

1　下の表は，川の上流，中流，下流の特ちょうやようすをまとめたものです。
表のあいているところに，あてはまることばを ⬚ から選んで書きましょう。

	川のはじまり	川の中ほど	川の終わり
場所		中流	下流
流れの速さ			もっともゆるやか
川のはば	せまい		

> ゆるやか　速い　上流　広い　もっとも広い

2　下の表は，川の上流，中流，下流のそれぞれの場所での，石の大きさや石の形，
川のおもなはたらきについてまとめたものです。表のあいているところに，
あてはまることばを ⬚ から選んで書きましょう。

	川のはじまり（上流）	川の中ほど（中流）	川の終わり（下流）
石の大きさ		大きいものも小さいものもある	
石の形	角のあるごつごつした石が多い		
川のおもなはたらき	けずるはたらき	はこぶはたらき	

> もっとも小さい　角のとれた丸い石が多い　積もらせるはたらき
> 大きい　丸い小石やすな，ねん土が多い

もののとけ方（1）

名
前

1　次のもののうち，水にとけるものには○を，とけないものには×をつけましょう。

① 食塩　　　（　　）　　　② コーヒーシュガー　（　　）

③ さとう　　（　　）　　　④ かたくり粉　　　　（　　）

⑤ ミョウバン（　　）

2　「水にものがとける」ということばの意味で，正しいものに○を，まちがっているものには×をつけましょう。

①　（　　）　水にとけたものには，有色とう明のもの（色がついたもの）もある。

②　（　　）　とけたものは，底にたまる。

③　（　　）　とけたものは，どこも同じこさでとけている。

3　下の図のように，重さが100gのビーカーに，水を400g入れ，さとう20gをとかしました。はかりの目もりは何gをさしますか。

（　　　　）g

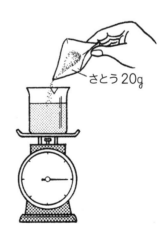

さとう20g

もののとけ方（2）　名前

● 水にとけたもの，とけなかったものを調べる実験をしました。

① 図のように，液体（えきたい）をこして混（ま）ざっている
ものをとりのぞくことを何といいますか。

（　　　　　　　　　　）

② ㋐〜㋔の器具の名前を書きましょう。

㋐（　　　　　　　）㋑（　　　　　　　）

㋒（　　　　　　　）㋓（　　　　　　　）

㋔（　　　　　　　）

③ 図のように食塩水をそそぐと，下のビーカーに液がたまりました。たまった液はもとの食塩水と同じものですか。ちがうものですか。

（　　　　　　　　　　　　　）

④ ③の実験から，何がわかりますか。

（　　　　　　　　　　　　　）

⑤ 水にとけた食塩は，どのようにすれば食塩水から取り出すことができますか。その方法を書きましょう。

（　　　　　　　　　　　　　）

⑥ 水に混（ま）ぜたかたくり粉（白くにごっている）を，図のようにそそぐと，ビーカーにとう明の水がたまりました。もとのかたくり粉はどうなったのですか。

（　　　　　　　　　　　　　）

もののとけ方（3）　名前

● 水に，食塩とかたくり粉をいっしょに混（ま）ぜ，その後，それぞれべつべつに取り出したいと思います。その手順について，正しいものに○をしましょう。

① まず，（ ろ過 ・ じょう発 ）させて，ろ紙に残った
（ 食塩 ・ かたくり粉 ）を取り出す。

② 次に，ビーカーにたまった（ 食塩 ・ かたくり粉 ）の
水よう液（えき）を（ ろ過 ・ じょう発 ）させて，取り出す。

やってみよう

① 水のはいったビーカーにさとうをいれて，とかしました。その水よう液の上の方，中の方，下の方をスポイトで取って，こさを比（くら）べてみました。次の㋐〜㋔のうち，正しいものに○をつけましょう。

㋐（　　）どこも同じあまさ

㋑（　　）上の方があまい

㋒（　　）下の方があまい

㋓（　　）中の方があまい

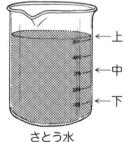

←上
←中
←下

さとう水

② この実験から，水にとけたものは，水の中でどのようになっていると考えられますか。

（　　　　　　　　　　　　　）

もののとけ方 （4）

● ミョウバンが 50mL の水に何 g までとけるか，水の温度を変えて調べました。下のグラフは，その結果を表したものです。

水 50mL にとける ミョウバンの量（重さ）

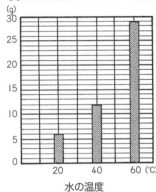

水の温度

(1) 次の温度のとき，ミョウバンは何 g とけましたか。

① 20℃ （　　　　） g

② 40℃ （　　　　） g

③ 60℃ （　　　　） g

(2) 60℃の液体をしばらくそのままにしておくと，40℃まで下がりました。そのとき，液体の中に白いつぶが見られました。

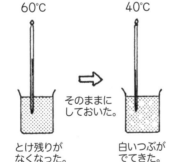

60℃　そのままにしておいた。　40℃

とけ残りがなくなった。　白いつぶがでてきた。

① この白いつぶの名前を書きましょう。

（　　　　　　　　　　　　　　）

② この白いつぶが出てきたのは，どうしてですか。

（　　　　　　　　　　　　　　）

③ 出てきた白いつぶを，もう一度とかすには，どうすればよいですか。

（　　　　　　　　　　　　　　）

ふりこの動き （1）

● 下の図のような，2つのふりこを作り，重さを変えると，ふりこの1往復する時間がどう変わるか調べました。

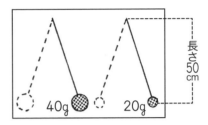

40g　20g　長さ 50cm

（長さ 50cm，ふれはば 30cm は，どちらも同じ）

① 下の表の㋐〜㋓に入れる数字を計算して書き入れましょう。（小数第1位までの数にして答えましょう。）

	おもりの重さ 20g			おもりの重さ 40g		
	1回目	2回目	3回目	1回目	2回目	3回目
10往復の時間	14.2 秒	14.1 秒	14.3 秒	14.2 秒	14.3 秒	14.2 秒
10往復の平均の時間	㋐　　　　　　　秒			㋑　　　　　　　秒		
1往復の時間	㋒　　　　　　　秒			㋓　　　　　　　秒		

② この実験からわかることは，どんなことですか。（　）にあてはまることばを □ から選んで書きましょう。

ふりこのおもりの （　　　　　　　） は （　　　　　　　） も，

1往復の （　　　　　　　） は （　　　　　　　）。

変わって　　変わらない　　時間　　重さ

ふりこの動き（2）

名
前

① ふりこの１往復する時間は，何によって変わるのか，⑦，⑦，⑦の実験をしました。

⑦ ふれはばを変えると

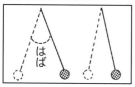

はば

⑦ おもりの重さを変えると

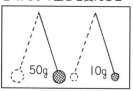

50g　　10g

⑦ ふりこの長さを変えると

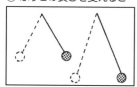

① ⑦〜⑦のふりこで，１往復する時間が左右とも同じになるのはどれと，どれですか。

（　　　　）と（　　　　）

② ⑦〜⑦のふりこで，１往復する時間が，左右でちがうものはどれですか。

（　　　　）

③ この実験の結果から，ふりこの１往復の時間は，何によって決まると考えられますか。正しいものに○をつけましょう。

⑦（　　）ふれはば
⑦（　　）おもりの重さ
⑦（　　）ふりこの長さ

② 下の図の，Ⓐ〜Ⓓのふりこについて，記号で答えましょう。

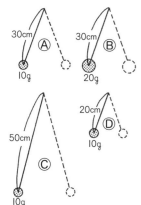

30cm Ⓐ　　30cm Ⓑ
10g　　　　20g

50cm
Ⓒ
10g

20cm Ⓓ
10g

① いちばん速くふれるふりこはどれですか。

（　　　　）

② いちばんゆっくりふれるふりこはどれですか。

（　　　　）

③ おもりの重さと１往復の時間の関係を調べるには，どれとどれをくらべるといいですか。

（　　　　）と（　　　　）

ふりこの動き（3）

名
前

① ふりこを使ったおもちゃを作ってみました。

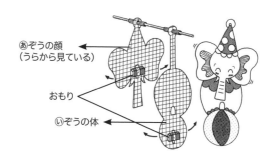

あぞうの顔
（うらから見ている）

おもり

⑤ぞうの体

① あのぞうの顔のふりこと⑤のぞうの体のふりことでは，どちらがゆっくりふれますか。記号で答えましょう。

（　　　　）

② それはなぜですか。

（　　　　　　　　　　　　　　　　　　）

② 下の図のようなふりこについて，１往復する時間を短くしようと思います。どうすればいいですか。⑦〜⑦から選んで○をつけましょう。

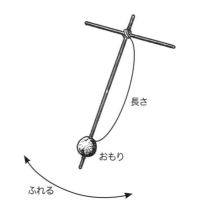

長さ

おもり

ふれる

⑦（　　）ふりこの長さを長くする。
⑦（　　）おもりを重くする。
⑦（　　）ふりこの長さを短くする。
⑦（　　）おもりを軽くする。

電磁石の性質 (1)

名
前

① 下の絵を見て，(　　) にあてはまることばを [　] から選んで書きましょう。

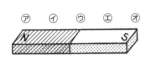

① 磁石は，金属の (　　　) を引きつける。
特に引きつける力が強い部分を
(　　　) といって，絵の㋐〜㋕の中で
(　　　) と (　　　) のところである。

ぼう磁石

② どんな磁石も，左の図のようにつるして
おくと，N極が (　　　) の方向をさし
てとまる。これは地球全体を大きな磁石
と考えると，北極に (　　　) 極がある
ということになる。

> 北　南　極　S　N　鉄　㋐　㋑　㋒　㋓　㋔

② 下の絵のような場合，磁石の (　　) は，N，Sのどちらの極になっている
か書きましょう。(方位磁針の黒い方がN極です。N◀▷S)

① (　　) 極　　② (　　) 極　　③ (　　) 極

③ 磁石を下の絵のように置いたとき，磁石の動く方向を (→，←) でかきましょう。

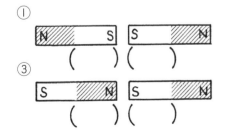

① (　　)(　　)

③ (　　)(　　)

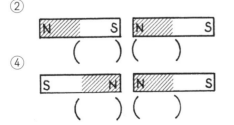

② (　　)(　　)

④ (　　)(　　)

電磁石の性質 (2)

名
前

① 電磁石について，次の問いに答えましょう。

① 下の図のように，導線を向きをそろえてくるくるまいたものを何といいま
すか。

導線

(　　　　　)

② まいたものの中にいろいろなものを入れて導線に電流を流したとき，磁石
のはたらきをするものに〇を，しないものに×をつけましょう。

導線

㋐ (　　) ガラス
㋑ (　　) 銅
㋒ (　　) 鉄
㋓ (　　) アルミニウム

② 下の図で，磁石の力がいちばん強いところは，㋐，㋑，㋒のどの部分ですか。

(　　　　　)

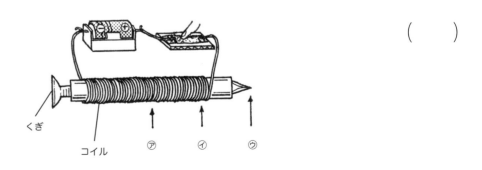

くぎ
コイル
㋐　㋑　㋒

電磁石の性質（3）

名前

① 電磁石の極について，（　）にあてはまることばを □ から選んで書きましょう。（同じことばを 2 度使ってもよい。）（方位磁針の黒い方が N 極です。）

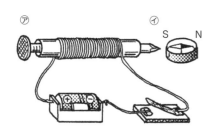

① 電磁石にも（　）極と（　）極がある。電流の向きを変えると，電磁石の極は（　　　　）。

② 左の図では，㋐は（　　）極になっている。

③ 左の図で，かん電池の向きを反対にすると，㋐は（　　）極になる。

```
S　　N　　変わる　　変わらない
```

② 電磁石の磁力を強くする正しい方法を，下の文からすべて選んで ◯ をつけましょう。
① （　）流す電流の量を多くする。
② （　）コイルのまき数を多くする。
③ （　）コイルのまき方を逆にする。

③ 下の図で，磁力がいちばん強いものに ◯ を，いちばん弱いものに X をつけましょう。（導線の太さ，長さは同じです。）

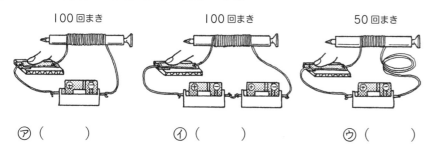

100回まき　　　100回まき　　　50回まき

㋐（　　）　　　㋑（　　）　　　㋒（　　）

電磁石の性質（4）

名前

① かんい検流計の使い方について，（　　）の中の正しい方のことばに ◯ をつけましょう。

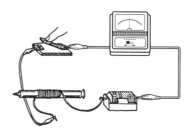

① 切りかえスイッチを「電磁石（　0.5A　・　5A　）」側にする。
② 検流計は，回路に（　直列　・　へい列　）につなぐ。
③ 検流計は，（　ななめ　・　平ら　）なところに置く。

② 次の文で，永久磁石と電磁石のどちらにもあてはまるものに A，電磁石にだけあてはまるものに B，どちらにもあてはまらないものに C を，（　）の中に書きましょう。
① 金属の中で，鉄をよく引きつける。……………………（　）
② N 極と S 極がある。……………………………………（　）
③ 金属ならどんなものでも引きつける。…………………（　）
④ 磁力の大きさをかんたんに変えることができる。………（　）
⑤ 磁石の極をかんたんに変えることができる。……………（　）
⑥ 同じ極は反発しあい，ちがう極は引き合う。……………（　）

人のたんじょう（1）
名前

● 下の図は，胎児（赤ちゃん）が母親のおなかの中で育つ様子がかかれたものです。

 ㋐
目や耳ができ，手や足の形がはっきりしてくる。

 ㋑
回転できないぐらい大きくなる。

 ㋒
心ぞうが動き始める。

 ㋓
体を回転させ，よく動く。

① 胎児が成長していく順に記号をならべましょう。

（　　　）⟶（　　　）⟶（　　　）⟶（　　　）

② ㋑の図のAは，何といいますか。

（　　　　　　　　　　　　　　）

③ 胎児が成長するところは，母親の何という場所ですか。

（　　　　　　　　　　　　　　）

④ 胎児は，生まれてくるまで母親の体の中にどのくらいの期間いますか。正しいものに○をつけましょう。

（　　）18週間　　（　　）約28週間　　（　　）約38週間

人のたんじょう（2）
名前

● 下の文は，人のたんじょうについての説明です。（　　）にあてはまることばや数を □ から選んで書きましょう。

① 女性の体でつくられた（　　　　）と，男性の体の中でつくられた（　　　　）が（　　　　）して，受精卵ができる。

② 受精卵は，女性の（　　　　）の中で育てられる。

③ 胎児（赤ちゃん）は，（　　　　）を通して，母親の血液から酸素や（　　　　）をもらい，成長する。

④ 子宮の中は，胎児を外からのしょうげきから守るため，（　　　　）で満たされている。

⑤ うまれたばかりの赤ちゃんの平均体重は約（　　　　）kgである。

⑥ 人は，（　　　　）才を過ぎるころから，おとなの体になる変化があらわれる。

受精	へそのお	精子	子宮
養分	卵子	羊水	3　10

P.4

整数と小数 (1)　名前

① 次の①～③の数にある7は，それぞれ何の位の数が7であることを表していますか。

① 437500　（千の位）

② 43.75　（$\frac{1}{10}$の位（小数第一位））

③ 0.4375　（$\frac{1}{1000}$の位（小数第三位））

② （　）にあてはまる数を書きましょう。

$4.063 = 1 \times (4) + 0.1 \times (0) + 0.01 \times (6) + 0.001 \times (3)$

$0.852 = 1 \times (0) + 0.1 \times 8 + 0.01 \times (5) + 0.001 \times (2)$

$3.907 = (1) \times 3 + 0.1 \times (9) + 0.01 \times 0 + 0.001 \times (7)$

③ （　）にあてはまる不等号を書きましょう。

① 7.989 （<） 8　　② 0.01 （<） 6

③ 3.06 - 0.6 （>） 3　　④ 0.1 （>） 6 - 5.99

復習

① 次の数は，0.1を何こ集めた数ですか。

① 0.7　（7）こ　　② 1.5　（15）こ

③ 3.9　（39）こ　　④ 6　（60）こ

② 次の数は，0.01を何こ集めた数ですか。

① 0.04　（4）こ　　② 0.72　（72）こ

③ 0.6　（60）こ　　④ 1.28　（128）こ

⑤ 4.7　（470）こ　　⑥ 9　（900）こ

整数と小数 (2)　名前

① 次の数は，0.001を何こ集めた数ですか。

① 0.008　（8）こ

② 0.014　（14）こ

③ 0.05　（50）こ

④ 0.284　（284）こ

⑤ 0.9　（900）こ

⑥ 1.736　（1736）こ

⑦ 6.04　（6040）こ

⑧ 7　（7000）こ

② 下の□に，1，2，4，7，9 の5まいのカードをあてはめて，次の小数をつくりましょう。

□ □ . □ □ □

① いちばん大きい数　（97.421）

② 2番めに小さい数　（12.497）

③ 40にいちばん近い数　（41.279）

復習

① 次の数を10倍，100倍した数を書きましょう。

① 0.26　10倍（2.6）　100倍（26）

② 1.8　10倍（18）　100倍（180）

② 次の数を $\frac{1}{10}$，$\frac{1}{100}$ にした数を書きましょう。

① 3.7　$\frac{1}{10}$（0.37）　$\frac{1}{100}$（0.037）

② 58　$\frac{1}{10}$（5.8）　$\frac{1}{100}$（0.58）

4　（122%に拡大してご使用ください）

P.5

整数と小数 (3)　名前

① 次の数を10倍，100倍，1000倍した数を書きましょう。

① 3.71　10倍（37.1）　100倍（371）　1000倍（3710）

② 0.924　10倍（9.24）　100倍（92.4）　1000倍（924）

③ 0.0862　10倍（0.862）　100倍（8.62）　1000倍（86.2）

② 計算をしましょう。

① 0.64×100　64　　② 0.852×100　85.2

③ 0.8×1000　800　　④ 0.61×1000　610

③ 次の数は，0.83を何倍した数ですか。

① 8.3　（10倍）

② 830　（1000倍）

③ 83　（100倍）

復習

① ① 80 ÷ 4　20　② 72 ÷ 3　24　③ 96 ÷ 7　13あまり5　⑤ 912 ÷ 6　152

② 120 ÷ 3　40

● バターが784gあります。4個のパックに同じ重さずつ分けると，1個のパックは何gになりますか。

式 784 ÷ 4 = 196　　答え 196g

整数と小数 (4)　名前

① 次の数を $\frac{1}{10}$・$\frac{1}{100}$・$\frac{1}{1000}$ にした数を書きましょう。

① 169.4　$\frac{1}{10}$（16.94）　$\frac{1}{100}$（1.694）　$\frac{1}{1000}$（0.1694）

② 32.7　$\frac{1}{10}$（3.27）　$\frac{1}{100}$（0.327）　$\frac{1}{1000}$（0.0327）

② 計算をしましょう。

① $5 \div 10$　0.5　　② $5.1 \div 100$　0.051

③ $82.1 \div 1000$　0.0821　　④ $3.8 \div 1000$　0.0038

③ 次の数は，46.7を何分の一にした数ですか。

① 0.467　（$\frac{1}{100}$，$\frac{1}{10}$）

② 4.67　（$\frac{1}{10}$）

③ 0.0467　（$\frac{1}{1000}$）

復習

① 794 ÷ 6　② 914 ÷ 7　③ 584 ÷ 8　④ 815 ÷ 9

132あまり2　130あまり4　73　90あまり5

● 700本のバラの花があります。9本ずつたばにして花たばを作ります。花たばは何たばできますか。

式 700 ÷ 9 = 77あまり7　　答え 77たば

5　（122%に拡大してご使用ください）

P.6

整数と小数　まとめ　名前

① □にあてはまる数を書きましょう。

① $6.351 = 1 \times \boxed{6} + 0.1 \times \boxed{3} + 0.01 \times \boxed{5} + 0.001 \times \boxed{1}$

② $0.219 = \boxed{1} \times 0 + \boxed{0.1} \times 2 + \boxed{0.01} \times 1 + \boxed{0.001} \times 9$

② 次の数は，0.001を何こ集めた数ですか。

① 0.574　（574）こ

② 8.69　（8690）こ

③ 次の数を10倍，100倍，1000倍した数を書きましょう。

① 24.5　10倍（245）　100倍（2450）　1000倍（24500）

② 0.39　10倍（3.9）　100倍（39）　1000倍（390）

④ 次の数を $\frac{1}{10}$・$\frac{1}{100}$・$\frac{1}{1000}$ にした数を書きましょう。

① 15.6　$\frac{1}{10}$（1.56）　$\frac{1}{100}$（0.156）　$\frac{1}{1000}$（0.0156）

② 6.2　$\frac{1}{10}$（0.62）　$\frac{1}{100}$（0.062）　$\frac{1}{1000}$（0.0062）

体積 (1)　名前

① 右のような1辺が1cmの立方体の体積を何といいますか。

1cm³ と書いて 1立方センチメートル と読みます。

② 次の形は，1cm³が何こ分で，何cm³ですか。

① 1cm³が（3）こ分で，（3cm³）

② 1cm³が（12）こ分で，（12cm³）

③ 1cm³が（27）こ分で，（27cm³）

④ 1cm³が（13）こ分で，（13cm³）

⑤ 1cm³が（39）こ分で，（39cm³）

復習

① 次の立体の名前を書きましょう。

① 8cm 4cm 6cm　直方体　　② 5cm 5cm 5cm　立方体

② （　）にあてはまる数を書きましょう。

① 1m = （100）cm　　② 1m² = （10000）cm²

③ 1L = （1000）mL　　④ 1dL = （100）mL

6　（122%に拡大してご使用ください）

P.7

体積 (2)　名前

● 1cm³が何こあるかを求める式を書いて，体積を求めましょう。

① 式 $2 \times 4 \times 2 = 16$　答え 16cm³

② 式 $3 \times 5 \times 3 = 45$　答え 45cm³

③ 式 $4 \times 4 \times 4 = 64$　答え 64cm³

④ 式 $4 \times 5 \times 3 = 60$　答え 60cm³

復習

● 色のついた部分の面積を求めましょう。

（例）
$5 \times 2 = 10$
$3 \times (4 - 2) = 6$
$10 + 6 = 16$
答え 16cm²

（例）
$8 \times 8 = 64$
$2 \times 3 = 6$
$64 - 6 = 58$
58cm²

体積 (3)　名前

● 次の立体の体積を求めましょう。

① 式 $2 \times 3 \times 4 = 24$　答え 24cm³

② 式 $3 \times 3 \times 3 = 27$　答え 27cm³

③ 式 $12 \times 5 \times 4 = 240$　答え 240cm³

④ 1辺が5cmの立方体
式 $5 \times 5 \times 5 = 125$　答え 125cm³

復習

① 4.37 + 2.94　② 7.2 + 1.63　③ 6.52 + 2　④ 4.37 + 5.23

7.31　8.83　8.52　9.6

● 長さが4.63mのひもと0.77mのひもをつなぐと，何mになりますか。

式 $4.63 + 0.77 = 5.4$　　答え 5.4m

7　（122%に拡大してご使用ください）

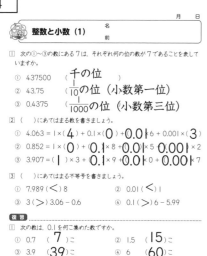
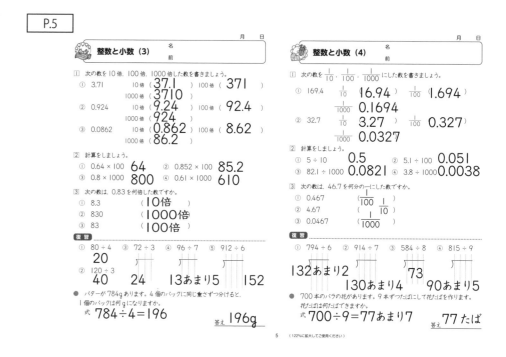
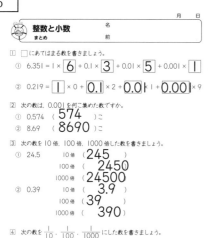
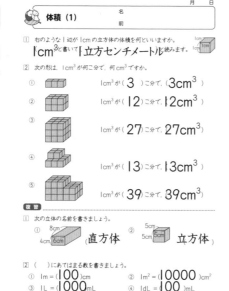
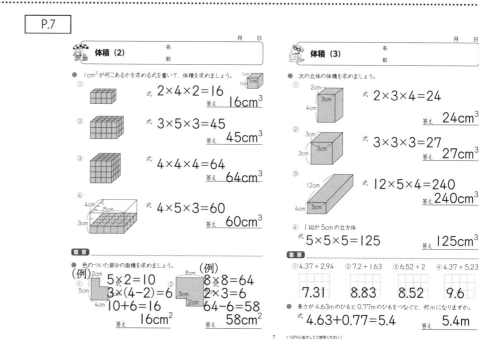

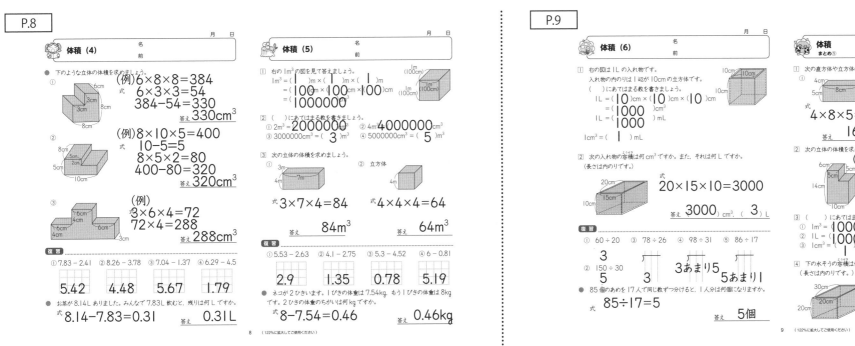
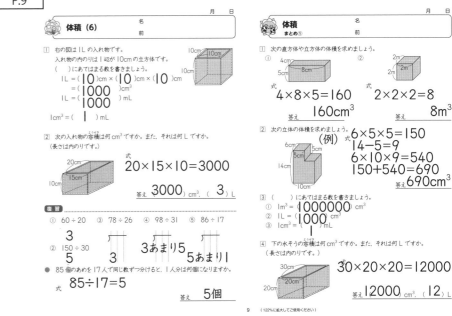

P.8

体積 (4)

● 下のような立体の体積を求めましょう。

① (例) 6×8×8＝384
式 6×3×3＝54
384－54＝330
答え 330cm³

② (例) 8×10×5＝400
式 10－5＝5
8×5×2＝80
400－80＝320
答え 320cm³

③ (例)
3×6×4＝72
72×4＝288
答え 288cm³

復習
① 7.83 − 2.41　② 8.26 − 3.78　③ 7.04 − 1.37　④ 6.29 − 4.5
5.42　4.48　5.67　1.79

● お茶が 8.14L ありました。みんなで 7.83L 飲むと，残りは何 L ですか。
式 8.14−7.83＝0.31　答え 0.31L

体積 (5)

① 右の 1m³ の図を見て答えましょう。
1m³ ＝ (1)m × (1)m × (1)m
＝ (100)cm × (100)cm × (100)cm
＝ 1000000

② ( ) にあてはまる数を書きましょう。
① 2m³ = 2000000　② 4m³ = 4000000 cm³
③ 3000000cm³ = (3)m³　④ 5000000cm³ = (5)m³

③ 次の立体の体積を求めましょう。
①
式 3×7×4＝84
答え 84m³

② 立方体
式 4×4×4＝64
答え 64m³

復習
① 5.53 − 2.63　② 4.1 − 2.75　③ 5.3 − 4.52　④ 6 − 0.81
2.9　1.35　0.78　5.19

● ネコが 2 ひきいます。1 ぴきの体重は 7.54kg，もう 1 ぴきの体重は 8kg です。2 ひきの体重のちがいは何 kg ですか。
式 8−7.54＝0.46　答え 0.46kg

8　（122%に拡大してご使用ください）

P.9

体積 (6)

① 右の図は 1L の入れ物です。
入れ物の内のりは 1 辺が 10cm の立方体です。
( ) にあてはまる数を書きましょう。
1L = (10)cm × (10)cm × (10)cm
= (1000)cm³
= (1000)mL
1cm³ = (1)mL

② 次の入れ物の容積は何 cm³ ですか。また，それは何 L ですか。
（長さは内のりです。）
式 20×15×10＝3000
答え 3000 cm³，(3)L

復習
① 60÷20　③ 78÷26　④ 98÷31　⑤ 86÷17
3　3　3あまり5　5あまり1
② 150÷30
5

● 85 個のあめを 17 人で同じ数ずつ分けると，1 人分は何個になりますか。
式 85÷17＝5　答え 5個

体積 まとめ①

① 次の直方体や立方体の体積を求めましょう。
①
式 4×8×5＝160
答え 160cm³

②
式 2×2×2＝8
答え 8m³

② 次の立体の体積を求めましょう。
(例) 6×5×5＝150
14−5＝9
6×10×9＝540
150＋540＝690
答え 690cm³

③ ( ) にあてはまる数を書きましょう。
① 1m³ = (1000000) cm³
② 1L = (1000) cm³
③ 1cm³ = (1) mL

④ 下の水そうの容積は何 cm³ ですか。また，それは何 L ですか。
（長さは内のりです。）
式 30×20×20＝12000
答え 12000 cm³，(12)L

9　（122%に拡大してご使用ください）

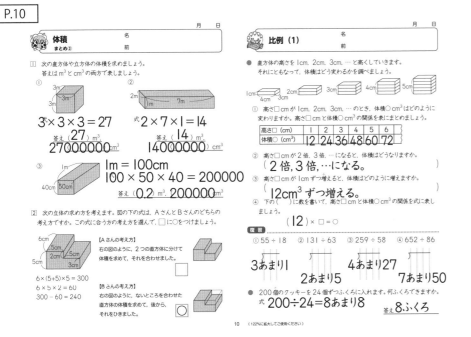
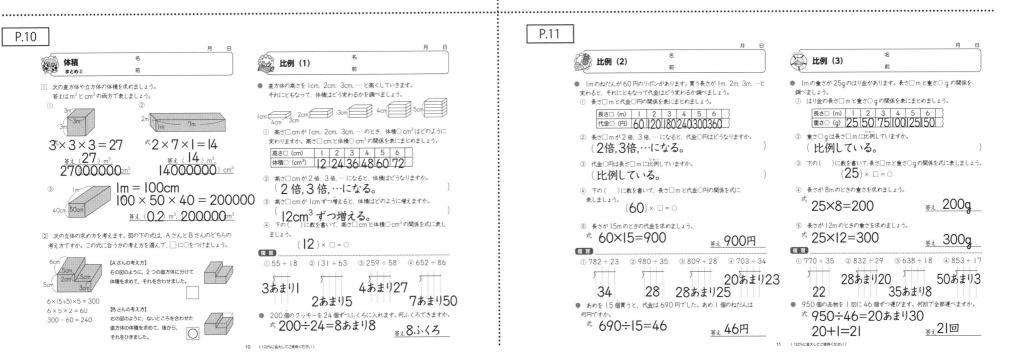

P.10

体積 まとめ②

① 次の直方体や立方体の体積を求めましょう。
答えは m³ と cm³ の両方で表しましょう。
①
式 3×3×3＝27
答え (27)m³，27000000 cm³

②
式 2×7×1＝14
答え (14)m³，14000000 cm³

③
1m = 100cm
100×50×40＝200000
答え (0.2)m³，200000 cm³

② 次の立体の求め方を考えます。図の下の式は，A さんと B さんのどちらの考え方ですか。この式に合う方の考え方を選んで，□に○をつけましょう。

【A さんの考え方】
右の図のように，2 つの直方体に分けて体積を求めて，それを合わせました。
6×(5+5)×5＝300
6×5×2＝60
300−60＝240
□

【B さんの考え方】
右の図のように，ないところを合わせて直方体の体積を求めて，後から，それをひきました。
○

10　（122%に拡大してご使用ください）

比例 (1)

● 直方体の高さを 1cm，2cm，3cm，… と高くしていきます。それにともなって，体積はどう変わるかを調べましょう。

① 高さ □cm が 1cm，2cm，3cm，… のとき，体積 ○cm³ はどのように変わりますか。高さ □cm と体積 ○cm³ の関係を表にまとめましょう。

高さ □（cm）	1	2	3	4	5	6
体積 ○（cm³）	12	24	36	48	60	72

② 高さ □cm が 2 倍，3 倍，… になると，体積はどうなりますか。
(2 倍，3 倍，…になる。)

③ 高さ □cm が 1cm ずつ増えると，体積はどのように増えますか。
(12cm³ ずつ増える。)

④ 下の ( ) に数を書いて，高さ □cm と体積 ○cm³ の関係を式に表しましょう。
(12) × □ = ○

復習
① 55÷18　② 131÷63　③ 259÷58　④ 652÷86
3あまり1　2あまり5　4あまり27　7あまり50

● 200 個のクッキーを 24 個ずつふくろに入れます。何ふくろできますか。
式 200÷24＝8あまり8　答え 8ふくろ

P.11

比例 (2)

● 1m のねだんが 60 円のリボンがあります。買う長さが 1m，2m，3m，… と変わると，それにともなって代金はどう変わるかを調べましょう。

① 長さ □m と代金 ○円の関係を表にまとめましょう。

長さ □（m）	1	2	3	4	5	6
代金 ○（円）	60	120	180	240	300	360

② 長さ □m が 2 倍，3 倍，… になると，代金はどうなりますか。
(2 倍，3 倍，…になる。)

③ 代金 ○円は長さ □m に比例していますか。
(比例している。)

④ 下の ( ) に数を書いて，長さ □m と代金 ○円の関係を式に表しましょう。
(60) × □ = ○

⑤ 長さが 15m のときの代金を求めましょう。
式 60×15＝900　答え 900円

復習
① 782÷23　② 980÷35　③ 809÷28　④ 703÷34
34　28　28あまり25　20あまり23

● あめを 15 個買うと，代金は 690 円でした。あめ 1 個のねだんは何円ですか。
式 690÷15＝46　答え 46円

比例 (3)

● 1m の重さが 25g のはり金があります。長さ □m と重さ □g の関係を調べましょう。

① はり金の長さ □m と重さ □g の関係を表にまとめましょう。

長さ □（m）	1	2	3	4	5	6
重さ □（g）	25	50	75	100	125	150

② 重さ □g は長さ □m に比例していますか。
(比例している。)

③ 下の ( ) に数を書いて，長さ □m と重さ □g の関係を式に表しましょう。
(25) × □ = ○

④ 長さが 8m のときの重さを求めましょう。
式 25×8＝200　答え 200g

⑤ 長さが 12m のときの重さを求めましょう。
式 25×12＝300　答え 300g

復習
① 770÷35　② 832÷29　③ 638÷18　④ 853÷17
22　28あまり20　35あまり8　50あまり3

● 950 個の品物を 1 回に 46 個ずつ運びます。何回で全部運べますか。
式 950÷46＝20あまり30
20＋1＝21　答え 21回

11　（122%に拡大してご使用ください）

P.12

比例（4） 名前　月　日

● 2つの量の変化について，表を完成させて，下の問いに答えましょう。

⑦ 右の図のように四角形を作っていきます。
四角形の数□ことと，ぼうの数○本の関係

四角形の数□（こ）	1	2	3	4	5	6
ぼうの数○（本）	4	7	10	13	16	19

④ 正方形の1辺の長さ□cmと，まわりの長さ○cmの関係

1辺の長さ□（cm）	1	2	3	4	5	6
まわりの長さ○（cm）	4	8	12	16	20	24

⑨ たての長さが5cmの長方形の横の長さ□cmと，面積○cm²の関係

横の長さ□（cm）	1	2	3	4	5	6
面積○（cm²）	5	10	15	20	25	30

① 上の⑦，④，⑨の中で，比例しているのはどれとどれですか。　④　⑨

② ①で，比例しているとした理由を書きましょう。
□が2倍，3倍，…になると，○も2倍，3倍，…になるから。

復習
① 7168÷32 = 224
② 5886÷27 = 218
③ 9024÷24 = 376
④ 1624÷28 = 58

比例（5） 名前　月　日

● 1mの重さが1.2kgのパイプがあります。このパイプの長さ□mは，重さ○kgに比例しています。この関係を下の3つの数直線に表します。
（　）にあてはまる数を書きましょう。

② 1.2　|　3.2（kg）

③ 1.2　|　18（kg）

復習
① 1884÷314 = 6
② 9000÷225 = 40
③ 942÷314 = 3
④ 620÷124 = 5

● ジュースが1Lあります。125mLずつコップに入れます。コップは何個いりますか。
式　1L=1000mL　1000÷125=8
答え　8個

P.13

比例 まとめ 名前　月　日

① 1だんの高さが20cmの階だんがあります。この階だんのだんの数□だんと，全体の高さ○cmの関係を調べましょう。

① 階だんのだんの数□だんと，全体の高さ○cmの関係を表にまとめましょう。

階だんの数□（だん）	1	2	3	4	5	6
全体の高さ○（cm）	20	40	60	80	100	120

② （　）に数字を入れて，だんの数□だんと，全体の高さ○cmの関係を式に表しましょう。
（20）× □ = ○

③ 階だんを28だん上ったときの全体の高さは何cmですか。
式　20×28=560　　答え　560cm

② 次の□と○の関係の表を完成させて，その関係が「比例している」か，「比例していない」か，どちらかに○をつけましょう。

⑦ 1まい50円の画用紙を買うときのまい数□まいと，代金○円の関係

まい数□（まい）	1	2	3	4	5	6
代金○（円）	50	100	150	200	250	300

（比例している）・比例していない

④ 正方形の1辺の長さ□cmと，面積○cm²の関係

1辺の長さ□（cm）	1	2	3	4	5	6
面積○（cm²）	1	4	9	16	25	36

比例している・（比例していない）

⑨ 1mの重さが30gのはり金の長さ□mと，重さ○gの関係

長さ□（m）	1	2	3	4	5	6
重さ○（g）	30	60	90	120	150	180

（比例している）・比例していない

小数のかけ算（1） 名前　月　日

1mのねだんが60円のリボンがあります。このリボンを4.2m買いました。代金は何円ですか。

(1) AさんとBさんの2人の考え方で，答えを求めます。（　）にあてはまる数を書きましょう。

【Aさんの考え方】
4.2mは0.1mの（42）こ分です。
① 0.1mのねだんを求めます。　60÷10 =（6）
② 0.1mのねだんから4.2mの代金を求めます。
（6）× 42 =（252）

【Bさんの考え方】
4.2mの10倍のねだんを求めてから，10分の1にします。
① 10倍にした42mの代金を求めます。　60×42 =（2520）
② 10分の1にして4.2mの代金を求めます。
（2520）÷10 =（252）

(2) 小数を使った式と答えを書きましょう。
式　60×4.2=252　　　252円

復習
① 3.4×4 = 13.6
② 5.3×21 = 111.3
③ 2.17×8 = 17.36
④ 0.96×23 = 22.08

● 1mの重さが2.41kgのパイプがあります。このパイプ6mの重さは何kgですか。
式　2.41×6=14.46　　答え　14.46kg

P.14

小数のかけ算（2） 名前　月　日

● 小数をかける計算を，かけ算の性質を使って整数にして計算します。（　）にあてはまる数を書きましょう。

① 40 × 1.2 =（48）
　40 ×（12）=（480）　÷10

② 2.4 × 1.6 =（3.84）
　24 × 16 =（384）　÷100

③ 3.56 × 7.2 = 25.632
　356 × 72 = 25632　÷1000

④ 6.4 × 1.83 = 11.712
　64 × 183 = 11712　÷1000

復習
① $\frac{5}{8} + \frac{1}{8}$　$\frac{6}{8}$
② $\frac{7}{4} + \frac{3}{4}$　$2\frac{2}{4}\left(\frac{10}{4}\right)$
③ $\frac{5}{3} + \frac{1}{3}$　2
④ $1\frac{2}{7} + 1\frac{3}{7}$　$2\frac{5}{7}\left(\frac{19}{7}\right)$

● こう茶 $2\frac{3}{5}$ dLに，はちみつ $\frac{1}{5}$ dLを入れて，はちみつこう茶を作りました。はちみつこう茶は何dLできましたか。
式　$2\frac{3}{5} + \frac{1}{5} = 2\frac{4}{5}\left(\frac{14}{5}\right)$　　答え　$2\frac{4}{5}\left(\frac{14}{5}\right)$ dL

小数のかけ算（3） 名前　月　日

① 小数をかける筆算のしかたを考えます。右の（　）にあてはまる数を書きましょう。

$$\begin{array}{r} 3.2 \\ \times\, 2.4 \\ \hline 128 \\ 64 \\ \hline 7.68 \end{array} \xrightarrow{\times(10)} \begin{array}{r} 32 \\ \times\, 24 \\ \hline 128 \\ 64 \\ \hline 768 \end{array}$$
$\xrightarrow{\times(10)}$ ↑ ÷(100)

② 筆算でしましょう。
① 2.6 × 1.2 = 3.12
② 6.3 × 2.7 = 17.01
③ 3.7 × 4.9 = 18.13
④ 7.3 × 3.6 = 26.28
⑤ 49 × 3.5 = 171.5
⑥ 37 × 6.4 = 236.8
⑦ 40 × 2.9 = 116.0
⑧ 80 × 4.5 = 360.0

復習
① $2\frac{3}{9} + 1\frac{4}{9}$　$4\frac{2}{9}\left(\frac{22}{9}\right)$
② $2\frac{4}{7} + 3\frac{3}{7}$　6
③ $3\frac{5}{9} + \frac{8}{9}$　$4\frac{4}{9}\left(\frac{40}{9}\right)$
④ $4 + 1\frac{3}{5}$　$5\frac{3}{5}\left(\frac{28}{5}\right)$

● 長さが $5\frac{2}{3}$ mのロープと，$4\frac{1}{3}$ mのロープをつなぎます。ロープは何mになりますか。
式　$5\frac{2}{3} + 4\frac{1}{3} = 10$　　答え　10m

P.15

小数のかけ算（4） 名前　月　日

① 筆算でしましょう。
① 3.56 × 4.3 = 15.308
② 4.92 × 5.8 = 28.536
③ 7.83 × 6.7 = 52.461
④ 5.06 × 7.5 = 37.950
⑤ 0.87 × 2.4 = 2.088
⑥ 0.28 × 3.7 = 1.036
⑦ 0.19 × 1.3 = 0.247
⑧ 0.8 × 3.7 = 2.96

② 74 × 37 = 2738 をもとにして，次の積を求めましょう。
① 7.4 × 3.7 = 27.38
② 74 × 3.7 = 273.8
③ 0.74 × 3.7 = 2.738

復習
① $\frac{13}{11} - \frac{5}{11}$　$\frac{8}{11}$
② $\frac{15}{7} - \frac{9}{7}$　$\frac{6}{7}$
③ $3\frac{3}{4} - 1\frac{1}{4}$　$2\frac{2}{4}\left(\frac{10}{4}\right)$
④ $1\frac{1}{2} - \frac{1}{2}$　1

● 水が $4\frac{5}{7}$ Lあります。$2\frac{2}{7}$ L使うと，残りは何Lになりますか。
式　$4\frac{5}{7} - 2\frac{2}{7} = 2\frac{3}{7}\left(\frac{17}{7}\right)$　　答え　$2\frac{3}{7}\left(\frac{17}{7}\right)$ L

小数のかけ算（5） 名前　月　日

① 1mの重さが4kgのパイプがあります。このパイプが次の長さのときは，何kgですか。

① 1.2mのとき
式　4×1.2=4.8　　答え　4.8kg

② 0.8mのとき
式　4×0.8=3.2　　答え　3.2kg

③ 0.5mのとき
式　4×0.5=2.0　　答え　2kg

1よりも小さい数をかけると「積くかけられる数」になるよ。

② 積が8.5よりも小さくなるのはどれですか。□に記号を書きましょう。
⑦ 8.5 × 0.9
④ 8.5 × 1.1
⑨ 8.5 × 1.5
⑤ 8.5 × 0.72
　⑦　⑤

復習
① $2\frac{1}{5} - 1\frac{4}{5}$　$\frac{2}{5}$
② $1\frac{1}{3} - \frac{2}{3}$　$\frac{2}{3}$
③ $2 - \frac{3}{4}$　$1\frac{1}{4}\left(\frac{5}{4}\right)$
④ $4\frac{5}{6} - 3\frac{1}{6}$　$1\frac{5}{6}\left(\frac{11}{6}\right)$

● リボンが4mありました。$1\frac{2}{3}$ m使いました。残りは何mですか。
式　$4 - 1\frac{2}{3} = 2\frac{1}{3}\left(\frac{7}{3}\right)$　　答え　$2\frac{1}{3}\left(\frac{7}{3}\right)$ m

P.16

 **小数のかけ算（6）** 名前

① 筆算でしましょう。

① 47.8 × 0.3　② 0.4 × 0.5　③ 2.97 × 0.48　④ 0.03 × 4.5

14.34　　0.20　　1.4256　　0.135

⑤ 0.86 × 0.79　⑥ 1.06 × 0.78　⑦ 2.5 × 0.24　⑧ 0.02 × 0.27

0.6794　　0.8268　　0.600　　0.0054

② 79 × 53 = 4187 をもとにして，次の積を求めましょう。
① 7.9 × 53　41.87　② 0.79 × 5.3　4.187
③ 0.79 × 0.53　0.4187

復習
① $\frac{7}{13} + \frac{9}{13}$　$1\frac{3}{13}\left(\frac{16}{13}\right)$　② $\frac{10}{9} + \frac{8}{9}$　2
③ $\frac{7}{5} + \frac{8}{5}$　3　④ $2\frac{3}{8} + 1\frac{5}{8}$　4

● 出発地から $3\frac{1}{5}$ km 歩きました。あと $1\frac{2}{5}$ km で目的地に着きます。
出発地から目的地まで何 km ですか。
式 $3\frac{1}{5} + 1\frac{2}{5} = 4\frac{3}{5}\left(\frac{23}{5}\right)$　答え $4\frac{3}{5}\left(\frac{23}{5}\right)$ km

---

小数のかけ算（7） 名前

① 筆算でしましょう。

① 24 × 4.8　② 86 × 2.5　③ 3.72 × 4.1　④ 2.25 × 0.64

115.2　　215.0　　15.252　　1.4400

⑤ 0.18 × 0.26　⑥ 4.15 × 4.5　⑦ 80 × 0.25　⑧ 5.3 × 4.23

0.0468　　18.675　　20.00　　22.419

② 次の積を比べて，□に不等号を書きましょう。
① 40 × 1.01 ▷ 40 × 0.99　② 2.9 × 0.8 ◁ 2.9 × 1.1
③ 7.7 × 1.8 ▷ 7.7 × 0.9

復習
① $\frac{1}{7} + \frac{6}{7}$　$2\frac{4}{7}\left(\frac{18}{7}\right)$　② $2\frac{5}{8} + 1\frac{3}{8}$　4
③ $\frac{2}{11} + \frac{6}{11}$　1　④ $4 + 1\frac{1}{2}$　$5\frac{1}{2}\left(\frac{11}{2}\right)$

● 家の畑は $4\frac{2}{3}$ m² が花畑で，$5\frac{2}{3}$ m² が野菜畑です。家の畑の面積は何 m² ですか。
式 $4\frac{2}{3} + 5\frac{2}{3} = 10\frac{1}{3}\left(\frac{31}{3}\right)$　答え $10\frac{1}{3}\left(\frac{31}{3}\right)$ m²

16　（122%に拡大してご使用ください）

P.17

 小数のかけ算（8） 名前

① 右の正方形の面積を求めましょう。
式 3.1 × 3.1 = 9.61
答え 9.61 cm²
正方形 3.1cm

② 右の長方形の面積を求めましょう。
答えは m² と cm² の両方で表しましょう。
式 2.8 × 4.6 = 12.88
答え (12.88) m²
(128800) cm²
2.8m　4.6m

③ 右の直方体の体積を求めましょう。
答えは m³ と cm³ の両方で表しましょう。
式 4.5 × 1.2 × 0.9 = 4.86
4.86
4860000
答え 4.86 m³　4860000 cm³
4.5m　0.9m　1.2m

復習
① $\frac{15}{7} - \frac{9}{7}$　$\frac{6}{7}$　② $2\frac{4}{5} - 2\frac{1}{5}$　$\frac{3}{5}$
③ $3\frac{1}{4} - 3\frac{1}{4}$　$1\frac{2}{4}\left(\frac{6}{4}\right)$　④ $2\frac{1}{5} - \frac{4}{5}$　$1\frac{2}{5}\left(\frac{7}{5}\right)$

● 面積が $4\frac{4}{5}$ m² の庭に面積が $3\frac{2}{5}$ m² の花だんを作りました。残りの庭は何 m² ですか。
式 $4\frac{4}{5} - 3\frac{2}{5} = 1\frac{2}{5}\left(\frac{7}{5}\right)$　答え $1\frac{2}{5}\left(\frac{7}{5}\right)$ m²

 小数のかけ算（9） 名前

① かけ算の計算のきまりを使い，□ にあてはまる数を書きましょう。

① 9.7 × 4.6 = 4.6 × 9.7
② (5.3 × 2.4) × 0.4 = 5.3 × (2.4 × 0.4)
③ (8.6 + 7.6) × 0.5 = 8.6 × 0.5 + 7.6 × 0.5
④ 6.4 × 9.1 + 3.6 × 9.1 = (6.4 + 3.6) × 9.1
⑤ (9.6 - 3.8) × 0.4 = 9.6 × 0.4 - 3.8 × 0.4
⑥ 7.2 × 6.9 - 1.2 × 6.9 = (7.2 - 1.2) × 6.9

② 計算のきまりを使って，くふうして計算しましょう。
① 3.8 × 4 × 2.5　3.8 × (4 × 2.5) = 38
② 7.8 × 6.5 + 2.2 × 6.5　(7.8 + 2.2) × 6.5 = 65

復習
① $1\frac{1}{6} - \frac{5}{6}$　$\frac{2}{6}$　② $5 - 2\frac{1}{8}$　$2\frac{7}{8}\left(\frac{23}{8}\right)$
③ $4 - 3\frac{5}{9}$　$\frac{4}{9}$　④ $3\frac{4}{15} - 2$　$1\frac{4}{15}\left(\frac{19}{15}\right)$

● ジュースを $1\frac{2}{7}$ L 買ってきたので，はじめにあったジュースとあわせて 4 L になりました。はじめにジュースは何 L ありましたか。
式 $4 - 1\frac{2}{7} = 2\frac{5}{7}\left(\frac{19}{7}\right)$　答え $2\frac{5}{7}\left(\frac{19}{7}\right)$ L

17　（122%に拡大してご使用ください）

P.18

 小数のかけ算 まとめ① 名前

① 47 × 84 = 3948 をもとにして，次の積を求めましょう。
① 47 × 8.4　394.8
② 4.7 × 8.4　39.48
③ 0.47 × 0.84　0.3948

② 1m のねだんが 200 円のリボンを 3.8m 買うと，何円になりますか。
式 200 × 3.8 = 760　答え 760 円

③ □ にあてはまる数を書きましょう。
① 5.2 × 4 × 2.5 = 5.2 × 10
= 52
② 3.9 × 5.7 + 6.1 × 5.7 = (3.9 + 6.1) × 5.7
= 57

④ 筆算でしましょう。
① 68 × 4.7　② 6.5 × 7.3　③ 7.54 × 5.8　④ 870 × 6.2
319.6　　47.45　　43.732　　5394.0

⑤ 3.02 × 5.9　⑥ 2.7 × 0.3　⑦ 0.32 × 0.46　⑧ 1.25 × 0.6
17.818　　0.81　　0.1472　　0.750

 小数のかけ算 まとめ② 名前

① 次の計算で積が 6.3 より小さくなるのはどれですか。
□ に記号を書きましょう。
⑦ 6.3 × 1.05
⑦ 6.3 × 0.15
⑦ 6.3 × 1.9
⑦ 6.3 × 0.98
　　　　イ　エ

② 右の長方形の面積を求めましょう。
式 2.5 × 4.8 = 12
答え 12 m²
2.5m　4.8m

③ 1m の重さが 6.7kg のパイプがあります。
このパイプ 0.8m の重さは何 kg ですか。
式 6.7 × 0.8 = 5.36
答え 5.36 kg

④ 筆算でしましょう。
① 0.24 × 1.3　② 7.5 × 2.8　③ 5.32 × 7.9　④ 0.6 × 1.5
0.312　　21.00　　42.028　　0.90

⑤ 2.8 × 1.4　⑥ 5.8 × 1.3　⑦ 0.8 × 0.12　⑧ 280 × 0.75
3.92　　7.54　　0.096　　210.00

18　（122%に拡大してご使用ください）

P.19

小数のわり算（1） 名前

リボンを 1.2m 買うと 480 円でした。
このリボン 1m のねだんはいくらですか。　式 480 ÷ 1.2

(1) Aさんと Bさんの 2人の考え方で，答えを求めます。（　）にあてはまる数を書きましょう。

【Aさんの考え方】
「0.1m 分のねだんを求めて，その 10 倍が 1m のねだん」
1.2m は 0.1m の（12）こ分です。
① 0.1m のねだんを求めます。　480 ÷（12）= 40
② 1m のねだんを求めます。　　40 ×（10）=（400）

【Bさんの考え方】
「わり算では，わられる数とわる数に同じ数をかけて計算しても答えは同じ」
① わられる数とわる数を10倍します。　480 ÷ 1.2
1.2 ×（10）=（12）
② ①で10倍した数で計算します。　4800 ÷（12）=（400）

(2) 答えを書きましょう。　　（400円）

復習
① 5.6 ÷ 4　② 56.4 ÷ 6　③ 48.1 ÷ 13　④ 72.28 ÷ 26
1.4　　9.4　　3.7　　2.78

● 9m で 38.7kg のパイプがあります。このパイプ 1m の重さは何 kg ですか。
式 38.7 ÷ 9 = 4.3　答え 4.3 kg

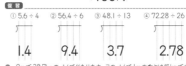 **小数のわり算（2）** 名前

● 「わられる数とわる数に同じ数をかけて計算しても答えは同じ」というわり算の性質を使って計算しましょう。（　）にあてはまる数を書きましょう。

① 6 ÷ 3 = 2　↓×10 ↓×10　60 ÷（30）=（2）　答えは同じ
② 2.4 ÷ 0.4 =（6）　↓×10 ↓×10　24 ÷（4）=（6）　答えは同じ
③ 6.4 ÷ 1.6 =（4）　↓×10 ↓×10　64 ÷（16）=（4）　答えは同じ
④ 9 ÷ 1.5 =（6）　↓×10 ↓×10　（90）÷（15）=（6）　答えは同じ

復習
① 3.6 ÷ 9　② 3.43 ÷ 49　③ 2.1 ÷ 4　④ 4.5 ÷ 18
0.4　　0.07　　0.525　　0.25

● 3.2L のお茶を 5人で等しく分けます。1人分は何 L になりますか。
式 3.2 ÷ 5 = 0.64　答え 0.64 L

19　（122%に拡大してご使用ください）

131

児童に実施させる前に，必ず指導される方が問題を解いてください。本書の解答は，あくまでも1つの例です。指導される方の作られた解答をもとに，本書の解答例を参考に児童の多様な考えに寄り添って○つけをお願いします。

P.20

小数のわり算 (3) 名 前 月 日

① 2632 ÷ 47 = 56 をもとにして，次の商を求めましょう。
① 5.6 4.7)26.32
② 0.56 4.7)2.632
③ 56 0.47)26.32
④ 5.6 0.47)2.632

② 筆算でしましょう。
① 4.32 ÷ 1.8 → 2.4
② 7.92 ÷ 3.6 → 2.2
③ 22.8 ÷ 7.6 → 3
④ 11.28 ÷ 2.4 → 4.7

⑤ 28.26 ÷ 3.14 → 9
⑥ 4.24 ÷ 1.06 → 4
⑦ 5.4 ÷ 0.15 → 36
⑧ 7 ÷ 0.28 → 25

復習

● 商は一の位まで求めて，あまりも出しましょう。
① 37.6 ÷ 7 → 5 あまり 2.6
② 80.2 ÷ 3 → 26 あまり 2.2
③ 42.7 ÷ 14 → 3 あまり 0.7

● 長さ 43.6m のロープを 6m ずつで切ると，6m のロープは何本できて，何 m あまりますか。
43.6 ÷ 6 = 7 あまり 1.6 答え 7本できて，1.6m あまる。

小数のわり算 (4) 名 前 月 日

● 筆算でしましょう。
① 9.18 ÷ 0.06 → 153
② 4.92 ÷ 0.4 → 12.3
③ 5.04 ÷ 0.7 → 7.2
④ 7.02 ÷ 0.9 → 7.8

⑤ 7.54 ÷ 2.9 → 2.6
⑥ 9.03 ÷ 4.3 → 2.1
⑦ 8.36 ÷ 3.8 → 2.2
⑧ 5.32 ÷ 1.4 → 3.8

⑨ 18.4 ÷ 9.2 → 2
⑩ 3.984 ÷ 4.8 → 0.83
⑪ 54.72 ÷ 7.6 → 7.2
⑫ 2.8 ÷ 5.6 → 0.5

復習

● 商は四捨五入して，$\frac{1}{10}$ の位までのがい数で求めましょう。
① 4.73 ÷ 7 → 約 0.7
② 9.5 ÷ 3 → 約 3.2
③ 54.8 ÷ 13 → 約 4.2
④ 63.9 ÷ 18 → 約 3.6

P.21

小数のわり算 (5) 名 前 月 日

● 筆算でしましょう。
① 3.75 ÷ 7.5 → 0.5
② 2.88 ÷ 4.8 → 0.6
③ 5.28 ÷ 6.6 → 0.8
④ 4.32 ÷ 4.8 → 0.9

⑤ 1.2 ÷ 2.4 → 0.5
⑥ 3.45 ÷ 4.6 → 0.75
⑦ 1.8 ÷ 2.5 → 0.72
⑧ 3.06 ÷ 3.6 → 0.85

⑨ 8 ÷ 2.5 → 3.2
⑩ 12 ÷ 1.5 → 8
⑪ 18 ÷ 2.4 → 7.5
⑫ 21 ÷ 2.8 → 7.5

復習

① 4.3 × 7.5 → 32.25
② 2.9 × 8.6 → 24.94
③ 63.7 × 3.4 → 216.58
④ 48.2 × 5.9 → 284.38

小数のわり算 (6) 名 前 月 日

① 筆算でしましょう。
① 18.4 ÷ 0.4 → 46
② 1.5 ÷ 0.6 → 2.5
③ 5.8 ÷ 0.4 → 14.5
④ 2.22 ÷ 0.6 → 3.7

⑤ 1.26 ÷ 0.9 → 1.4
⑥ 8 ÷ 0.5 → 16
⑦ 9 ÷ 0.4 → 22.5
⑧ 6 ÷ 0.24 → 25

② 商が，わられる数の 12 より大きくなるのはどれですか。
□ に記号を書きましょう。
⑦ 12 ÷ 0.3 ⑦ 12 ÷ 3 ⑦ 12 ÷ 1.2 ⑤ 12 ÷ 0.6
ア エ

復習
① 2.31 × 4.2 → 9.702
② 0.98 × 7.5 → 7.350
③ 5.6 × 4.23 → 23.688
④ 4.8 × 1.39 → 6.672

P.22

小数のわり算 (7) 名 前 月 日

① 商がわられる数より大きくなるのはどれですか。
□ に記号を書きましょう。
① ⑦ 8 ÷ 0.5 ⑦ 8 ÷ 2.5 ⑦ 8 ÷ 0.25 ⑤ 8 ÷ 1.25
ア ウ

② ⑦ 2.4 ÷ 1.2 ⑦ 2.4 ÷ 0.8 ⑦ 2.4 ÷ 0.3 ⑤ 2.4 ÷ 3.1
イ ウ

② 下の式の□に⑦～⑤の数をあてはめて計算します。
商が大きくなるものから順番に記号を（　）に書きましょう。
3.6 ÷ □
⑦ 1
⑦ 0.9
⑦ 0.4
⑤ 1.2
（ウ）→（イ）→（ア）→（エ）

復習
① 7.6 × 0.8 → 6.08
② 5.9 × 0.6 → 3.54
③ 65.4 × 0.7 → 45.78
④ 29.3 × 0.8 → 23.44

● かべを 1m² あたり 4.7dL のペンキでぬれます。かべ 0.9m² は，何 dL のペンキでぬれますか。
式 4.7 × 0.9 = 4.23 答え 4.23dL

小数のわり算 (8) 名 前 月 日

● わりきれるまで計算しましょう。
① 1.3 ÷ 0.5 → 2.6
② 15 ÷ 0.4 → 37.5
③ 0.15 ÷ 0.6 → 0.25
④ 0.26 ÷ 0.8 → 0.325

⑤ 1.3 ÷ 0.25 → 5.2
⑥ 1.5 ÷ 1.2 → 1.25
⑦ 0.4 ÷ 1.6 → 0.25
⑧ 5.52 ÷ 1.6 → 3.45

⑨ 6.75 ÷ 1.25 → 5.4
⑩ 7.56 ÷ 3.15 → 2.4
⑪ 13.78 ÷ 4.24 → 3.25
⑫ 5.58 ÷ 2.25 → 2.48

復習
① 0.9 × 0.5 → 0.45
② 1.6 × 0.5 → 0.80
③ 2.56 × 0.8 → 2.048
④ 1.35 × 0.6 → 0.810

P.23

小数のわり算 (9) 名 前 月 日

① 3.9kg のジャムを 0.5kg ずつビンに入れます。
ジャムを入れたビンは何個できますか。また，何 kg あまりますか。
式 3.9 ÷ 0.5 = 7 あまり 0.4
答え 7 個できて，0.4kg あまる。

② 商は一の位まで求め，あまりも出しましょう。
① 3.3 ÷ 0.8 → 4 あまり 0.1
② 7.89 ÷ 0.9 → 8 あまり 0.69
③ 4.9 ÷ 2.4 → 2 あまり 0.1
④ 17.8 ÷ 8.3 → 2 あまり 1.2

⑤ 6.27 ÷ 1.4 → 4 あまり 0.67
⑥ 34 ÷ 3.7 → 9 あまり 0.7
⑦ 3.2 ÷ 0.54 → 5 あまり 0.5
⑧ 6.51 ÷ 0.23 → 28 あまり 0.07

復習
① 0.7 × 2.9 → 2.03
② 0.6 × 8.7 → 5.22
③ 0.8 × 2.76 → 2.208
④ 0.5 × 1.38 → 0.690

小数のわり算 (10) 名 前 月 日

① 2.7m のパイプの重さをはかったら，4.1kg でした。このパイプ 1m の重さは何 kg ですか。四捨五入して，上から 2 けたのがい数で求めましょう。
式 4.1 ÷ 2.7 = 1.51… 答え 約 1.5kg

② 商は四捨五入して，上から 2 けたのがい数で求めましょう。
① 8.4 ÷ 2.6 → 約 3.2
② 4.3 ÷ 0.57 → 約 7.5
③ 8 ÷ 15.6 → 約 0.51

③ 商は四捨五入して，$\frac{1}{10}$ の位までのがい数で求めましょう。
① 5.2 ÷ 0.7 → 約 7.4
② 0.86 ÷ 0.41 → 約 2.1
③ 12 ÷ 3.3 → 約 3.6

復習
① 0.53 × 0.27 → 0.1431
② 0.91 × 0.84 → 0.7644
③ 98 × 0.67 → 65.66
④ 28 × 0.75 → 21.00

132

P.24

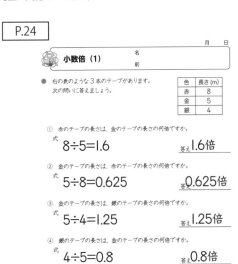

小数倍（1） 名前 月 日

● 右の表のような3本のテープがあります。
次の問いに答えましょう。

色	長さ (m)
赤	8
金	5
銀	4

① 赤のテープの長さは，金のテープの長さの何倍ですか。
式 $8 \div 5 = 1.6$
答え 1.6倍

② 金のテープの長さは，赤のテープの長さの何倍ですか。
式 $5 \div 8 = 0.625$
答え 0.625倍

③ 金のテープの長さは，銀のテープの長さの何倍ですか。
式 $5 \div 4 = 1.25$
答え 1.25倍

④ 銀のテープの長さは，金のテープの長さの何倍ですか。
式 $4 \div 5 = 0.8$
答え 0.8倍

復習
① $7.68 \div 1.6$　② $6.16 \div 2.8$　③ $6.5 \div 1.3$　④ $7.8 \div 2.6$
4.8　　2.2　　5　　3

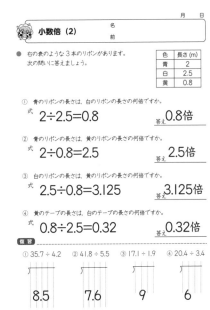

小数倍（2） 名前 月 日

● 右の表のような3本のリボンがあります。
次の問いに答えましょう。

色	長さ (m)
青	2
白	2.5
黄	0.8

① 青のリボンの長さは，白のリボンの長さの何倍ですか。
式 $2 \div 2.5 = 0.8$
答え 0.8倍

② 青のリボンの長さは，黄のリボンの長さの何倍ですか。
式 $2 \div 0.8 = 2.5$
答え 2.5倍

③ 白のリボンの長さは，黄のリボンの長さの何倍ですか。
式 $2.5 \div 0.8 = 3.125$
答え 3.125倍

④ 黄のテープの長さは，白のテープの長さの何倍ですか。
式 $0.8 \div 2.5 = 0.32$
答え 0.32倍

復習
① $35.7 \div 4.2$　② $41.8 \div 5.5$　③ $17.1 \div 1.9$　④ $20.4 \div 3.4$
8.5　　7.6　　9　　6

24　(122%に拡大してご使用ください)

P.25

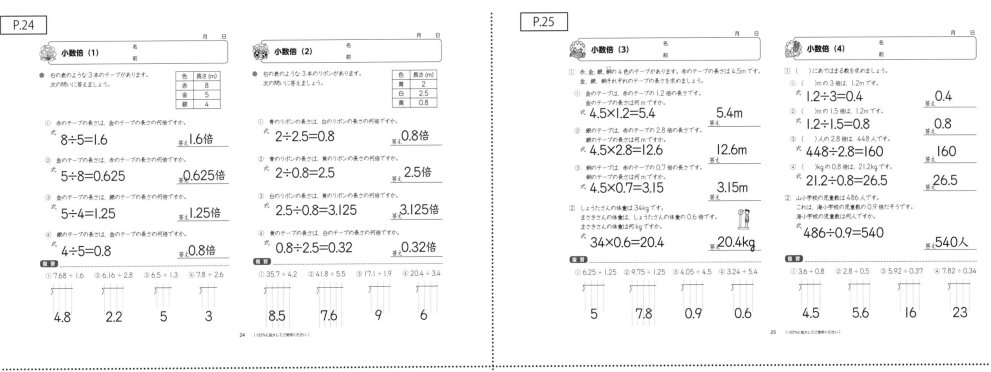

小数倍（3） 名前 月 日

① 赤，金，銀，銅の4色のテープがあります。赤のテープの長さは4.5mです。
金，銀，銅それぞれのテープの長さを求めましょう。

① 金のテープは，赤のテープの1.2倍の長さです。
金のテープの長さは何mですか。
式 $4.5 \times 1.2 = 5.4$
5.4m

② 銀のテープは，赤のテープの2.8倍の長さです。
銀のテープの長さは何mですか。
式 $4.5 \times 2.8 = 12.6$
12.6m

③ 銅のテープは，赤のテープの0.7倍の長さです。
銅のテープの長さは何mですか。
式 $4.5 \times 0.7 = 3.15$
3.15m

② しょうたさんの体重は34kgです。
まさきさんの体重は，しょうたさんの体重の0.6倍です。
まさきさんの体重は何kgですか。
式 $34 \times 0.6 = 20.4$
20.4kg

復習
① $6.25 \div 1.25$　② $9.75 \div 1.25$　③ $4.05 \div 4.5$　④ $3.24 \div 5.4$
5　　7.8　　0.9　　0.6

25　(122%に拡大してご使用ください)

小数倍（4） 名前 月 日

① （　）にあてはまる数を求めましょう。

① （　）の3倍は，1.2mです。
$1.2 \div 3 = 0.4$
答え 0.4

② （　）の1.5倍は，1.2mです。
$1.2 \div 1.5 = 0.8$
答え 0.8

③ （　）人の2.8倍は，448人です。
式 $448 \div 2.8 = 160$
答え 160

④ （　）kgの0.8倍は，21.2kgです。
$21.2 \div 0.8 = 26.5$
答え 26.5

② 山小学校の児童数は486人です。
これは，海小学校の児童数の0.9倍だそうです。
海小学校の児童数は何人ですか。
式
$486 \div 0.9 = 540$
答え 540人

復習
① $3.6 \div 0.8$　② $2.8 \div 0.5$　③ $5.92 \div 0.37$　④ $7.82 \div 0.34$
4.5　　5.6　　16　　23

P.26

小数倍（5） 名前 月 日

① $5.52 \div 1.2$ と答えが同じになる式を選んで，□に記号を書きましょう。

㋐ $55.2 \div 1.2$
㋑ $55.2 \div 12$
㋒ $0.552 \div 1.2$
㋓ $0.552 \div 0.12$
□ ㋑ ㋓

② 2.6mの重さが11.7kgの金ぞくのパイプがあります。
このパイプ1mの重さは何kgですか。
式 $11.7 \div 2.6 = 4.5$
答え 4.5kg

③ わりきれるまで計算しましょう。
① $19.5 \div 2.6$　② $9 \div 0.4$　③ $7.2 \div 4.5$　④ $3.23 \div 8.5$
7.5　　22.5　　1.6　　0.38
⑤ $6.72 \div 2.8$　⑥ $27.3 \div 3.9$　⑦ $2.1 \div 2.5$　⑧ $1.6 \div 6.4$
2.4　　7　　0.84　　0.25

26　(122%に拡大してご使用ください)

小数倍（6） 名前 月 日

① 商が15.6より大きくなる式を選んで，□に記号を書きましょう。

㋐ $15.6 \div 1.2$
㋑ $15.6 \div 1$
㋒ $15.6 \div 0.8$
㋓ $15.6 \div 0.5$
□ ㋒ ㋓

② 9.5Lのジュースを0.4Lずつペットボトルに入れます。
ペットボトルは何本できて，何Lあまりますか。
式 $9.5 \div 0.4 = 23$ あまり 0.3
答え 23本できて，0.3Lあまる。

③ 商は一の位まで求めて，あまりも出しましょう。
① $7.1 \div 0.8$　② $42.3 \div 1.4$　③ $8.26 \div 2.8$
8あまり0.7　　30あまり0.3　　2あまり2.66

④ 商は四捨五入して，上から2けたのがい数で求めましょう。
① $8.3 \div 1.5$　② $9.04 \div 2.6$　③ $3.52 \div 6.5$
（約5.5）　　（約3.5）　　（約0.54）

26　(122%に拡大してご使用ください)

P.27

小数のかけ算・わり算 名前 月 日

① 1mの重さが2.7kgの鉄のぼうがあります。
この鉄のぼう3.8mの重さは何kgですか。
式 $2.7 \times 3.8 = 10.26$
答え 10.26kg

② 1.5Lの重さが1.2kgの油があります。
① この油1Lの重さは何kgですか。
式 $1.2 \div 1.5 = 0.8$
答え 0.8kg

② この油1kgでは何Lですか。
式 $1.5 \div 1.2 = 1.25$
答え 1.25L

③ （　）にあてはまる数を書きましょう。
① 4.5kgは1.8kgの（2.5）倍です。
② 20.4m²の6.5倍は（132.6）m²です。
③ 7.2Lは（8）Lの0.9倍です。

④ 答えが12より大きくなる式を選んで，□に記号を書きましょう。
㋐ 12×1.1
㋑ 12×0.9
㋒ $12 \div 1.1$
㋓ $12 \div 0.9$
□ ㋐ ㋓

合同な図形（1） 名前 月 日

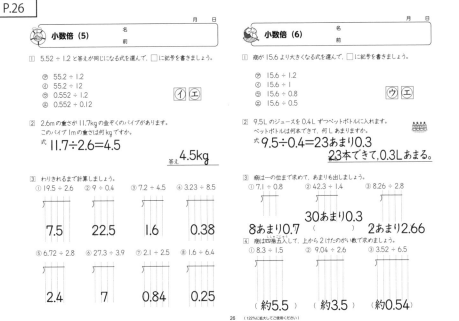
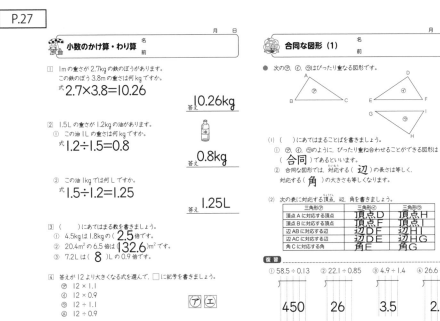

● 次の㋐，㋑，㋒はぴったり重なる図形です。

(1) （　）にあてはまることばを書きましょう。
① ㋐，㋑，㋒のように，ぴったり重ね合わせることができる図形は（合同）であるといいます。
② 合同な図形では，対応する（辺）の長さは等しく，対応する（角）の大きさも等しくなります。

(2) 次の表に対応する頂点，辺，角を書きましょう。

	三角形㋑	三角形㋒
頂点Aに対応する頂点	頂点D	頂点H
頂点Bに対応する頂点	頂点F	頂点I
辺ABに対応する辺	辺DF	辺HI
辺ACに対応する辺	辺DE	辺HG
角Cに対応する角	角E	角G

復習
① $58.5 \div 0.13$　② $22.1 \div 0.85$　③ $4.9 \div 1.4$　④ $26.6 \div 9.5$
450　　26　　3.5　　2.8

27　(122%に拡大してご使用ください)

解答

児童に実施させる前に，必ず指導される方が問題を解いてください。本書の解答は，あくまでも1つの例です。指導される方の作られた解答をもとに，本書の解答例を参考に児童の多様な考えに寄り添って○つけをお願いします。

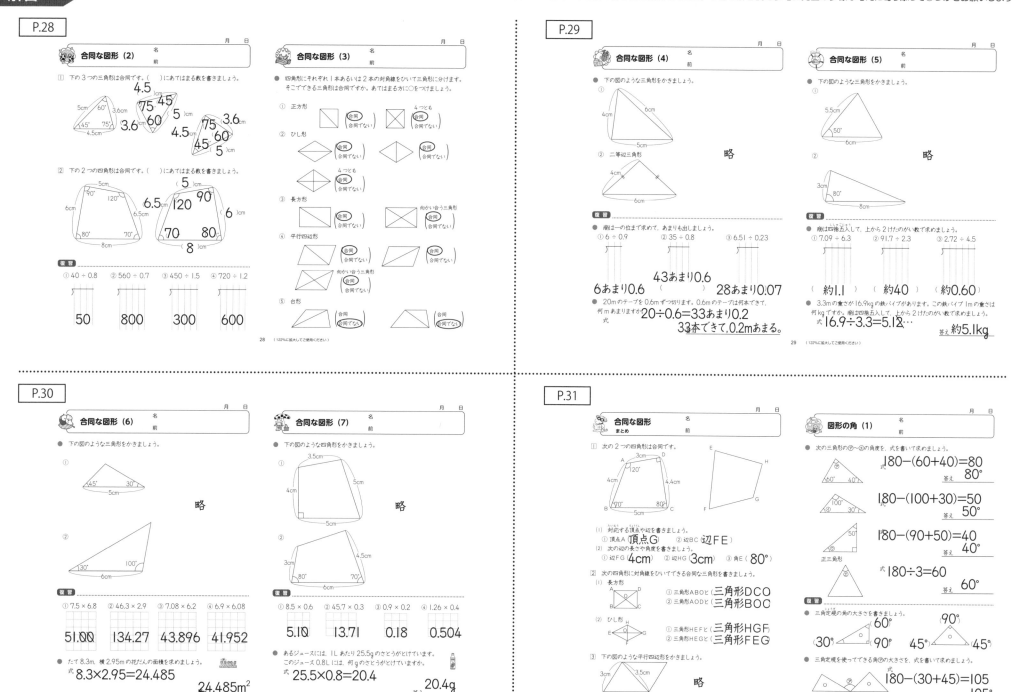

P.28

合同な図形 (2)

① 下の3つの三角形は合同です。( )にあてはまる数を書きましょう。

4.5 cm / 75 / 45 / 60 / 3.6 / 5 / 75 / 3.6 / 45 / 60 / 5

② 下の2つの四角形は合同です。( )にあてはまる数を書きましょう。

5 / 90 / 6.5 / 120 / 70 / 80 / 6 / 8

復習
① 40 ÷ 0.8 → 50
② 560 ÷ 0.7 → 800
③ 450 ÷ 1.5 → 300
④ 720 ÷ 1.2 → 600

合同な図形 (3)

● 四角形にそれぞれ1本あるいは2本の対角線をひいて三角形に分けます。そこでできた三角形は合同ですか。あてはまる方に○をつけましょう。

① 正方形 → 合同 / 4つとも合同
② ひし形 → 合同 / 4つとも合同
③ 長方形 → 合同 / 向かい合う三角形 合同
④ 平行四辺形 → 合同でない / 合同 / 向かい合う三角形 合同
⑤ 台形 → 合同でない / 合同でない

P.29

合同な図形 (4)

● 下の図のような三角形をかきましょう。

① 4cm / 6cm / 5cm
② 二等辺三角形 4cm

略

復習
● 商を一の位まで求めて，あまりも出しましょう。
① 6 ÷ 0.9 → 6あまり0.6
② 35 ÷ 0.8 → 43あまり0.6
③ 6.51 ÷ 0.23 → 28あまり0.07

● 20mのテープを0.6mずつ切ります。0.6mのテープは何本できて，何mあまりますか。
式 20÷0.6=33あまり0.2
33本できて，0.2mあまる。

合同な図形 (5)

● 下の図のような三角形をかきましょう。

① 5.5cm / 50° / 6cm
② 3cm / 80° / 8cm

略

復習
● 商を四捨五入して，上から2けたのがい数で求めましょう。
① 7.09 ÷ 6.3 → 約1.1
② 91.7 ÷ 2.3 → 約40
③ 2.72 ÷ 4.5 → 約0.60

● 3.3mの重さが16.9kgの鉄パイプがあります。この鉄パイプ1mの重さは何kgですか。商は四捨五入して，上から2けたのがい数で求めましょう。
式 16.9÷3.3=5.12…
答え 約5.1kg

P.30

合同な図形 (6)

● 下の図のような三角形をかきましょう。

① 45° / 30° / 5cm
② 130° / 100° / 6cm

略

復習
① 7.5 × 6.8 → 51.00
② 46.3 × 2.9 → 134.27
③ 7.08 × 6.2 → 43.896
④ 6.9 × 6.08 → 41.952

● たて8.3m，横2.95mの花だんの面積を求めましょう。
式 8.3×2.95=24.485
答え 24.485m²

合同な図形 (7)

● 下の図のような四角形をかきましょう。

① 3.5cm / 4cm / 5cm
② 3cm / 4.5cm / 80° / 70° / 6cm

略

復習
① 8.5 × 0.6 → 5.10
② 45.7 × 0.3 → 13.71
③ 0.9 × 0.2 → 0.18
④ 1.26 × 0.4 → 0.504

● あるジュースには，1Lあたり25.5gのさとうがとけています。このジュース0.8Lには，何gのさとうがとけていますか。
式 25.5×0.8=20.4
答え 20.4g

P.31

合同な図形 まとめ

① 次の2つの四角形は合同です。

3cm / 120° / 4cm / 4.4cm / 70° / 80° / 5cm

(1) 対応する頂点や辺を書きましょう。
① 頂点A → 頂点G
② 辺BC → 辺FE
(2) 次の辺の長さや角度を書きましょう。
① 辺FG → 4cm
② 辺HG → 3cm
③ 角E → 80°

② 次の四角形に対角線をひいてできる合同な三角形を書きましょう。
(1) 長方形
① 三角形ABOと → 三角形DCO
② 三角形AODと → 三角形BOC
(2) ひし形
① 三角形HEFと → 三角形HGF
② 三角形HEGと → 三角形FEG

③ 下の図のような平行四辺形をかきましょう。
3cm / 3.5cm / 4cm

略

図形の角 (1)

● 次の三角形の㋐〜㋒の角度を，式を書いて求めましょう。

60° / 40° → 180−(60+40)=80 答え 80°
100° / 30° → 180−(100+30)=50 答え 50°
90° / 50° → 180−(90+50)=40 答え 40°
正三角形 → 180÷3=60 答え 60°

復習
● 三角定規の角の大きさを書きましょう。
60° / 30° / 90° / 90° / 45° / 45°

● 三角定規を使ってできる角㋐の大きさを，式を書いて求めましょう。
式 180−(30+45)=105 答え 105°

134

P.32

図形の角（2）　名前

● 次の三角形の㋐〜㋑の角度を，式を書いて求めましょう。

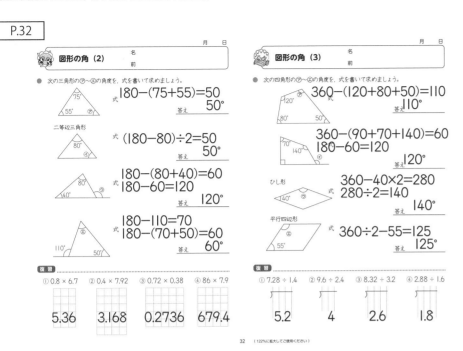

式　180−(75+55)=50
答え　50°

二等辺三角形
式　(180−80)÷2=50
答え　50°

式　180−(80+40)=60
180−60=120
答え　120°

式　180−110=70
180−(70+50)=60
答え　60°

復習
① 0.8 × 6.7　② 0.4 × 7.92　③ 0.72 × 0.38　④ 86 × 7.9

5.36　3.168　0.2736　679.4

図形の角（3）　名前

● 次の四角形の㋐〜㋑の角度を，式を書いて求めましょう。

式　360−(120+80+50)=110
答え　110°

式　360−(90+70+140)=60
180−60=120
答え　120°

ひし形
式　360−40×2=280
280÷2=140
答え　140°

平行四辺形
式　360÷2−55=125
答え　125°

復習
① 7.28 ÷ 1.4　② 9.6 ÷ 2.4　③ 8.32 ÷ 3.2　④ 2.88 ÷ 1.6

5.2　4　2.6　1.8

P.33

図形の角（4）　名前

● 五角形の5つの角の大きさの和を調べます。
次の2つの方法で考えます。（　）にあてはまることばや数を下から選んで書きましょう。（同じ数を何度使ってもよい。）

【考え方1】
右の図のように，五角形の1つの頂点から対角線をひくと，3つの三角形に分けることができます。
三角形の3つの角の大きさの和は(180)°で，五角形は，その3つ分です。
(180)° × 3 = (540)°

【考え方2】
右の図のように，五角形の1つの頂点から1本だけ対角線をひくと，三角形と(四角形)に分けられます。
三角形の3つの角の大きさの和(180)°と四角形の4つの角の大きさの和(360)°を合わせます。
(180)° + (360)° = (540)°

三角形 ・ 四角形 ・ 90 ・ 180 ・ 360 ・ 540

復習
① 9.42 ÷ 3.14　② 1.88 ÷ 4.7　③ 2.6 ÷ 0.4　④ 0.96 ÷ 0.12

3　0.4　6.5　8

図形の角（5）　名前

① 六角形と七角形の角の大きさの和を求めましょう。
1つの頂点から対角線をひき，三角形がいくつできるかで考えます。

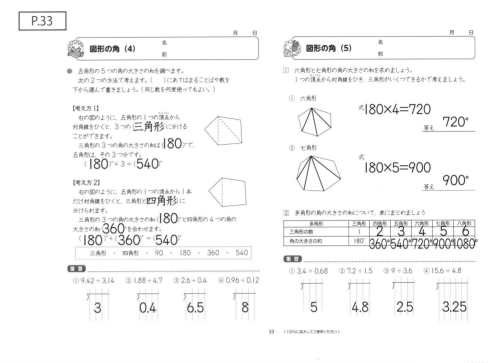

① 六角形
式　180×4=720
答え　720°

② 七角形
式　180×5=900
答え　900°

② 多角形の角の大きさの和について，表にまとめましょう

多角形	三角形	四角形	五角形	六角形	七角形	八角形
三角形の数		1	2	3	4	5	6
角の大きさの和	180°	360°	540°	720°	900°	1080°

復習
① 3.4 ÷ 0.68　② 7.2 ÷ 1.5　③ 9 ÷ 3.6　④ 15.6 ÷ 4.8

5　4.8　2.5　3.25

P.34

図形の角　まとめ　名前

① ㋐〜㋑の角の大きさを，式を書いて求めましょう。

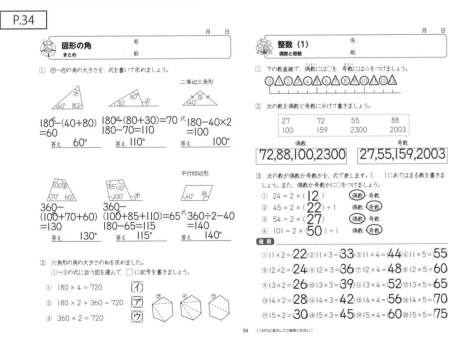

二等辺三角形
式　180−(40+80)=60
答え　60°

式　180−(80+30)=70
180−70=110
答え　110°

式　180−40×2=100
答え　100°

平行四辺形
式　360−(100+70+60)=130
答え　130°

式　360−(100+85+110)=65
180−65=115
答え　115°

式　360÷2−40=140
答え　140°

② 六角形の角の大きさの和を求めました。
①〜③の式に合う図を選んで，□に記号を書きましょう。
① 180 × 4 = 720　【イ】
② 180 × 2 + 360 = 720　【ア】
③ 360 × 2 = 720　【ウ】

整数（1）　偶数と奇数　名前

① 下の数直線で，偶数には○を，奇数には△をつけましょう。

② 次の数を偶数と奇数に分けて書きましょう。

27	72	55	88
100	159	2300	2003

偶数
72,88,100,2300

奇数
27,55,159,2003

③ 次の数が偶数か奇数か，式で表します。（　）にあてはまる数を書きましょう。また，偶数か奇数かに○をつけましょう。
① 24 = 2 ×（12）　（偶数）・奇数
② 45 = 2 ×（22）+ 1　偶数・（奇数）
③ 54 = 2 ×（27）　（偶数）・奇数
④ 101 = 2 ×（50）+ 1　偶数・（奇数）

復習
① 11 × 2 = 22　② 11 × 3 = 33　③ 11 × 4 = 44　④ 11 × 5 = 55
⑤ 12 × 2 = 24　⑥ 12 × 3 = 36　⑦ 12 × 4 = 48　⑧ 12 × 5 = 60
⑨ 13 × 2 = 26　⑩ 13 × 3 = 39　⑪ 13 × 4 = 52　⑫ 13 × 5 = 65
⑬ 14 × 2 = 28　⑭ 14 × 3 = 42　⑮ 14 × 4 = 56　⑯ 14 × 5 = 70
⑰ 15 × 2 = 30　⑱ 15 × 3 = 45　⑲ 15 × 4 = 60　⑳ 15 × 5 = 75

P.35

整数（2）　倍数　名前

● 次の数の倍数を小さい方から順に5つ書きましょう。

① 5の倍数　5　10　15　20　25
② 8の倍数　8　16　24　32　40
③ 9の倍数　9　18　27　36　45
④ 12の倍数　12　24　36　48　60
⑤ 16の倍数　16　32　48　64　80
⑥ 18の倍数　18　36　54　72　90
⑦ 20の倍数　20　40　60　80　100
⑧ 24の倍数　24　48　72　96　120

復習
● 次の数が答えになる整数のかけ算を書きましょう。
① 6　（1×6）（6×1）（2×3）（3×2）
② 8　（1×8）（8×1）（2×4）（4×2）
③ 12　（1×12）（12×1）（2×6）（6×2）
　　　（3×4）（4×3）
④ 18　（1×18）（18×1）（2×9）（9×2）
　　　（3×6）（6×3）　　　（順不同）

整数（3）　公倍数　名前

① 3と4の公倍数を調べましょう。
① 次の数直線の3と4の倍数にそれぞれ○をつけましょう。
3の倍数
4の倍数

② 3と4の公倍数を小さい方から3つ書きましょう。
（12）（24）（36）

③ 3と4の最小公倍数を書きましょう。
（12）

② 3と5の公倍数を調べましょう。
① 3と5の倍数をそれぞれ小さい方から5つずつ書きましょう。
3の倍数　（3）（6）（9）（12）（15）
5の倍数　（5）（10）（15）（20）（25）

② 3と5の公倍数を小さい方から3つ書きましょう。
（15）（30）（45）

③ 3と5の最小公倍数を書きましょう。
（15）

復習
● 商は一の位まで求めて，あまりも出しましょう。
① 3.9 ÷ 1.2　② 40 ÷ 0.9　③ 26.2 ÷ 2.9

3あまり0.3　44あまり0.4　9あまり0.1

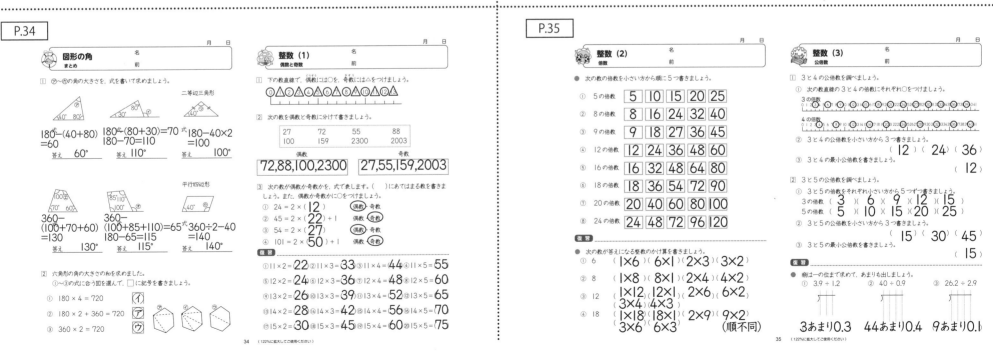

P.36

整数 (4)　公倍数　名前

① 次の2つの数の公倍数を小さい方から順に3つ書きましょう。
　また，最小公倍数に○をつけましょう。
① (2, 5) ⑩, 20, 30
② (3, 9) ⑨, 18, 27
③ (4, 6) ⑫, 24, 36
④ (3, 7) ㉑, 42, 63
⑤ (6, 9) ⑱, 36, 54
⑥ (8, 12) ㉔, 48, 72
⑦ (15, 10) ㉚, 60, 90
⑧ (12, 18) ㊱, 72, 108

② たて3cm，横4cmの長方形の紙をしきつめて正方形を作ります。
できる正方形で，いちばん小さい正方形の1辺の長さは何cmですか。
(12)cm

復習
● 商は四捨五入して，上から2けたのがい数で求めましょう。
① 7.9 ÷ 2.6　② 37.2 ÷ 1.7　③ 34.4 ÷ 7.8
約3.0　　約22　　約4.4

● 9.6mは2.1mの約何倍ですか。上から2けたのがい数で求めましょう。
式 9.6÷2.1=4.57…　答 約4.6倍

整数 (5)　公倍数　名前

① 4と6と8の公倍数を調べましょう。
① 4と6と8の倍数をそれぞれ小さい順に6つずつ書きましょう。
4の倍数 (4, 8, 12, 16, 20, 24)
6の倍数 (6, 12, 18, 24, 30, 36)
8の倍数 (8, 16, 24, 32, 40, 48)
② 4と6と8の最小公倍数を書きましょう。
(24)

② 次の3つの数の最小公倍数を書きましょう。
① (2, 3, 4) (12)
② (3, 4, 5) (60)
③ ( ) (36)

③ 高さが4cm，5cm，8cmの箱をそれぞれ重ねて積んでいきます。
最初に3つの箱の高さが等しくなるのは，何cmのときですか。
(40)cm

復習
● 商は四捨五入して，$\frac{1}{10}$の位までのがい数で求めましょう。
① 7.4 ÷ 2.9　② 5.73 ÷ 5.3　③ 73.1 ÷ 8.3
約2.6　　約1.1　　約8.8

● 40.5kgは6.5kgの約何倍ですか。$\frac{1}{10}$の位までのがい数で求めましょう。
式 40.5÷6.5=6.23…　答 約6.2倍

P.37

整数 (6)　約数　名前

● 次の数の約数を□に書きましょう。

① 8　1 2 4 8

ペアでさがしていくとわかりやすいね。

② 12　1 2 3 4 6 12

③ 24　1 2 3 4 6 8 12 24

④ 25　1 5 25

⑤ 36　1 2 3 4 6 9 12 18 36

⑥ 42　1 2 3 6 7 14 21 42

復習
① $\frac{5}{9} + \frac{2}{9}$　$\frac{7}{9}$
② $\frac{7}{4} + \frac{1}{4}$　2
③ $\frac{11}{8} + \frac{3}{8}$　$1\frac{6}{8}(\frac{14}{8})$
④ $2\frac{1}{5} + 1\frac{2}{5}$　$3\frac{3}{5}(\frac{18}{5})$

整数 (7)　公約数　名前

① 12と16の公約数を求めます。
① 12と16の約数をそれぞれすべて書きましょう。
12の約数 (1, 2, 3, 4, 6, 12)
16の約数 (1, 2, 4, 8, 16)
② 12と16の公約数を書きましょう。
(1, 2, 4)
③ 12と16の最大公約数を書きましょう。
(4)

② 次の2つの数の公約数をすべて書きましょう。
また，最大公約数を求めましょう。
① (12, 20) 公約数 (1, 2, 4)
　最大公約数 (4)
② (8, 24) 公約数 (1, 2, 4, 8)
　最大公約数 (8)
③ (24, 36) 公約数 (1, 2, 3, 4, 6, 12)
　最大公約数 (12)
④ (30, 60) 公約数 (1, 2, 3, 5, 6, 10, 15, 30)
　最大公約数 (30)

復習
① $1\frac{5}{6} + \frac{5}{6}$　$2\frac{4}{6}(\frac{16}{6})$
② $4\frac{5}{7} + 1\frac{3}{7}$　$6\frac{1}{7}(\frac{43}{7})$
③ $3\frac{10}{11} + \frac{4}{11}$　$4\frac{3}{11}(\frac{47}{11})$
④ $5 + 2\frac{1}{3}$　$7\frac{1}{3}(\frac{22}{3})$

● $5\frac{2}{3}$mと$4\frac{1}{3}$mのテープをあわせると，何mになりますか。
式 $5\frac{2}{3} + 4\frac{1}{3}$ =10　答え 10m

P.38

整数 (8)　公約数　名前

① 次の2つの数の公約数をすべて書きましょう。
また，最大公約数を求めましょう。
① (28, 8) 公約数 (1, 2, 4)
　最大公約数 (4)
② (18, 30) 公約数 (1, 2, 3, 6)
　最大公約数 (6)
③ (16, 40) 公約数 (1, 2, 4, 8)
　最大公約数 (8)
④ (28, 42) 公約数 (1, 2, 7, 14)
　最大公約数 (14)

② たて24cm，横36cmの長方形の画用紙があります。
この画用紙からあまりが出ないように，合同な正方形を切り取ります。
（正方形の1辺の長さは整数とします。）
① 1辺が何cmの正方形を切り取ることができますか。
すべての場合を書きましょう。
(1cm, 2cm, 3cm, 4cm, 6cm, 12cm)
② いちばん大きな正方形の1辺の長さは何cmですか。
(12cm)
③ ②の長さで正方形を切り取ると，正方形は何まいできますか。
(6まい)

復習
① $\frac{15}{14} - \frac{9}{14}$　$\frac{6}{14}$
② $1\frac{3}{7} - \frac{9}{7}$　$\frac{4}{7}$
③ $4\frac{5}{9} - 2\frac{1}{9}$　$2\frac{4}{9}(\frac{22}{9})$
④ $3\frac{7}{10} - \frac{1}{10}$　$3\frac{6}{10}(\frac{36}{10})$

整数 (9)　公約数　名前

① 次の3つの数の約数をすべて書きましょう。
また，3つの数の最大公約数を求めましょう。
① 4と6と8
4の約数 (1, 2, 4)
6の約数 (1, 2, 3, 6)
8の約数 (1, 2, 4, 8)
最大公約数 (2)
② 10と15と20
10の約数 (1, 2, 5, 10)
15の約数 (1, 3, 5, 15)
20の約数 (1, 2, 4, 5, 10, 20)
最大公約数 (5)

② りんごパイが8個，ゼリーが12個，チョコレートが20個あります。
あまりが出ないように，同じ数ずつ配ります。配ることができる，いちばん多い人数は何人ですか。また，そのとき，りんごパイ，ゼリー，チョコレートはそれぞれ何個ずつ配れますか。
いちばん多い人数 (4)人
りんごパイ (2)個　クッキー (3)個　チョコレート (5)個

復習
① $3\frac{1}{6} - 1\frac{5}{6}$　$1\frac{2}{6}(\frac{8}{6})$
② $1\frac{1}{4} - \frac{3}{4}$　$\frac{2}{4}$
③ $4 - 2\frac{1}{3}$　$1\frac{2}{3}(\frac{5}{3})$
④ $5\frac{3}{4} - 2$　$3\frac{3}{4}(\frac{15}{4})$

P.39

整数　まとめ　名前

① 次の数を偶数と奇数に分けて書きましょう。

| 0　22　33 |
| 101　110　285 |

偶数：0, 22, 110
奇数：33, 101, 285

② 次の( )の中の数の最小公倍数を書きましょう。
① (3, 5) (15)
② (6, 8) (24)
③ (7, 3) (21)
④ (2, 3, 5) (30)
⑤ (6, 8, 12) (24)

③ 次の2つの数の公約数をすべて書きましょう。
また，最大公約数を求めましょう。
① 9と36
公約数 (1, 3, 9)
最大公約数 (9)
② 32と56
公約数 (1, 2, 4, 8)
最大公約数 (8)

④ ある駅を上り電車は20分おきに，下り電車は16分おきに出発します。
午後2時に上り電車と下り電車が同時に出発しました。次に同時に出発するのは，何時何分ですか。
(午後3時20分)

分数と小数，整数の関係 (1)　名前

① わり算の商を分数で表しましょう。
① 2 ÷ 5 ($\frac{2}{5}$)
② 5 ÷ 8 ($\frac{5}{8}$)
③ 9 ÷ 4 ($\frac{9}{4}$)
④ 7 ÷ 6 ($\frac{7}{6}$)
⑤ 8 ÷ 11 ($\frac{8}{11}$)
⑥ 16 ÷ 13 ($\frac{16}{13}$)

② □にあてはまる数を書きましょう。
① $\frac{3}{7} = 3 ÷$ 7
② $\frac{5}{6} =$ 5 ÷ 6
③ $\frac{7}{2} =$ 7 ÷ 2
④ $\frac{6}{11} =$ 6 ÷ 11

③ 5mのロープを3等分しました。1つ分の長さは何mですか。
答えは分数で表しましょう。
式 $5÷3=\frac{5}{3}$　答え $\frac{5}{3}$m

復習
● わりきれるまで計算しましょう。
① 4 ÷ 16　② 47.7 ÷ 18　③ 8.4 ÷ 48　④ 75.6 ÷ 225
0.25　　2.65　　0.175　　0.336

P.40

分数と小数，整数の関係（2）

● 右の表のような長さのテープがあります。テープの長さを比べて，分数で表しましょう。

色	長さ(m)
赤	3
金	5
銀	7

① 赤のテープの長さをもとにすると，金のテープの長さは何倍ですか。
式 $5 \div 3 = \frac{5}{3}$　答え $\frac{5}{3}$ 倍

② 銀のテープの長さは，赤のテープの長さの何倍ですか。
式 $7 \div 3 = \frac{7}{3}$　答え $\frac{7}{3}$ 倍

③ 銀のテープの長さは，金のテープの長さの何倍ですか。
式 $7 \div 5 = \frac{7}{5}$　答え $\frac{7}{5}$ 倍

④ 赤のテープの長さは，金のテープの長さの何倍ですか。
式 $3 \div 5 = \frac{3}{5}$　答え $\frac{3}{5}$ 倍

⑤ 金のテープの長さは，銀のテープの長さの何倍ですか。
式 $5 \div 7 = \frac{5}{7}$　答え $\frac{5}{7}$ 倍

復習
① $\frac{7}{8} + \frac{3}{8}$　$1\frac{2}{8}(\frac{10}{8})$　② $\frac{3}{5} + \frac{7}{5}$　2
③ $\frac{11}{6} + \frac{7}{6}$　3　④ $1\frac{3}{4} + 2\frac{1}{4}$　4

分数と小数，整数の関係（3）

● 次の分数を整数や小数で表しましょう。わりきれない場合は，$\frac{1}{100}$ の位までのがい数で表しましょう。

① $\frac{2}{5} = 2 \div 5 = 0.4$
② $\frac{1}{4} = 1 \div 4 = 0.25$
③ $\frac{15}{8}$　(1.875)
④ $\frac{18}{6}$　(3)
⑤ $\frac{3}{7}$　約0.43
⑥ $\frac{5}{9}$　約0.56
⑦ $2\frac{1}{2}$　(2.5)
⑧ $1\frac{3}{4}$　(1.75)
⑨ $4\frac{1}{3}$　約4.33
⑩ $3\frac{5}{6}$　約3.83

復習
① $1\frac{3}{5} + \frac{4}{5}$　$2\frac{2}{5}(\frac{12}{5})$　② $1\frac{5}{8} + 3\frac{7}{8}$　$5\frac{4}{8}(\frac{44}{8})$
③ $4\frac{5}{6} + \frac{6}{6}$　$5\frac{3}{6}(\frac{39}{6})$　④ $3\frac{1}{4} + 4$　$7\frac{1}{4}(\frac{29}{4})$

● $2\frac{5}{7}$ L のペンキを使うと，残りは $\frac{4}{7}$ L でした。はじめにペンキは何 L ありましたか。
式 $2\frac{5}{7} + \frac{4}{7} = 3\frac{2}{7}(\frac{23}{7})$　答え $3\frac{2}{7}(\frac{23}{7})$L

P.41

分数と小数，整数の関係（4）

① 次の小数を分数で表しましょう。
① 0.7　$\frac{7}{10}$　② 0.6　$\frac{6}{10}$
③ 1.5　$(\frac{15}{10})$　④ 3.2　$(\frac{32}{10})$
⑤ 0.09　$\frac{9}{100}$　⑥ 0.76　$\frac{76}{100}$
⑦ 1.23　$(\frac{123}{100})$　⑧ 1.45　$(\frac{145}{100})$
⑨ 0.25　$\frac{25}{100}$　⑩ 0.125　$\frac{125}{1000}$

② 次の整数を分数で表しましょう。
① 3　$(\frac{3}{1})$(例)　② 8　$(\frac{8}{1})$
③ 16　$(\frac{16}{1})$　④ 37　$(\frac{37}{1})$

復習
① $\frac{9}{7} - \frac{2}{7}$　1　② $\frac{15}{8} - \frac{9}{8}$　$\frac{6}{8}$
③ $4\frac{5}{6} - 1\frac{1}{6}$　$3\frac{4}{6}(\frac{22}{6})$　④ $1\frac{3}{8} - \frac{5}{8}$　$\frac{6}{8}$

● テープが10mありました。$4\frac{1}{8}$ m 使いました。何 m 残っていますか。
式 $10 - 4\frac{1}{8} = 5\frac{7}{8}(\frac{47}{8})$　答え $5\frac{7}{8}(\frac{47}{8})$m

分数と小数，整数の関係（5）

① どちらが大きいですか。□に不等号を書きましょう。
① $\frac{2}{5}$ > 0.3　② $\frac{3}{4}$ > 0.7
③ 0.35 < $\frac{3}{8}$　④ 0.9 > $\frac{9}{11}$
⑤ $\frac{11}{8}$ < 1.4　⑥ $1\frac{2}{9}$ < 1.3

② 次の分数を数直線に↑で書き入れましょう。
$\frac{2}{5}$　$\frac{3}{4}$　$\frac{6}{5}$　$\frac{7}{4}$　$1\frac{1}{2}$

③ 次の分数と小数を小さい順に書きましょう。
1.3　$\frac{3}{7}$　$\frac{5}{6}$　$\frac{1}{4}$　0.8　$\frac{11}{9}$
$0.4 \to \frac{3}{7} \to 0.8 \to \frac{5}{6} \to \frac{11}{9} \to 1.3$

復習
① $3\frac{2}{7} - 2\frac{5}{7}$　$\frac{4}{7}$　② $3\frac{4}{9} - \frac{8}{9}$　$2\frac{5}{9}(\frac{23}{9})$
③ $3 - \frac{7}{12}$　$2\frac{5}{12}(\frac{29}{12})$　④ $3\frac{5}{11} - 2$　$1\frac{5}{11}(\frac{16}{11})$

P.42

分数と小数，整数の関係　まとめ

① 次のわり算の商を分数で表しましょう。
① $2 \div 7$　$(\frac{2}{7})$　② $4 \div 12$　$(\frac{4}{12})$

② □にあてはまる数を書きましょう。
① $\frac{4}{5} = 4 \div 5$　② $\frac{11}{6} = 11 \div 6$

③ 次の分数を小数や整数で表しましょう。わりきれない場合は四捨五入して，$\frac{1}{100}$ の位までのがい数で表しましょう。
① $\frac{5}{8}$　(0.625)　② $\frac{4}{25}$　(0.16)
③ $\frac{24}{6}$　(4)　④ $\frac{22}{7}$　約3.14

④ 次の小数や整数を分数で表しましょう。
① 0.8　$\frac{8}{10}$　② 2.4　$\frac{24}{10}$
③ 1.05　$\frac{105}{100}$　④ 16　$\frac{16}{1}$

⑤ □にあてはまる不等号を書きましょう。
① $\frac{5}{9}$ > 0.45　② $\frac{5}{12}$ > 0.4
③ 1.4 < $\frac{10}{7}$　④ 2.6 < $\frac{21}{8}$

⑥ ⑦～⑨の数を下の数直線に↑で書き入れましょう。
⑦ 0.15　⑧ $\frac{4}{7}$　⑨ $\frac{5}{4}$

分数（1）

● □にあてはまる数を書きましょう。
① $\frac{2}{3} = \frac{4}{6} = \frac{8}{9}... $
① $\frac{2}{3} = \frac{4}{6} = \frac{8}{9}$...
① $\frac{2}{3} = \frac{4}{6} = \frac{8}{12} = \frac{10}{15}$
② $\frac{3}{4} = \frac{6}{8} = \frac{9}{12} = \frac{12}{16} = \frac{15}{20}$
③ $\frac{5}{6} = \frac{10}{12} = \frac{20}{24} = \frac{30}{36} = \frac{35}{42}$
④ $\frac{8}{9} = \frac{16}{18} = \frac{24}{27} = \frac{48}{54} = \frac{72}{81}$
⑤ $\frac{7}{12} = \frac{14}{24} = \frac{21}{36} = \frac{35}{60} = \frac{70}{120}$
⑥ $\frac{21}{10} = \frac{42}{20} = \frac{63}{30} = \frac{84}{40} = \frac{210}{100}$

復習
① $\frac{4}{7} + \frac{2}{7}$　$\frac{6}{7}$　② $\frac{4}{9} + \frac{5}{9}$　1
③ $\frac{15}{8} + \frac{9}{8}$　3　④ $1\frac{3}{5} + 3\frac{4}{5}$　$5\frac{2}{5}(\frac{27}{5})$

P.43

分数（2）　約分

① □にあてはまる数を書きましょう。
① $\frac{6}{8} = \frac{3}{4}$　② $\frac{6}{9} = \frac{2}{3}$
③ $\frac{18}{24} = \frac{3}{4}$　④ $\frac{10}{25} = \frac{2}{5}$
⑤ $\frac{18}{30} = \frac{9}{15} = \frac{3}{5}$　⑥ $\frac{24}{40} = \frac{6}{10} = \frac{3}{5}$

② 次の分数を約分しましょう。
① $\frac{4}{8}$　$(\frac{1}{2})$　② $\frac{3}{9}$　$(\frac{1}{3})$　③ $\frac{4}{10}$　$(\frac{2}{5})$
④ $\frac{3}{12}$　$(\frac{1}{4})$　⑤ $\frac{12}{15}$　$(\frac{4}{5})$　⑥ $\frac{15}{20}$　$(\frac{3}{4})$
⑦ $\frac{36}{42}$　$(\frac{6}{7})$　⑧ $\frac{80}{100}$　$(\frac{4}{5})$　⑨ $4\frac{16}{20}$　$(4\frac{4}{5})$
⑩ $3\frac{18}{24}$　$(3\frac{3}{4})$　⑪ $1\frac{4}{12}$　$(1\frac{1}{3})$　⑫ $2\frac{21}{28}$　$(2\frac{3}{4})$

復習
① $2\frac{3}{5} + \frac{4}{5}$　$3\frac{2}{5}(\frac{17}{5})$　② $3 + 1\frac{1}{2}$　$4\frac{1}{2}(\frac{9}{2})$
③ $3\frac{5}{7} + 1\frac{6}{7}$　$5\frac{4}{7}(\frac{39}{7})$　④ $2\frac{5}{9} + 3\frac{4}{9}$　6

分数（3）　通分

① 次の分数を通分して大きさを比べて，□に不等号を書きましょう。
① $\frac{2}{3}$ < $\frac{3}{4}$　通分($\frac{8}{12}$, $\frac{9}{12}$)
② $\frac{4}{5}$ < $\frac{5}{6}$　通分($\frac{24}{30}$, $\frac{25}{30}$)

② （ ）の中の分数を通分しましょう。
① $(\frac{3}{4}, \frac{5}{6})$　通分($\frac{9}{12}$, $\frac{10}{12}$)
② $(\frac{2}{3}, \frac{5}{9})$　通分($\frac{6}{9}$, $\frac{5}{9}$)
③ $(\frac{5}{6}, \frac{7}{8})$　通分($\frac{20}{24}$, $\frac{21}{24}$)
④ $(3\frac{3}{8}, 3\frac{5}{12})$　通分($3\frac{9}{24}$, $3\frac{10}{24}$)
⑤ $(\frac{1}{2}, \frac{1}{3}, \frac{2}{5})$　通分($\frac{15}{30}$, $\frac{10}{30}$, $\frac{12}{30}$)
⑥ $(\frac{2}{5}, \frac{3}{8}, \frac{3}{4})$　通分($\frac{16}{40}$, $\frac{15}{40}$, $\frac{30}{40}$)

復習
① $\frac{7}{5} - \frac{2}{5}$　1　② $\frac{13}{7} - \frac{9}{7}$　$\frac{4}{7}$
③ $1\frac{2}{9} - \frac{4}{9}$　$\frac{7}{9}$　④ $3\frac{2}{5} - \frac{4}{5}$　$2\frac{3}{5}(\frac{13}{5})$

P.44

分 数　まとめ

① □にあてはまる数を書きましょう。

① $\dfrac{1}{2} = \dfrac{4}{8} = \dfrac{16}{32}$　② $\dfrac{5}{6} = \dfrac{15}{18} = \dfrac{20}{24}$

③ $\dfrac{2}{3} = \dfrac{8}{12} = \dfrac{12}{18}$　④ $\dfrac{3}{4} = \dfrac{15}{20} = \dfrac{21}{28}$

② 次の分数を約分しましょう。

① $\dfrac{6}{10}\left(\dfrac{3}{5}\right)$　② $\dfrac{4}{9}\left(\dfrac{2}{3}\right)$　③ $\dfrac{4}{6}\left(\dfrac{2}{3}\right)$

④ $\dfrac{25}{30}\left(\dfrac{5}{6}\right)$　⑤ $\dfrac{36}{24}\left(\dfrac{3}{2}\right)$　⑥ $\dfrac{8}{18}\left(\dfrac{4}{9}\right)$

⑦ $4\dfrac{12}{20}\left(4\dfrac{3}{5}\right)$　⑧ $3\dfrac{15}{24}\left(3\dfrac{5}{8}\right)$　⑨ $2\dfrac{11}{22}\left(2\dfrac{1}{2}\right)$

③ 次の分数を通分して大きさを比べて，□に不等号を書きましょう。

① $\dfrac{3}{4} < \dfrac{5}{6}$　通分$\left(\dfrac{9}{12}, \dfrac{10}{12}\right)$

② $\dfrac{2}{3} > \dfrac{3}{5}$　通分$\left(\dfrac{10}{15}, \dfrac{9}{15}\right)$

③ $\dfrac{4}{5} < \dfrac{6}{7}$　通分$\left(\dfrac{28}{35}, \dfrac{30}{35}\right)$

④ $\dfrac{7}{8} > \dfrac{5}{6}$　通分$\left(\dfrac{21}{24}, \dfrac{20}{24}\right)$

⑤ $\dfrac{13}{18} < \dfrac{3}{4}$　通分$\left(\dfrac{26}{36}, \dfrac{27}{36}\right)$

分数のたし算とひき算 (1)　たし算（約分なし）

① 計算をしましょう。

① $\dfrac{1}{4} + \dfrac{3}{8} = \dfrac{5}{8}$　② $\dfrac{1}{3} + \dfrac{3}{5} = \dfrac{14}{15}$

③ $\dfrac{1}{4} + \dfrac{2}{3} = \dfrac{11}{12}$　④ $\dfrac{5}{9} + \dfrac{2}{7} = \dfrac{53}{63}$

⑤ $\dfrac{3}{4} + \dfrac{5}{3} = 2\dfrac{5}{12}\left(\dfrac{29}{12}\right)$　⑥ $\dfrac{13}{10} + \dfrac{5}{4} = 2\dfrac{11}{20}\left(\dfrac{51}{20}\right)$

⑦ $\dfrac{2}{3} + \dfrac{1}{2} = 1\dfrac{1}{6}\left(\dfrac{7}{6}\right)$　⑧ $\dfrac{2}{5} + \dfrac{3}{10} = \dfrac{7}{10}$

⑨ $\dfrac{3}{4} + \dfrac{1}{2} = 1\dfrac{1}{4}\left(\dfrac{5}{4}\right)$　⑩ $\dfrac{5}{6} + \dfrac{3}{4} = 1\dfrac{7}{12}\left(\dfrac{19}{12}\right)$

② 赤いリボンが $\dfrac{1}{2}$ m，青いリボンが $\dfrac{3}{8}$ m あります。リボンはあわせて何 m になりますか。

式　$\dfrac{1}{2} + \dfrac{3}{8} = \dfrac{7}{8}$

答え $\dfrac{7}{8}$ m

復習

① $3\dfrac{2}{5} - \dfrac{3}{5} = 2\dfrac{4}{5}\left(\dfrac{14}{5}\right)$　② $1\dfrac{1}{7} - \dfrac{5}{7} = \dfrac{3}{7}$

③ $3 - 1\dfrac{2}{3} = 1\dfrac{1}{3}\left(\dfrac{4}{3}\right)$　④ $5\dfrac{1}{6} - \dfrac{5}{6} = \dfrac{1}{6}$

P.45

分数のたし算とひき算 (2)　ひき算（約分なし）

① 計算をしましょう。

① $\dfrac{1}{2} - \dfrac{1}{3} = \dfrac{1}{6}$　② $\dfrac{3}{4} - \dfrac{1}{6} = \dfrac{7}{12}$

③ $\dfrac{2}{3} - \dfrac{1}{12} = \dfrac{7}{12}$　④ $\dfrac{2}{5} - \dfrac{1}{6} = \dfrac{7}{30}$

⑤ $\dfrac{7}{6} - \dfrac{3}{4} = \dfrac{5}{12}$　⑥ $\dfrac{9}{4} - \dfrac{7}{5} = \dfrac{17}{20}$

⑦ $\dfrac{7}{3} - \dfrac{3}{2} = \dfrac{5}{6}$　⑧ $\dfrac{6}{7} - \dfrac{2}{3} = \dfrac{4}{21}$

② 牛にゅうが $\dfrac{7}{10}$ L あります。料理に $\dfrac{2}{15}$ L 使うと，残りは何 L になりますか。

式　$\dfrac{7}{10} - \dfrac{2}{15} = \dfrac{17}{30}$

答え $\dfrac{17}{30}$ L

復習

① 4.3×2.7　② 63.8×5.9　③ 4.63×7.3　④ 9.6×81.4

11.61　376.42　33.799　781.44

分数のたし算とひき算 (3)

① 計算をしましょう。

① $\dfrac{1}{20} + \dfrac{1}{5} = \dfrac{1}{4}$　② $\dfrac{2}{3} + \dfrac{2}{15} = \dfrac{4}{5}$

③ $\dfrac{5}{18} + \dfrac{5}{6} = 1\dfrac{1}{9}\left(\dfrac{10}{9}\right)$　④ $\dfrac{3}{4} + \dfrac{5}{12} = 1\dfrac{1}{6}\left(\dfrac{7}{6}\right)$

⑤ $\dfrac{1}{6} + \dfrac{2}{15} = \dfrac{3}{10}$　⑥ $\dfrac{7}{12} - \dfrac{1}{3} = \dfrac{1}{4}$

⑦ $\dfrac{1}{2} - \dfrac{1}{10} = \dfrac{2}{5}$　⑧ $\dfrac{4}{9} - \dfrac{5}{18} = \dfrac{1}{6}$

⑨ $\dfrac{9}{10} - \dfrac{3}{20} = \dfrac{3}{4}$　⑩ $\dfrac{7}{12} - \dfrac{1}{10} = \dfrac{11}{20}$

② トマトが，ふくろに $\dfrac{5}{8}$ kg，かごに $\dfrac{7}{12}$ kg 入っています。

① ふくろとかごのトマトをあわせると，何 kg になりますか。

式　$\dfrac{5}{8} + \dfrac{7}{12} = 1\dfrac{5}{24}\left(\dfrac{29}{24}\right)$

$1\dfrac{5}{24}\left(\dfrac{29}{24}\right)$ kg

② ふくろとかごのトマトの重さのちがいは，何 kg ですか。

式　$\dfrac{5}{8} - \dfrac{7}{12} = \dfrac{1}{24}$

答え $\dfrac{1}{24}$ kg

復習

① 8.2×0.5　② 60.7×0.5　③ 8.5×0.6　④ 2.73×0.8

4.10　30.35　5.10　2.184

P.46

分数のたし算とひき算 (4)　帯分数

① 計算をしましょう。

① $2\dfrac{1}{3} + 1\dfrac{1}{2} = 3\dfrac{5}{6}\left(\dfrac{23}{6}\right)$　② $1\dfrac{1}{6} + 2\dfrac{1}{3} = 3\dfrac{1}{2}\left(\dfrac{7}{2}\right)$

③ $2\dfrac{1}{5} + 2\dfrac{3}{10} = 4\dfrac{7}{15}\left(\dfrac{67}{15}\right)$　④ $1\dfrac{5}{14} + 1\dfrac{1}{2} = 2\dfrac{6}{7}\left(\dfrac{20}{7}\right)$

⑤ $2\dfrac{5}{8} - 1\dfrac{7}{12} = 1\dfrac{1}{24}\left(\dfrac{25}{24}\right)$　⑥ $2\dfrac{7}{10} - 1\dfrac{1}{5} = 1\dfrac{1}{2}\left(\dfrac{3}{2}\right)$

⑦ $3\dfrac{17}{20} - 1\dfrac{1}{4} = 2\dfrac{3}{5}\left(\dfrac{13}{5}\right)$　⑧ $3\dfrac{1}{9} - 1\dfrac{5}{18} = 1\dfrac{5}{6}\left(\dfrac{11}{6}\right)$

② Aの花だんの面積は $2\dfrac{2}{3}$ m²，Bの花だんの面積は $1\dfrac{4}{7}$ m² です。あわせると何 m² になりますか。

式　$2\dfrac{2}{3} + 1\dfrac{4}{7} = 4\dfrac{5}{21}\left(\dfrac{89}{21}\right)$

答え $4\dfrac{5}{21}\left(\dfrac{89}{21}\right)$ m²

復習

① 4.7×6.8　② 73.9×4.8　③ 6.48×7.5　④ 3.7×45.9

31.96　354.72　48.600　169.83

分数のたし算とひき算 (5)　3つの分数・分数と小数のまじった計算

① 計算をしましょう。

① $\dfrac{1}{3} + \dfrac{1}{4} - \dfrac{1}{2} = \dfrac{1}{12}$　② $\dfrac{7}{8} - \dfrac{2}{3} + \dfrac{3}{4} = \dfrac{23}{24}$

③ $1 - \dfrac{1}{9} + \dfrac{1}{3} = 1\dfrac{2}{9}\left(\dfrac{11}{9}\right)$　④ $\dfrac{4}{5} + \dfrac{3}{4} - 1\dfrac{1}{10} = \dfrac{9}{20}$

② 計算をしましょう。

① $\dfrac{1}{4} + 0.6 = \dfrac{17}{20}(0.85)$　② $\dfrac{3}{5} + 0.3 = \dfrac{9}{10}(0.9)$

③ $0.25 + \dfrac{2}{5} = \dfrac{13}{20}(0.65)$　④ $\dfrac{5}{8} - 0.5 = \dfrac{1}{8}(0.125)$

⑤ $\dfrac{2}{3} - 0.6 = \dfrac{1}{15}$　⑥ $1.5 - \dfrac{5}{6} = \dfrac{2}{3}$

③ オレンジジュースが1.6Lあります。パイナップルジュースはオレンジジュースより $\dfrac{3}{5}$ L 少ないです。パイナップルジュースは何 L ありますか。

式　$1.6 - \dfrac{3}{5} = 1$

答え 1 L

復習

① 6.6×0.8　② 31.7×0.7　③ 9.2×0.3　④ 1.25×0.4

5.28　22.19　2.76　0.500

P.47

分数のたし算とひき算 (6)　時間と分数

● 次の□にあてはまる分数を書きましょう。

① 15分 $\dfrac{1}{4}$ 時間　② 10分 $\dfrac{1}{6}$ 時間

③ 20分 $\dfrac{1}{3}$ 時間　④ 40分 $\dfrac{2}{3}$ 時間

⑤ 5分 $\dfrac{1}{12}$ 時間　⑥ 12分 $\dfrac{1}{5}$ 時間

⑦ 80分 $\dfrac{4}{3}\left(1\dfrac{1}{3}\right)$ 時間　⑧ 100分 $\dfrac{5}{3}\left(1\dfrac{2}{3}\right)$ 時間

⑨ 45秒 $\dfrac{3}{4}$ 分　⑩ 30秒 $\dfrac{1}{2}$ 分

⑪ 90秒 $\dfrac{3}{2}\left(1\dfrac{1}{2}\right)$ 分　⑫ 70秒 $\dfrac{7}{6}\left(1\dfrac{1}{6}\right)$ 分

復習

① 200×1.4　② 350×2.8　③ 240×0.6　④ 400×0.28

280.0　980.0　144.0　112.00

分数のたし算とひき算　まとめ

① 計算をしましょう。

① $\dfrac{2}{3} + \dfrac{1}{4} = \dfrac{11}{12}$　② $\dfrac{1}{3} + \dfrac{5}{9} = \dfrac{8}{9}$

③ $\dfrac{4}{21} + \dfrac{3}{7} = \dfrac{13}{21}$　④ $\dfrac{1}{4} + \dfrac{5}{12} = \dfrac{2}{3}$

⑤ $\dfrac{5}{24} + 1\dfrac{3}{8} = 1\dfrac{23}{24}\left(\dfrac{47}{24}\right)$　⑥ $1\dfrac{9}{10} + \dfrac{1}{2} = 2\dfrac{2}{5}\left(\dfrac{12}{5}\right)$

⑦ $\dfrac{4}{7} - \dfrac{3}{14} = \dfrac{5}{14}$　⑧ $\dfrac{4}{5} - \dfrac{1}{3} = \dfrac{2}{5}$

⑨ $2\dfrac{3}{4} - 1\dfrac{1}{12} = 1\dfrac{2}{3}\left(\dfrac{5}{3}\right)$　⑩ $2\dfrac{1}{5} - \dfrac{8}{15} = 1\dfrac{2}{3}\left(\dfrac{5}{3}\right)$

⑪ $\dfrac{1}{2} + \dfrac{4}{5} - \dfrac{1}{3} = \dfrac{19}{30}$　⑫ $\dfrac{5}{12} - \dfrac{2}{3} + \dfrac{3}{4} = 1$

⑬ $1.3 - \dfrac{5}{6} = \dfrac{7}{15}$　⑭ $\dfrac{2}{3} + 0.25 = \dfrac{11}{12}$

② 赤いテープが $\dfrac{1}{2}$ m，白いテープが $\dfrac{2}{3}$ m，黒いテープが $\dfrac{1}{4}$ m あります。テープは全部で何 m ありますか。

式　$\dfrac{1}{2} + \dfrac{2}{3} + \dfrac{1}{4} = 1\dfrac{5}{12}\left(\dfrac{17}{12}\right)$

答え $1\dfrac{5}{12}\left(\dfrac{17}{12}\right)$ m

P.48

平均 (1)　名前

① 右の表は，ふみやさんの4回のボール投げの記録です。平均は何mですか。

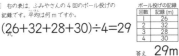

回数	記録(m)
1	26
2	32
3	28
4	30

ボール投げの記録

$(26+32+28+30)÷4=29$

答え　29m

② 5個のオレンジからジュースをしぼりました。その結果は，下のようでした。オレンジ1個から平均何mLのジュースがしぼれたことになりますか。

1個からしぼったジュースの量(mL)				
65	70	68	62	73

$(65+70+68+62+73)÷5=67.6$

答え　67.6mL

③ きゅうりを5本しゅうかくして重さをはかると，下のようでした。1本の平均は何gですか。

きゅうり1本の重さ(g)				
210	208	216	196	205

$(210+208+216+196+205)÷5=207$

答え　207g

復習
① $\frac{3}{4}+\frac{5}{6}$　$1\frac{7}{12}\left(\frac{19}{12}\right)$
② $\frac{2}{3}+\frac{4}{9}$　$1\frac{1}{9}\left(\frac{10}{9}\right)$
③ $\frac{3}{20}+\frac{3}{5}$　$\frac{3}{4}$
④ $\frac{5}{18}+\frac{5}{9}$　$\frac{5}{6}$

48　(122%に拡大してご使用ください)

平均 (2)　名前

① なみさんは，1日平均2.5kmずつ走ることにしました。1か月間(30日間)同じように走るとすると，1か月間では何km走ることになりますか。

式　$2.5×30=75$

答え　75km

② A小屋のたまご1個の重さの平均は55gです。A小屋のたまご120個では，重さは何kgになると考えられますか。

式　$55×120=6600$
$6600g=6.6kg$

答え　6.6kg

③ 下の表は，るいさんの5回の漢字テストの成績です。1回の平均は95点です。5回目の漢字テストは何点でしたか。

式　$95×5=475$
$475-(92+100+94+97)=92$

答え　92点

復習
① $2\frac{1}{2}+1\frac{1}{3}$　$3\frac{5}{6}\left(\frac{23}{6}\right)$
② $1\frac{2}{5}+1\frac{1}{4}$　$2\frac{13}{20}\left(\frac{53}{20}\right)$
③ $1\frac{8}{9}+2\frac{1}{6}$　$4\frac{1}{18}\left(\frac{73}{18}\right)$
④ $2\frac{3}{7}+3\frac{5}{6}$　$6\frac{5}{21}\left(\frac{128}{21}\right)$

● $1\frac{2}{3}$と$2\frac{5}{6}$mのテープをつなぎました。テープは全部で何mになりますか。

式　$1\frac{2}{3}+2\frac{5}{6}=4\frac{1}{2}\left(\frac{9}{2}\right)$

答え　$4\frac{1}{2}\left(\frac{9}{2}\right)$m

P.49

平均 (3)　名前

① 下の表は，たくみさんが1週間に運動場を何周走ったかを記録したものです。1日平均何周走ったことになりますか。

走った周数

曜日	月	火	水	木	金
周数(周)	8	7	0	9	10

$(8+7+0+9+10)÷5=6.8$

答え　6.8周

② さくらさんの家のにわとりが1週間に産んだたまごの個数は，下のようでした。1日平均何個産んだことになりますか。上から2けたのがい数で求めましょう。

産んだたまごの個数

曜日	日	月	火	水	木	金	土
個数(個)	4	2	0	3	0	4	5

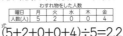

式　$(4+2+0+3+0+4+5)÷7=2.57…$

答え　約2.6個

③ 下の表は，たろうさんのクラスでわすれ物をした人数を調べたものです。1日平均何人がわすれ物をしたことになりますか。

わすれ物をした人数

曜日	月	火	水	木	金
人数(人)	5	2	0	0	4

式　$(5+2+0+0+4)÷5=2.2$

答え　2.2人

復習
① $\frac{2}{5}+\frac{1}{3}-\frac{1}{2}$　$\frac{7}{30}$
② $\frac{3}{4}-\frac{1}{12}-\frac{2}{9}$　$\frac{4}{9}$
③ $\frac{5}{6}-\frac{5}{12}+\frac{1}{4}$　$\frac{2}{3}$

49　(122%に拡大してご使用ください)

平均 (4)　名前

● けんさんは，自分の歩はばを使って，きょりを調べることにしました。

① まず，10歩で歩いた長さを4回はかりました。けんさんが10歩で歩いた長さは，平均何m何cmですか。

10歩で歩いた長さ

回数	1回目	2回目	3回目	4回目
10歩の長さ(m)	6m72cm	6m85cm	6m65cm	6m78cm

式　$(72+85+65+78)÷4=75$

答え　6m75cm

② ①で求めた10歩の平均から，けんさんの歩はばは，平均何cmですか。

式　$6m75cm=675cm$
$675÷10=67.5$

答え　67.5cm

③ けんさんが，運動場のはしからはしまで歩くと，146歩でした。運動場のはしからはしまでは，約何mですか。上から2けたのがい数で表しましょう。(上から2けたのがい数にして，計算しましょう。)

式　$68×150=10200$
$10200cm=102m$

答え　約100m

復習
① $\frac{2}{11}+\frac{1}{3}$　$\frac{28}{33}$
② $\frac{1}{12}+\frac{2}{3}$　$\frac{3}{4}$
③ $1\frac{1}{3}+2\frac{1}{6}$　$3\frac{1}{2}\left(\frac{7}{2}\right)$
④ $3\frac{3}{5}+1\frac{11}{15}$　$5\frac{1}{3}\left(\frac{16}{3}\right)$

P.50

平均　まとめ　名前

① 下の表は，A学級で1週間に借りた本の冊数です。1日平均何冊借りたことになりますか。

A学級で借りた本の冊数

曜日	月	火	水	木	金
本の数(冊)	6	8	10	7	12

$(6+8+10+7+12)÷5=8.6$

答え　8.6冊

② 下の表は，ある学校で1週間の欠席者数をまとめたものです。1日平均何人が欠席したことになりますか。

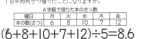

1週間の欠席者数

曜日	月	火	水	木	金
人数(人)	4	0	4	2	3

式　$(4+0+4+2+3)÷5=2.6$

答え　2.6人

③ 夏みかん1個の平均の重さは，325gです。夏みかん40個の重さは，何kgになると考えられますか。

式　$325×40=13000$
$13000g=13kg$

答え　13kg

④ 下の表は，みどりさんの4回までのテストの結果です。5回のテストで平均が90点になるには，5回目のテストは何点をとればよいですか。

4回までのテストの結果

回数	1回目	2回目	3回目	4回目
点数(点)	88	96	92	82

$90×5=450$
$450-(88+96+92+82)=92$

92点

50　(122%に拡大してご使用ください)

単位量あたりの大きさ (1)　名前

● 右の表を見て，こみぐあいを比べましょう。

	面積(m²)	人数(人)
A	4	12
B	5	12
C	5	14

① AとBでは，どちらがこんでいますか。
（　A　）

② BとCでは，どちらがこんでいますか。
（　C　）

③ AとCを比べます。1m²あたりの人数を求めて，どちらがこんでいるかを答えましょう。
A　式　$12÷4=3$　1m²あたり3人
C　式　$14÷5=2.8$　1m²あたり2.8人

答え　A

④ A，B，Cをこんでいる順番に書きましょう。
A → C → B

復習
① $\frac{3}{4}-\frac{1}{6}$　$\frac{7}{12}$
② $\frac{4}{5}-\frac{4}{5}$　$\frac{8}{15}$
③ $\frac{11}{12}-\frac{2}{3}$　$\frac{1}{4}$
④ $\frac{7}{12}-\frac{1}{30}$　$\frac{11}{20}$

● しょうゆが$\frac{9}{10}$ありましたが，料理に$\frac{3}{20}$使いました。しょうゆは，何L残っていますか。

式　$\frac{9}{10}-\frac{3}{20}=\frac{3}{4}$

答え　$\frac{3}{4}$L

P.51

単位量あたりの大きさ (2)　名前

① A電車には，6両に432人乗っています。B電車には，8両に600人乗っています。どちらの方がこんでいますか。

式　A $432÷6=72$
　　B $600÷8=75$

答え　B電車

② 同じノートを，A店では8さつで960円，B店では12さつで1380円で売っています。1さつあたりのねだんは，どちらが高いですか。

式　A $960÷8=120$
　　B $1380÷12=115$

答え　A店

③ 同じ65mLのジュースを，A店では12本入りで300円，B店では15本入りで390円で売っています。1本あたりのねだんはどちらが安いですか。

式　A $300÷12=25$
　　B $390÷15=26$

答え　A店

④ A店でガソリンを入れると，42Lで5670円です。B店で入れると，35Lで4620円です。1Lあたりのねだんはどちらが安いですか。

式　A $5670÷42=135$
　　B $4620÷35=132$

答え　B店

復習
① $4\frac{5}{6}-2\frac{3}{4}$　$2\frac{1}{12}\left(\frac{25}{12}\right)$
② $3\frac{7}{9}-1\frac{5}{12}$　$2\frac{11}{36}\left(\frac{83}{36}\right)$
③ $2\frac{2}{5}-1\frac{8}{15}$　$\frac{13}{15}$
④ $1\frac{7}{8}-\frac{7}{9}$　$\frac{71}{72}$

51　(122%に拡大してご使用ください)

単位量あたりの大きさ (3)　名前

① Aさんの家では，24m²の畑から，36kgのさつまいもがとれました。Bさんの家では，35m²の畑から，49kgのさつまいもがとれました。どちらの畑の方がよくとれたといえますか。

式　A $36÷24=1.5$
　　B $49÷35=1.4$

答え　Aさんの家の畑

② 右の表を見て，CとDのどちらの田の方がお米がよくとれたか，1aあたりのとれ高で比べましょう。

田の面積ととれた米の重さ

	面積(a)	米の重さ(kg)
C	28	980
D	25	900

式　C $980÷28=35$
　　D $900÷25=36$

答え　Dの田

③ 山田市は，面積が70km²で人口43400人です。川田市は，面積が80km²で人口49200人です。どちらの市の方が，人口密度が高いですか。

式　山田 $43400÷70=620$
　　川田 $49200÷80=615$

答え　山田市

④ 南森市は，面積が48km²で人口12720人です。北波市は，面積が53km²で人口14310人です。どちらの方が，人口密度が高いですか。

式　南森 $12720÷48=265$
　　北波 $14310÷53=270$

答え　北波市

復習
① $\frac{1}{2}-\frac{1}{4}-\frac{1}{5}$　$\frac{1}{20}$
② $\frac{3}{4}-\frac{3}{5}-\frac{1}{8}$　$\frac{23}{60}$
③ $\frac{4}{3}-\frac{1}{4}-\frac{5}{6}$　$\frac{1}{4}$

51　(122%に拡大してご使用ください)

児童に実施させる前に，必ず指導される方が問題を解いてください。本書の解答は，あくまでも1つの例です。指導される方の作られた解答をもとに，本書の解答例を参考に児童の多様な考えに寄り添って○つけをお願いします。

P.52

単位量あたりの大きさ（4）

① A自動車は，ガソリン45Lで720km走れます。B自動車は，ガソリン32Lで480km走れます。1Lあたりに走れる道のりが長いのは，どちらですか。

式
A 720÷45=16
B 480÷32=15

答え A自動車

② 5分間で300まい印刷できる印刷機があります。

① 1分間あたり何まい印刷できますか。

300÷5=60

答え 60まい

② 15分間では，何まい印刷できますか。

60×15=900

答え 900まい

③ 2100まい印刷するには，何分かかりますか。

2100÷60=35

答え 35分

復習

① $\frac{3}{5} - \frac{1}{2}$ $\frac{1}{10}$

② $\frac{8}{15} - \frac{1}{3}$ $\frac{1}{5}$

③ $3\frac{11}{15} - 1\frac{1}{3}$ $2\frac{2}{5}(\frac{12}{5})$

④ $1\frac{2}{3} - 1\frac{1}{5}$ $\frac{8}{15}$

単位量あたりの大きさ まとめ

① 急行電車には，6両に570人乗っています。快速電車には，8両に744人乗っています。どちらの方がこんでいますか。

急行 570÷6=95
快速 744÷8=93

答え 急行電車

② A自動車は，ガソリン18Lで270km走れます。B自動車は，ガソリン24Lで384km走れます。1Lあたりに走れる道のりが長いのは，どちらですか。

式
A 270÷18=15
B 384÷24=16

答え B自動車

③ 右の表を見て，南市と北市では，どちらの人口密度が高いですか。

	面積(km²)	人口(人)
南市	53	38160
北市	48	35280

南 38160÷53=720
北 35280÷48=735

答え 北市

④ 東の畑は，80m²で520kgのキャベツがとれました。西の畑は，70m²で448kgのキャベツがとれました。どちらの畑の方がよくとれたといえますか。

式
東 520÷80=6.5
西 448÷70=6.4

答え 東の畑

P.53

速さ（1）　秒速・分速を求める

① Aさんは，10秒で54m走ります。Bさんは，13秒で65m走ります。どちらの方が速いか，秒速で比べましょう。

式
A 54÷10=5.4
B 65÷13=5

答え Aさん

② 右の表は，C，D，Eさんの走ったきょりとかかった時間を表しています。秒速で速さを求め，速い順に記号を書きましょう。

走ったきょりとかかった時間
	きょり(m)	時間(秒)
C	45	8
D	55	10
E	60	12

式
C 45÷8=5.625
D 55÷10=5.5
E 60÷12=5

C → D → E

③ Fさんは，6分間で900m走りました。Gさんは，5分間で850m走りました。どちらの方が速いですか。分速で比べましょう。

式
F 900÷6=150
G 850÷5=170

答え Gさん

復習

① $\frac{2}{5} - \frac{1}{6} + \frac{2}{3}$ $\frac{9}{10}$

② $\frac{1}{4} + \frac{5}{8} - \frac{1}{2}$ $\frac{3}{8}$

③ $\frac{5}{12} + \frac{5}{18} - \frac{5}{36}$ $\frac{5}{9}$

速さ（2）　時速を求める

● ⑦と①は，どちらが速いか時速で比べて，記号で答えましょう。

① ⑦ 3時間で420km走る特急電車
　 ① 2時間で290km走る快速電車

式
⑦ 420÷3=140
① 290÷2=145

答え ①

② ⑦ 3時間で165km走るA自動車
　 ① 4時間で212km走るB自動車

式
⑦ 165÷3=55
① 212÷4=53

答え ⑦

③ ⑦ 5時間で360km走るCバス
　 ① 6時間で450km走るDバス

式
⑦ 360÷5=72
① 450÷6=75

答え ①

復習

① $\frac{5}{7} - 0.4$ $\frac{11}{35}$

② $1.5 + 1\frac{1}{6}$ $\frac{2}{3}(\frac{5}{3})$

③ $\frac{3}{4} - 0.7$ $\frac{1}{20}(0.05)$

④ $\frac{5}{8} + 0.25$ $\frac{7}{8}(0.875)$

P.54

速さ（3）　道のりを求める

① 秒速14mで走る自転車が，40秒間で進む道のりは何mですか。

式
14×40=560

答え 560m

② 時速45kmで走る自動車が，5時間で進む道のりは何kmですか。

式
45×5=225

答え 225km

③ 分速80mで歩く人が，15分間で歩く道のりは何mですか。

式
80×15=1200

答え 1200m

④ 音は，空気中を秒速340mで進みます。5秒間では何m進みますか。

式
340×5=1700

答え 1700m

復習

① $\frac{2}{9} + \frac{1}{12}$ $\frac{11}{36}$

② $\frac{5}{18} + \frac{1}{6}$ $\frac{4}{9}$

③ $1\frac{5}{12} + 1\frac{1}{4}$ $2\frac{2}{3}(\frac{8}{3})$

④ $1\frac{2}{3} + 1\frac{7}{12}$ $3\frac{1}{4}(\frac{13}{4})$

速さ（4）　時間を求める

① 時速45kmで走る自動車が135km走るには，何時間かかりますか。

式
135÷45=3

答え 3時間

② 秒速20mで飛ぶツバメが1km飛ぶには，何秒かかりますか。

式
1km=1000m
1000÷20=50

答え 50秒

③ 分速75mで歩く人が1.8km歩くには，何分かかりますか。

式
1.8km=1800m
1800÷75=24

答え 24分

④ 台風が時速25kmで進んでいます。この台風が，このままの速さで300km進むには，何時間かかりますか。

式
300÷25=12

答え 12時間

復習

① $\frac{3}{4} - \frac{1}{3}$ $\frac{5}{12}$

② $\frac{7}{12} - \frac{1}{3}$ $\frac{1}{4}$

③ $2\frac{3}{4} - 1\frac{1}{12}$ $1\frac{2}{3}(\frac{5}{3})$

④ $1\frac{1}{2} - \frac{2}{3}$ $\frac{5}{6}$

P.55

速さ（5）　秒速・分速・時速

① 時速72kmで走る自動車があります。

① この自動車の分速は何kmですか。

式 72÷60=1.2

答え 分速1.2km

② この自動車の秒速は何mですか。

式
1.2km=1200m
1200÷60=20

答え 秒速20m

② 秒速8mで走る人がいます。

① この人の分速は何mですか。

式 8×60=480

答え 分速480m

② この人の時速は何kmですか。

式
480×60=28800
28800m=28.8km

答え 時速28.8km

③ 分速300mで走る自転車があります。

① この自転車の時速は何kmですか。

式
300×60=18000
18000m=18km

答え 時速18km

② この自転車の秒速は何mですか。

式 300÷60=5

答え 秒速5m

復習

① $\frac{1}{2} - 0.3$ $\frac{1}{5}(0.2)$

② $1.8 - 1\frac{7}{4}$ $\frac{1}{20}(0.05)$

③ $1.5 - 1\frac{1}{6}$ $\frac{1}{3}$

④ $2.8 - 2\frac{1}{7}$ $\frac{23}{35}$

速さ　まとめ

① みくさんは，10秒で62m走りました。けんとさんは，8秒で52m走りました。どちらの方が速いですか。秒速で比べましょう。

式
みく 62÷10=6.2
けんと 52÷8=6.5

答え けんとさん

② A自動車は，360kmを5時間で走りました。B自動車は，300kmを4時間で走りました。どちらが速いですか。時速で比べましょう。

式
A 360÷5=72
B 300÷4=75

答え B自動車

③ ゾウは，分速600mで走ることができます。

① ゾウは15分間で何km走ることができますか。

式
600×15=9000
9000m=9km

答え 9km

② 分速600mのゾウの速さは，時速何kmですか。

式
600×60=36000
36000m=36km

答え 時速36km

④ 自転車が，分速480mで走っています。

① この自転車が12km走るには，何分かかりますか。

式
12km=12000m
12000÷480=25

答え 25分

② 分速480mで走る自転車の秒速を求めましょう。

式 480÷60=8

答え 秒速8m

P.56

四角形と三角形の面積 (1)　名前　月　日

● 下の平行四辺形の面積の求め方を考えましょう。

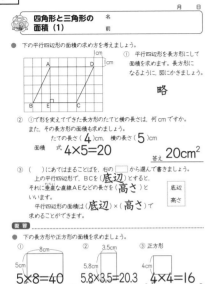

① 平行四辺形を長方形にして面積を求めます。長方形になるように，図にかきましょう。

略

② ①で形を変えてきた長方形のたてと横の長さは，何cmですか。
また，その長方形の面積も求めましょう。
たての長さ（ 4 ）cm，横の長さ（ 5 ）cm
面積　式 $4×5=20$　答え $20cm^2$

③ （　）にあてはまることばを，右の　から選んで書きましょう。
上の平行四辺形で，BCを（底辺）とすると，それに垂直な直線AEなどの長さを（高さ）といいます。
平行四辺形の面積は（底辺）×（高さ）で求めることができます。

底辺
高さ

復習
● 下の長方形や正方形の面積を求めましょう。

① $5×8=40$　答え $40cm^2$
② $5.8×3.5=20.3$　答え $20.3cm^2$
③ 正方形 $4×4=16$　答え $16cm^2$

56　（122%に拡大してご使用ください）

四角形と三角形の面積 (2)　名前　月　日

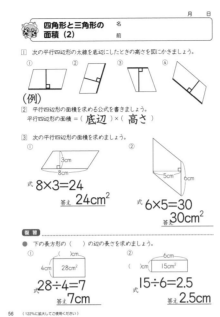

① 次の平行四辺形の太線を底辺にしたときの高さを図にかきましょう。

（例）

② 平行四辺形の面積を求める公式を書きましょう。
平行四辺形の面積 =（底辺）×（高さ）

③ 次の平行四辺形の面積を求めましょう。
① 式 $8×3=24$　答え $24cm^2$
② 式 $6×5=30$　答え $30cm^2$

復習
● 下の長方形の（　）の辺の長さを求めましょう。
① 式 $28÷4=7$　答え $7cm$
② 式 $15÷6=2.5$　答え $2.5cm$

P.57

四角形と三角形の面積 (3)　名前　月　日

● 次の平行四辺形の面積を求めましょう。

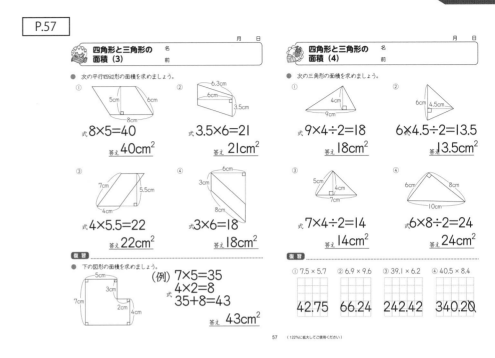

① 式 $8×5=40$　答え $40cm^2$
② 式 $3.5×6=21$　答え $21cm^2$
③ 式 $4×5.5=22$　答え $22cm^2$
④ 式 $3×6=18$　答え $18cm^2$

復習
● 下の図形の面積を求めましょう。
（例） $7×5=35$
$4×2=8$
式 $35+8=43$　答え $43cm^2$

四角形と三角形の面積 (4)　名前　月　日

● 次の三角形の面積を求めましょう。

① 式 $9×4÷2=18$　答え $18cm^2$
② 式 $6×4.5÷2=13.5$　答え $13.5cm^2$
③ 式 $7×4÷2=14$　答え $14cm^2$
④ 式 $6×8÷2=24$　答え $24cm^2$

復習

① 7.5 × 5.7	② 6.9 × 9.6	③ 39.1 × 6.2	④ 40.5 × 8.4
42.75	66.24	242.42	340.20

57　（122%に拡大してご使用ください）

P.58

四角形と三角形の面積 (5)　名前　月　日

● 次の三角形の面積を求めましょう。

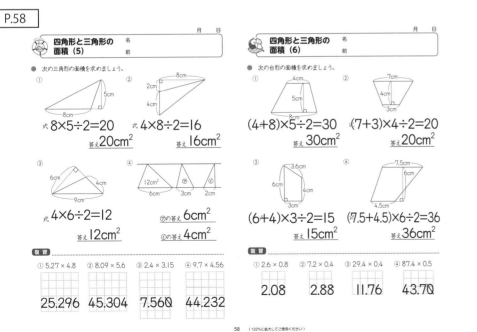

① 式 $8×5÷2=20$　答え $20cm^2$
② 式 $4×8÷2=16$　答え $16cm^2$
③ 式 $4×6÷2=12$　答え $12cm^2$
④ ⑦の答え $6cm^2$　④の答え $4cm^2$

復習

① 5.27 × 4.8	② 8.09 × 5.6	③ 2.4 × 3.15	④ 9.7 × 4.56
25.296	45.304	7.560	44.232

58　（122%に拡大してご使用ください）

四角形と三角形の面積 (6)　名前　月　日

● 次の台形の面積を求めましょう。

① $(4+8)×5÷2=30$　答え $30cm^2$
② $(7+3)×4÷2=20$　答え $20cm^2$
③ $(6+4)×3÷2=15$　答え $15cm^2$
④ $(7.5+4.5)×6÷2=36$　答え $36cm^2$

復習

① 2.6 × 0.8	② 7.2 × 0.4	③ 29.4 × 0.4	④ 87.4 × 0.5
2.08	2.88	11.76	43.70

P.59

四角形と三角形の面積 (7)　名前　月　日

● 次のひし形の面積を求めましょう。

① 式 $4×9÷2=18$　答え $18cm^2$
② 式 $7×5÷2=17.5$　答え $17.5cm^2$
③ $3×2=6$
式 $6×8÷2=24$　答え $24cm^2$
④ $2.5×2=5$
$7.5×2=15$
式 $5×15÷2=37.5$　答え $37.5cm^2$

復習

① 9.6 × 0.9	② 7.2 × 0.8	③ 12.4 × 0.8	④ 49.7 × 0.3
8.64	5.76	9.92	14.91

● 1mが4.2kgのパイプがあります。このパイプ0.6mの重さは何kgですか。
式 $4.2×0.6=2.52$　答え $2.52kg$

四角形と三角形の面積 (8)　名前　月　日

● 次の図形の面積を求めましょう。

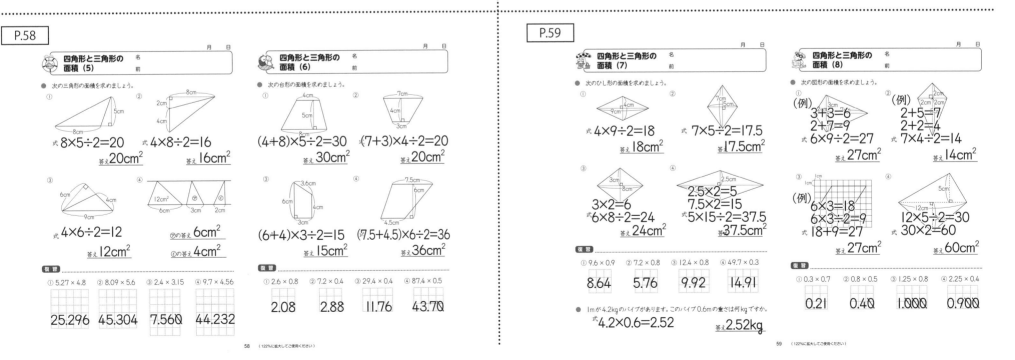

① （例）$3+3=6$
$2+7=9$
式 $6×9÷2=27$　答え $27cm^2$
② （例）$2+5=7$
$2+2=4$
式 $7×4÷2=14$　答え $14cm^2$
③ （例）$6×3=18$
$6×3÷2=9$
式 $18+9=27$　答え $27cm^2$
④ $12×5÷2=30$
式 $30×2=60$　答え $60cm^2$

復習

① 0.3 × 0.7	② 0.8 × 0.5	③ 1.25 × 0.8	④ 2.25 × 0.4
0.21	0.40	1.000	0.900

59　（122%に拡大してご使用ください）

児童に実施させる前に，必ず指導される方が問題を解いてください。本書の解答は，あくまでも1つの例です。指導される方の作られた解答をもとに，本書の解答例を参考に児童の多様な考えに寄り添って○つけをお願いします。

P.60

四角形と三角形の面積（9）

● 下のように，平行四辺形の底辺の長さを変えないで，高さを1cm, 2cm 3cm, … と変えていきます。そのときの面積の変わり方を調べましょう。

① 高さを□cm，面積を○cm²として，平行四辺形の面積を求める式を書きましょう。（ ）にあてはまる数を書きましょう。

（ 2 ）×□＝○

② □（高さ）が 1, 2, 3, … と変化すると，○（面積）はどのように変化しますか。下の表に書きましょう。

高さ□ (cm)	1	2	3	4	5	6
面積○ (cm²)	2	4	6	8	10	12

③ 平行四辺形の面積は，高さに比例していますか。

（ 比例している。 ）

④ 高さが12cmのときの面積は何cm²ですか。
式 2×12＝24
答え 24cm²

⑤ 高さが20cmのときの面積は何cm²ですか。
式 2×20＝40
答え 40cm²

⑥ 高さが20cmのときの平行四辺形の面積は，高さが5cmのときの平行四辺形の面積の何倍ですか。
（ 4 ）倍

四角形と三角形の面積 まとめ①

● 次の図形の面積を求めましょう。

① 平行四辺形
式 5×6＝30
答え 30cm²

② 平行四辺形
式 3×4＝12
答え 12cm²

③
式 6×4÷2＝12
答え 12cm²

④
式 5×4÷2＝10
答え 10cm²

⑤
式 (5+7)×4÷2＝24
答え 24cm²

⑥ ひし形
式 5×10÷2＝25
答え 25cm²

P.61

四角形と三角形の面積 まとめ②

① 次の四角形の面積を求めましょう。

①
式 6×3÷2＝9
6×5÷2＝15
9+15＝24
答え 24cm²

②
（例）
式 (4+8)×5÷2＝30
(4+8)×3÷2＝18
30+18＝48
答え 48m³

② 下の平行四辺形⑦, ⑦, ⑦の面積を求めましょう。
⑦12cm²　⑦8cm²　⑦16cm²

③ 右のように，三角形の底辺の長さを変えないで高さを変えていくときの面積の変わり方をまとめましょう。

① □（高さ）が 1, 2, 3, …と変化すると，○（面積）はどのように変化しますか。下の表に書きましょう。

高さ□ (cm)	1	2	3	4	5	6
面積○ (cm²)	4	8	12	16	20	24

② 三角形の面積は，高さに比例していますか。
（ 比例している。 ）

割合（1）

● 右の表は，サッカーでシュートをした結果の記録です。

	シュートの回数（回）	ゴールの回数（回）
しょうた	12	9
ゆき	15	12
まさき	8	7

① ゴールした回数は，シュートをした回数の何倍になっていますか。

【しょうた】
式 9÷12＝0.75
答え 0.75 倍

【ゆき】
式 12÷15＝0.8
答え 0.8 倍

【まさき】
式 7÷8＝0.875
答え 0.875 倍

② ゴールが決まった割合がよい順番に名前を書きましょう。
まさき→ゆき→しょうた

復習
① 0.6 × 2.5　② 0.23 × 0.84　③ 650 × 1.4　④ 780 × 0.85
1.50　0.1932　910.0　663.00

● 1Lが650円のソースを0.8L 買ったときの代金は何円ですか。
式 650×0.8＝520
答え 520 円

P.62

割合（2）

① 小数や整数で表した割合を，百分率で表しましょう。
① 0.46　46%　② 0.05　5%
③ 0.8　80%　④ 1　100%
⑤ 1.2　120%　⑥ 1.07　107%

② 百分率で表した割合を，整数や小数で表しましょう。
① 72%　0.72　② 8%　0.08
③ 60%　0.6　④ 120%　1.2
⑤ 104%　1.04　⑥ 200%　2

③ 100人のうち25人が犬を飼っています。犬を飼っている人の割合を百分率で表しましょう。
式 25÷100＝0.25
答え 25%

④ 80人のうち56人が野球ファンです。野球ファンの割合を百分率で表しましょう。
式 56÷80＝0.7
答え 70%

復習
① 1.05 ÷ 0.5　② 3.6 ÷ 0.8　③ 9.1 ÷ 2.6　④ 15.6 ÷ 2.4
2.1　4.5　3.5　6.5

割合（3）

① 全部で350mLのジュースがあります。このうち，果じゅうは20%ふくまれています。このジュースに入っている果じゅうは何mLですか。
式 350×0.2＝70
答え 70mL

② 定員140人の電車があります。乗客が定員の75%, 120%のときの，それぞれの人数を求めましょう。
① 75%
式 140×0.75＝105
答え 105 人
② 120%
式 140×1.2＝168
答え 168 人

③ お母さんは，5000円のセーターを，バーゲンセールでもとのねだんの80%で買いました。何円で買いましたか。
式 5000×0.8＝4000
答え 4000 円

復習
① 30.1 ÷ 3.5　② 57.8 ÷ 6.8　③ 43.5 ÷ 8.7　④ 10.8 ÷ 1.8
8.6　8.5　5　6

P.63

割合（4）

① 電車に150人乗っています。これは定員の120%にあたります。この電車の定員は何人ですか。
式 150÷1.2＝125
答え 125 人

② ある店では，あんパンを96円で売っています。これは，いつものねだんの80%にあたります。いつものあんパンのねだんは何円ですか。
式 96÷0.8＝120
答え 120 円

③ あみさんの家の花畑は60m²で，これは畑全体の面積の20%にあたります。あみさんの家の畑全体の面積は何m²ですか。
式 60÷0.2＝300
答え 300m²

復習
① 7.35 ÷ 3.5　② 7.03 ÷ 1.9　③ 2.73 ÷ 3.9　④ 1.89 ÷ 2.7
2.1　3.7　0.7　0.7

● 4.5m²のかべを7.56dLのペンキでぬりました。1m²あたり何dLのペンキでぬったことになりますか。
式 7.56÷4.5＝1.68
答え 1.68dL

割合（5）

① 300円のいちごが，安くなって210円で売っていました。このねだん（210円）は，もとのねだん（300円）の何%ですか。
式 210÷300＝0.7
答え 70%

② けんたさんの家のしき地は88m²で，そのうちの75%の面積に家が建っています。家が建っている土地の面積は何m²ですか。
式 88×0.75＝66
答え 66m²

③ みなみさんは，もとのねだんの70%でくつを買いました。みなみさんがはらった代金は560円でした。もとのねだんは何円ですか。
式 560÷0.7＝800
答え 800 円

復習
① 5.64 ÷ 0.6　② 7.76 ÷ 0.8　③ 2.76 ÷ 0.12　④ 9.62 ÷ 0.37
9.4　9.7　23　26

● 0.6mの重さが25.8gのはり金があります。このはり金1mの重さは何gですか。
式 25.8÷0.6＝43
答え 43g

児童に実施させる前に，必ず指導される方が問題を解いてください。本書の解答は，あくまでも１つの例です。指導される方の作られた解答をもとに，本書の解答例を参考に児童の多様な考えに寄り添って○つけをお願いします。

解答

P.64

割合（6）　名前

① おかしが増量されて 96g 入りで売られています。これは，増量前の量の 120% にあたります。増量前のおかしの量は何 g ですか。

式　96÷1.2＝80

答え　80g

② 定員が 60 人のバスに，定員の 130% の人が乗っています。このバスに乗っている人は何人ですか。

式　60×1.3＝78

答え　78 人

③ 5 年生 25 人のうち，動物を飼っている人は 8 人です。5 年生で動物を飼っている人の割合を百分率で求めましょう。

式　8÷25＝0.32

答え　32%

復習

● わりきれるまで計算しましょう。
① 7 ÷ 0.8　② 1.2 ÷ 1.6　③ 4.65 ÷ 2.5　④ 1.5 ÷ 1.2

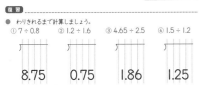

8.75　0.75　1.86　1.25

割合（7）　名前

① さとしさんは，3000 円のくつを，20% 引きのねだんで買いました。代金は何円ですか。

式　3000×(1−0.2)＝2400

答え　2400 円

② 420 円のぶどうが 25% 引きで売られています。このぶどうのねだんは何円ですか。

式　420×(1−0.25)＝315

答え　315 円

③ 360mL のジュースが 15% 増量して売られています。増量後のジュースは何 mL ですか。

式　360×(1+0.15)＝414

答え　414mL

復習

① 36 ÷ 1.2　② 600 ÷ 1.5　③ 560 ÷ 1.4　④ 720 ÷ 1.6

30　400　400　450

● たけのこが，昨日の高さより 1.5 倍のびて 30cm になりました。昨日のたけのこは何 cm でしたか。

式　30÷1.5＝20

答え　20cm

64　（122% に拡大してご使用ください）

P.65

割合　まとめ①　名前

① 定員が 60 人のバスがあります。
① 45 人の乗客がいるとき，乗客の数は，定員の何 % にあたりますか。

式　45÷60＝0.75

答え　75%

② 72 人の乗客がいるとき，乗客の数は，定員の何 % にあたりますか。

式　72÷60＝1.2

答え　120%

③ 乗客の数の割合が定員の 90% にあたるとき，乗客は何人ですか。

式　60×0.9＝54

答え　54 人

② 花畑のうちの 15m² にパンジーの花を植えました。これは，花畑全体の 25% にあたります。花畑全体は何 m² ですか。

式　15÷0.25＝60

答え　60m²

③ バナナが 1 ふさ 84 円で売られています。これは，定価の 60% にあたります。このバナナの定価は何円ですか。

式　84÷0.6＝140

答え　140 円

割合　まとめ②　名前

① 300g 入りのかつおぶしが，15% 増量して売られています。15% 増量のかつおぶしは何 g ですか。

式　300×(1+0.15)＝345

答え　345g

② 1200 円の肉を 20% 引きのねだんで買いました。代金は何円ですか。

式　1200×(1−0.2)＝960

答え　960 円

③ 買い物をすると，食品には 8%，それ以外の品物には 10% の消費税がつきます。次の品物を買ったときの代金は何円になりますか。
① 650 円分の野菜を買ったときの代金

式　650×(1+0.08)＝702

答え　702 円

② 4700 円の電気スタンドを買ったときの代金

式　4700×(1+0.1)＝5170

答え　5170 円

④ 1 箱 800 円だったマスクが，40% 安くなっていました。マスクのねだんは 1 箱何円になっていますか。

式　800×(1−0.4)＝480

答え　480 円

65　（122% に拡大してご使用ください）

P.66

割合とグラフ（1）　名前

● 下のグラフは，ある年のキウイフルーツの生産量の都道府県別の割合を表したものです。グラフを見て答えましょう。

キウイフルーツの生産量の都道府県別割合

① 上のようなグラフを何といいますか。
（　帯グラフ　）

② それぞれの生産量の割合は，全体の何 % ですか。
愛媛県（24%）　福岡県（18%）
和歌山県（14%）　神奈川県（6%）
その他（38%）　合計（100%）

③ 愛媛県は神奈川県の何倍ですか。
（　4 倍　）

④ 全体の生産量が 3 万 t とすると，愛媛県の生産量は何 t ですか。

式　30000×0.24＝7200

答え　7200t

復習

● 商は一の位まで求めて，あまりも出しましょう。
① 6 ÷ 0.7　② 3.2 ÷ 1.2　③ 43.5 ÷ 2.8

8 あまり 0.4　2 あまり 0.8　15 あまり 1.5

割合とグラフ（2）　名前

● 右のグラフは，ある小学校の 5 年生の好きな教科を調べて，教科別の割合を表したものです。

① このようなグラフを何といいますか。
（　円グラフ　）

② それぞれの教科の割合は，全体の何 % ですか。
体育（30%）　算数（16%）
図工（12%）　音楽（10%）
国語（6%）

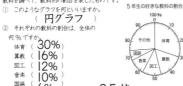
5 年生の好きな教科の割合

③ 体育は国語の何倍ですか。　2.5 倍

④ 算数は音楽の何倍ですか。　1.6 倍

⑤ 5 年生の人数は 150 人です。次の教科を好きな人の数を求めましょう。
【体育】式　150×0.3＝45

答え　45 人

【算数】式　150×0.16＝24

答え　24 人

復習

● 商は四捨五入して，上から 2 けたのがい数で表しましょう。
① 8.6 ÷ 4.1　② 26.4 ÷ 3.5　③ 5 ÷ 0.26

（約 2.1）　（約 7.5）　（約 19）

66　（122% に拡大してご使用ください）

P.67

割合とグラフ（3）　名前

● 下の表は，ある小学校の 5 年生の図書コーナーにある，本の種類とさっ数をまとめたものです。割合を求めて，帯グラフに表しましょう。

5 年生の図書コーナーの本調べ

本の種類	さっ数（さつ）	割合（%）
物語	105	42
図かん	60	24
絵本	40	16
辞典	25	10
その他	20	8
合計	250	100

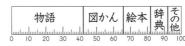
5 年生の図書コーナーの本調べ

| 物語 | 図かん | 絵本 | 辞典 | その他 |

復習

● 商は四捨五入して，1/10 の位までのがい数で表しましょう。
① 3.8 ÷ 0.7　② 15.8 ÷ 6.8　③ 12 ÷ 3.6

（約 5.4）　（約 2.3）　（約 3.3）

割合とグラフ（4）　名前

● 下の表は，ある小学校の 1 年生の図書コーナーにある，本の種類とさっ数をまとめたものです。割合を求めて，円グラフに表しましょう。

1 年生の図書コーナーの本調べ

本の種類	さっ数（さつ）	割合（%）
絵本	105	35
物語	96	32
図かん	42	14
辞典	24	8
その他	33	11
合計	300	100

1 年生の図書コーナーの本調べ

復習

① $\frac{3}{5} + \frac{1}{3}$　$\frac{14}{15}$　② $\frac{3}{4} + \frac{1}{6}$　$\frac{11}{12}$
③ $\frac{7}{30} + \frac{3}{5}$　$\frac{5}{6}$　④ $\frac{3}{4} + \frac{1}{36}$　$\frac{7}{9}$

67　（122% に拡大してご使用ください）

P.68

割合とグラフ (5)　名前

● 南小学校，北小学校の2つの学校で，好きなスポーツを調べて帯グラフに表しました。調べた人数は，南小学校が80人，北小学校が120人です。

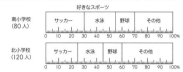

好きなスポーツ

南小学校（80人）：サッカー　水泳　野球　その他

北小学校（120人）：サッカー　水泳　野球　その他

① サッカーが好きな人の割合は，それぞれ何％ですか。
南小学校（ 30% ）　北小学校（ 25% ）

② 「サッカーが好きな人数は南小の方が多い。」…これは正しいですか。
人数を求めてから○をつけましょう。
式　南小　80×0.3＝24　（ 24 人）
　　北小　120×0.25＝30　（ 30 人）
（ 正しい ・ 正しくない ）

③ 「野球が好きな人の人数は同じだ。」…これは正しいですか。
人数を求めてから○をつけましょう。
式　南小　80×0.15＝12　（ 12 人）
　　北小　120×0.15＝18　（ 18 人）
（ 正しい ・ 正しくない ）

復習
① $1\frac{1}{3} + 2\frac{1}{6}$　$3\frac{3}{6}(\frac{7}{2})$　② $3\frac{1}{2} + 2\frac{1}{10}$　$5\frac{3}{5}(\frac{28}{5})$
③ $1\frac{3}{4} + 1\frac{5}{12}$　$3\frac{1}{6}(\frac{19}{6})$　④ $2\frac{7}{8} + 1\frac{11}{24}$　$4\frac{1}{3}(\frac{13}{3})$

割合とグラフ (6)　名前

● 子どもたちが好きな食べ物を，30年前と今で調べた結果を帯グラフに表しました。2つのグラフを見て答えましょう。

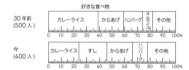

好きな食べ物

30年前（500人）：カレーライス　からあげ　ハンバーグ　オムライス　その他

今（400人）：カレーライス　すし　からあげ　ハンバーグ　その他

① カレーライスが好きな人の割合は，30年前と今とどうなりましたか。
（ 30年前は39%だったが，今では24%に減っている。 ）

② カレーライスが好きな人の割合は，ハンバーグが好きな人の割合の何倍になっていますか。
式　30年前　39÷15＝2.6　（ 2.6 倍）
　　今　24÷12＝2　（ 2 倍）

③ 「からあげが好きな人の割合は同じだから人数は同じだ」…これは正しいですか。人数を求めてから○をつけましょう。
式　30年前　500×0.2＝100　（ 100 人）
　　今　400×0.2＝80　（ 80 人）
（ 正しい ・ 正しくない ）

復習
① $\frac{1}{2} + \frac{1}{3} + \frac{1}{6}$　1　② $\frac{1}{4} + \frac{1}{5} + \frac{1}{6}$　$\frac{37}{60}$
③ $\frac{3}{4} + \frac{3}{5} + \frac{3}{20}$　$1\frac{1}{2}(\frac{3}{2})$

P.69

割合とグラフ　まとめ①　名前

① 右のグラフは，250人に好きな野菜を聞いて，その割合を表したものです。

好きな野菜（250人）

① それぞれの野菜の割合は，全体の何％ですか。
きゅうり　24%
じゃがいも　21%
さつまいも　18%
トマト　15%
なす　12%
その他　10%

② きゅうりが好きな人数を求めましょう。
250×0.24＝60
答え　60人

② 下のグラフは，150人に好きな給食のメニューを聞いて，その割合を表したものです。

好きな給食のメニュー（150人）

カレーライス　からあげ　ハンバーグ　ラーメン　スパゲティ

① カレーライスとハンバーグのメニューが好きな人数をそれぞれ求めましょう。
カレーライス　式　150×0.24＝36　（ 36 人）
ハンバーグ　式　150×0.18＝27　（ 27 人）

② カレーライスが好きな人の割合は，からあげが好きな人の割合の何倍ですか。
式　24÷20＝1.2
答え　1.2倍

割合とグラフ　まとめ②　名前

① 下の表は，保健室を利用した理由をまとめたものです。
それぞれの割合を求めて，帯グラフに表しましょう。

保健室を利用した理由

理由	けが	発熱	おなかがいたい	気分が悪い	その他	合計
人数（人）	27	18	15	9	6	75
割合（％）	36	24	20	12	8	100

保健室を利用した理由

けが　発熱　おなかがいたい　気分が悪い　その他

② 下の表は，好きな教科についてまとめたものです。

好きな教科

教科	算数	体育	音楽	国語	その他	合計
人数（人）	30	24	18	12	36	120
割合（％）	25	20	15	10	30	100

① それぞれの割合を求めて，円グラフに表しましょう。

好きな教科

② 算数が好きな人の割合は，国語が好きな人の割合の何倍ですか。
式　25÷10＝2.5
答え　2.5倍

P.70

正多角形と円 (1)　名前

① （　）にあてはまることばを書きましょう。
正多角形とは，（ 辺 ）の長さがすべて等しく，（ 角 ）の大きさがすべて等しい多角形です。

② 次の正多角形の名前を（　）に，角の大きさを□に書きましょう。

① 120° 正三角形
② 90° 正四角形（正方形）
③ 72° 正五角形
④ 60° 正六角形

復習
① $\frac{1}{3} + 0.4$　$\frac{11}{15}$　② $\frac{5}{8} + 0.25$　$\frac{7}{8}(0.875)$
③ $1.2 + \frac{1}{4}$　$1\frac{9}{20}(\frac{29}{20})(1.45)$　④ $1.5 + \frac{3}{5}$　$2\frac{1}{10}(\frac{21}{10})(2.1)$

正多角形と円 (2)　名前

● 円の中心のまわりの角を等分する方法で，次の正多角形をかきましょう。

① 正八角形　（略）
② 正五角形　（略）
③ 正六角形　（略）
④ 正三角形　（略）
⑤ 正方形　（略）

P.71

正多角形と円 (3)　名前

● 正六角形を次の2つの方法でかきましょう。

① 円の中心のまわりの角を等分する方法。

（略）

② 円のまわりを半径で区切っていく方法。

（略）

復習
① $\frac{5}{6} - \frac{3}{4}$　$\frac{1}{12}$　② $\frac{4}{5} - \frac{3}{4}$　$\frac{1}{20}$
③ $\frac{17}{18} - \frac{1}{6}$　$\frac{7}{9}$　④ $\frac{7}{15} - \frac{1}{5}$　$\frac{4}{15}$

● 赤いリボンの長さは$\frac{5}{6}$m，青いリボンの長さは$\frac{1}{3}$mです。ちがいは何mですか。
式　$\frac{5}{6} - \frac{1}{3} = \frac{1}{2}$
答え　$\frac{1}{2}$m

正多角形と円 (4)　名前

① 次の文の（　）にあてはまることばや数を下の□から選んで書きましょう。
① 円のまわりを（ 円周 ）といいます。
② 円周の長さは，直径の約（ 3.14 ）倍になります。
③ どんな大きさの円でも，円周÷直径は同じ数になり，この数を（ 円周率 ）といいます。
④ 円周の長さは，次の式で求められます。
円周の長さ＝（ 直径 ）×3.14

3.14　直径　円周　円周率

② 次の円の，円周の長さを求めましょう。
① 式
2×3.14＝6.28
答え　6.28cm

② 直径5cmの円　式
5×3.14＝15.7
答え　15.7cm

復習
① $2\frac{3}{6} - 1\frac{1}{4}$　$1\frac{1}{4}(\frac{5}{4})$　② $2\frac{1}{12} - \frac{3}{4}$　$1\frac{1}{3}(\frac{4}{3})$
③ $2\frac{7}{15} - 1\frac{4}{5}$　$\frac{2}{3}$　④ $3\frac{3}{14} - 1\frac{6}{7}$　$1\frac{5}{14}(\frac{19}{14})$

● 麦茶が$1\frac{1}{6}$Lありました。みんなで飲むと，残りが$\frac{2}{3}$Lになりました。みんなが飲んだのは何Lですか。
式　$1\frac{1}{6} - \frac{2}{3} = \frac{1}{2}$
答え　$\frac{1}{2}$L

P.72

正多角形と円 (5) 名前

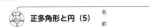

① 次の円の，円周の長さを求めましょう。

① (10cm)
式 10×3.14=31.4
答え 31.4cm

② (8cm)
式 8×3.14=25.12
25.12cm

③
2.5×2=5
式 5×3.14=15.7
答え 15.7cm

④ 半径10cmの円
10×2=20
式 20×3.14=62.8
62.8cm

② 次の図形のまわりの長さを求めましょう。

①
5×2=10
10×3.14÷2=15.7
15.7+10=25.7
答え 25.7cm

②
4×2=8
8×3.14÷4=6.28
6.28+4×2=14.28
14.28cm

復習
① $\frac{17}{18} - \frac{1}{6} - \frac{1}{3}$ $\frac{4}{9}$
② $\frac{7}{8} - \frac{1}{4} - \frac{1}{2}$ $\frac{1}{8}$
③ $\frac{11}{12} - \frac{1}{4} - \frac{1}{3}$ $\frac{1}{3}$

正多角形と円 (6) 名前

① 円周の長さが次のような円の，直径や半径の長さは何cmですか。わりきれない場合は，四捨五入して $\frac{1}{10}$ の位までのがい数で求めましょう。

① 円周が28.26cmの円の直径
式 28.26÷3.14=9
答え 9cm

② 円周が37.68cmの円の半径
式 37.68÷3.14÷2=6
答え 6cm

③ 円周が1mの円の直径
式 1m=100cm
100÷3.14=31.84
約 31.8cm

② 次の図形のまわりの長さを求めましょう。

5×2=10
10×3.14÷2=15.7
5×3.14=15.7
15.7+15.7=31.4 答え 31.4cm

復習
① $\frac{3}{4} - 0.3$ $\frac{9}{20}$(0.45)
② $\frac{8}{5} - 1.2$ $\frac{2}{5}$(0.4)
③ $3.2 - 1\frac{3}{4}$ $1\frac{9}{20}(\frac{29}{20})$(1.45) $3-1\frac{1}{3}$ $\frac{1}{6}$

● はり金が $5\frac{1}{6}$ m ありましたが，2.5m使いました。残りは何mですか。
式 $5\frac{1}{6} - 2.5 = 2\frac{2}{3}(\frac{8}{3})$
答え $2\frac{2}{3}(\frac{8}{3})$m

P.73

正多角形と円 (7) 名前

● 下の図のように，円の直径が1cm，2cm，3cm，…と変わると，円周の長さはどのように変わるかを調べましょう。

① □（直径）が1，2，3，…と変わると，○（円周）はどう変わるか表にしましょう。

直径□ (cm)	1	2	3	4	5	6	7
円周○ (cm)	3.14	6.28	9.42	12.56	15.7	18.84	21.98

② 直径□cmと円周○cmの関係を式に表します。
（　）にあてはまる数を書きましょう。
□×(3.14)=○

③ 直径の長さが2倍，3倍…になると円周はどうなりますか。
(2倍，3倍，…になる。)

④ 円周の長さは，直径の長さに比例していますか。
(比例している。)

⑤ 直径が15cmのときの円周の長さは，直径が5cmのときの円周の長さの何倍で，何cmになりますか。
直径15cmの円周の長さは，直径5cmの円周の(3)倍
式 15.7×3=47.1
答え 47.1cm

復習
① $\frac{15}{16} - \frac{1}{2} + \frac{1}{4}$ $\frac{11}{16}$
② $\frac{11}{12} + \frac{1}{4} - \frac{1}{3}$ $\frac{5}{6}$
③ $\frac{3}{5} + \frac{1}{2} - \frac{9}{10}$ $\frac{1}{5}$

正多角形と円 まとめ① 名前

① 次の正多角形の角度を，式を書いて求めましょう。

①
式 360÷5=72
180−72=108
答え 72°
答え 108°

②
式 360÷8=45
180−45=135
答え 45°
答え 135°

② 円を使って，正六角形をかきましょう。

略

③ 半径10cmの円の，円周の長さを求めましょう。
式 10×2=20
20×3.14=62.8
答え 62.8cm

P.74

正多角形と円 まとめ②

① 円周が次の長さのときの直径を求めましょう。
① 25.12cm
式 25.12÷3.14=8
答え 8cm

② 43.96cm
式 43.96÷3.14=14
答え 14cm

② 下の色のついた図形のまわりの長さを求めましょう。
①
10×2=20
20×3.14÷2=31.4
31.4+20=51.4
答え 51.4cm

②
10×2=20
20×3.14÷4=15.7
15.7×2=31.4
31.4cm

③ 円の直径を1cm，2cm，3cm，…と長くしていくと，円周の長さはどのように変化しますか。
① 直径を□cm，円周を○cmとして，関係を式に表します。（　）にあてはまる数を書きましょう。
□×(3.14)=○
② 直径が12cmのときの円周の長さを求めます。
式 12×3.14=37.68
37.68cm

角柱と円柱 (1) 名前

① 右の立体について答えましょう。

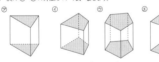

(1) 右の立体の名前を書きましょう。
(五角柱)

(2) 色のついた平行な1組の面を何といいますか。
(底面)

(3) 色のついていない面を何といいますか。
(側面)

(4) 角柱について説明しています。（　）にあてはまることばを下の□から選んで書きましょう。
① 角柱の2つの底面は(合同)な多角形で，たがいに(平行)な関係になっています。
② 角柱の底面と側面はたがいに(垂直)な関係になっています。
③ 角柱の側面の形は(長方形)か正方形になっています。

| 垂直 | 平行 | 長方形 | 合同 | 五角形 |

復習
① 6.7 × 4.8 32.16
② 72.9 × 5.3 386.37
③ 9.04 × 2.5 22.600
④ 5.4 × 0.13 0.702

● 1Lの重さが0.92kgのサラダ油3.5Lの重さは何kgですか。
式 0.92×3.5=3.22
答え 3.22kg

P.75

角柱と円柱 (2) 名前

● 次の⑦～⑤の角柱について調べましょう。

⑦　④　⑤　②

① ⑦～⑤の角柱の名前を下の表に書きましょう。
② ⑦～⑤について，底面の形や側面の形，側面の数，頂点の数，辺の数をまとめましょう。

角柱の名前	三角柱	四角柱	五角柱	六角柱
底面の形	三角形	四角形	五角形	六角形
側面の形	長方形 か 正方形			
側面の数	3	4	5	6
頂点の数	6	8	10	12
辺の数	9	12	15	18

復習
① 7.5 × 0.8 6.00
② 36.4 × 0.9 32.76
③ 3.5 × 0.2 0.70
④ 1.78 × 0.3 0.534

● 時速4.6kmの速さで歩きます。0.75時間では何km歩けますか。
式 4.6×0.75=3.45
答え 3.45km

角柱と円柱 (3) 名前

● 円柱について（　）にあてはまることばを下の□から選んで書きましょう。

① 円柱では，向かい合った2つの面を(底面)といい，それ以外のまわりの面を(側面)といいます。
② 円柱の2つの底面は合同で，たがいに(平行)な関係です。
③ 円柱の側面はすべて平面ですが，円柱の側面は(曲面)です。
④ 上の図の⑦や④のように，円柱の2つの底面に垂直な直線の長さを円柱の(高さ)といいます。

| 高さ | 垂直 | 平行 | 底面 | 側面 | 曲面 |

復習
① 680 × 0.25 170.00
② 1200 × 0.92 1104.00
③ 560 ÷ 0.4 1400
④ 640 ÷ 0.16 4000

● 0.7mで140円のリボンがあります。このリボン1mのねだんは何円ですか。
式 140÷0.7=200
答え 200円

解答

P.76

角柱と円柱 (4)

① 次の三角柱の展開図の続きをかきましょう。

底面は1辺が4cmの正三角形

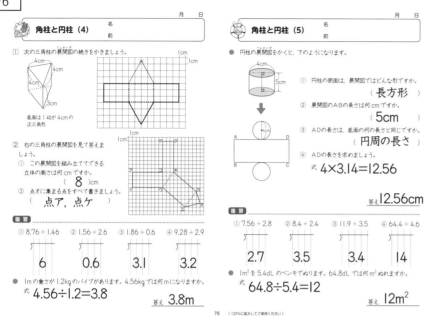

② 右の三角柱の展開図を見て答えましょう。

① この展開図を組み立ててできる立体の高さは何cmですか。
（ 8 ）cm

② 点オに集まる点をすべて書きましょう。
（ 点ア，点ケ ）

復習

① 8.76 ÷ 1.46 = **6**
② 1.56 ÷ 2.6 = **0.6**
③ 1.86 ÷ 0.6 = **3.1**
④ 9.28 ÷ 2.9 = **3.2**

● 1mの重さが1.2kgのパイプがあります。4.56kgでは何mになりますか。

式 4.56 ÷ 1.2 = 3.8
答え 3.8m

角柱と円柱 (5)

● 円柱の展開図をかくと，下のようになります。

① 円柱の側面は，展開図ではどんな形ですか。
（ 長方形 ）

② 展開図のABの長さは何cmですか。
（ 5cm ）

③ ADの長さは，底面の何の長さと同じですか。
（ 円周の長さ ）

④ ADの長さを求めましょう。
式 4 × 3.14 = 12.56
答え 12.56cm

復習

① 7.56 ÷ 2.8 = **2.7**
② 8.4 ÷ 2.4 = **3.5**
③ 11.9 ÷ 3.5 = **3.4**
④ 64.4 ÷ 4.6 = **14**

● 1m²を5.4dLのペンキでぬります。64.8dLでは何m²ぬれますか。

式 64.8 ÷ 5.4 = 12
答え 12m²

P.77

角柱と円柱 (6)

● 次の立体の展開図からできる立体の見取図をかきましょう。

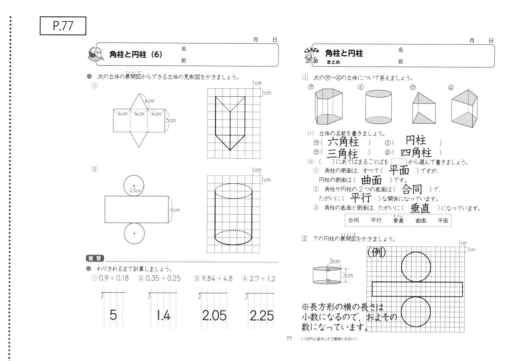

復習

● わりきれるまで計算しましょう。

① 0.9 ÷ 0.18 = **5**
② 0.35 ÷ 0.25 = **1.4**
③ 9.84 ÷ 4.8 = **2.05**
④ 2.7 ÷ 1.2 = **2.25**

角柱と円柱 まとめ

① 次の⑦～㊂の立体について答えましょう。

(1) 立体の名前を書きましょう。
⑦（ 六角柱 ） ④（ 円柱 ）
㋑（ 三角柱 ） ㊂（ 四角柱 ）

(2) □にあてはまることばを□□□から選んで書きましょう。

① 角柱の側面は，すべて（ 平面 ）ですが，円柱の側面は（ 曲面 ）です。
② 角柱や円柱の2つの底面は（ 合同 ）で，たがいに（ 平行 ）な関係になっています。
③ 角柱の底面と側面は，たがいに（ 垂直 ）になっています。

合同　平行　垂直　曲面　平面

② 下の円柱の展開図をかきましょう。

（例）

※長方形の横の長さは小数になるので，およその数になっています。

P.78

漢字の成り立ち (1)

[2] 二つの漢字を組み合わせてできる会意文字です。

④ 日＋月 → 明
⑤ 火＋田 → 畑
⑥ 女＋子 → 好
① 山＋石 → 岩
② 木＋木 → 林
③ 重＋力 → 動

[1]（説明文）□の⑦～㊁のどれですか。（　）に記号を書きましょう。

⑦ 目に見える物の形を絵にかいたものからできた漢字（象形文字）
④ 目に見えない事がらを図形や記号で表した漢字（指事文字）
㋑ いくつかの漢字の意味を組み合わせてできた漢字（会意文字）
㊁ 音を表す部分と，意味を表す部分を組み合わせてできた形成文字（形成文字）

⑥ 銅（エ）
⑦ 男（ウ）
⑧ 板（エ）
⑨ 鳴（ウ）
① 馬（ア）
② 上（イ）
③ 三（イ）
④ 信（ウ）
⑤ 雨（ア）

漢字の成り立ち (2)

[2] 次の漢字と同じ成り立ちの漢字を，下の□から選んで書きましょう。

⑩ 飯　⑨ 休　⑧ 下　⑦ 目
晴　間　天　日
味　習　二　火
想　多　本　木
油　品　立　貝
省　森　小　月

⑦ 清（シ）
④ 可（シ）
① 粉（米）
⑧ 絵（糸）
⑤ 時（日）
② 草（艹）
⑨ 際（祭）
⑥ 花（化）
③ 週（周）

品　多　味　日
月　油　想　間　天
森　貝　木　火　晴
小　貝　立　習　二

[1]（説明文）「漢字を表す部分」に，意味を表す部分を組み合わせてできた形成文字は□の⑦～㊁のどれですか。（　）に記号を書きましょう。

阝　艹　辶

P.79

和語・漢語・外来語 (1)

[2] 次の外来語を，和語や漢語に直しましょう。

① スイミング（ 水泳 ）
② スポーツ（ 運動 ）
③ テスト（ 試験 ）
④ ランチ（ 昼食 ）

[3]（説明文）

① 外来語…意味（ ウ ）・言葉（ あ ）
④ 漢語…意味（ イ ）・言葉（ う ）
⑦ 和語…意味（ ア ）・言葉（ い ）

⑦あ　④う　㋑え　㊁お　㋭か　㋬き　㋫く　㋪け　㋩こ　㋨さ　㋧し　㋦す　㋥せ　㋤そ

ⓐ ホテル　ⓑ 人　ⓒ 人魚　ⓓ 魚
ⓔ 先頭　ⓕ フォーク　ⓖ キッチン　ⓗ トップ
ⓘ 台所　ⓙ 旅人　ⓚ 学習　ⓛ カステラ
ⓜ 手紙　ⓝ 旅行　ⓞ 写真

和語・漢語・外来語 (2)

[1] 次の漢字の音読みをカタカナで，訓読みをひらがなで書きましょう。

① 宿（ やど ）
② 春休み はるやすみ　深さ ふか（さ）
③ 昨日 サクジツ　読書 ドクショ　学校 ガッコウ
④ 赤色 あかいろ　美しい うつく（しい）　花火 はなび
⑤ 両親 リョウシン　白鳥 ハクチョウ　目標 モクヒョウ
⑥ 朝食 チョウショク　音楽 オンガク　救急車 キュウキュウシャ
⑦ 鳥（ とり ）
⑧ 母親 ははおや　本屋 ほんや
⑨ 上空 ジョウクウ　先生 センセイ　工作 コウサク
⑩ 黒い くろ（い）
⑪ 青空 あおぞら
⑫ 道（ みち ）

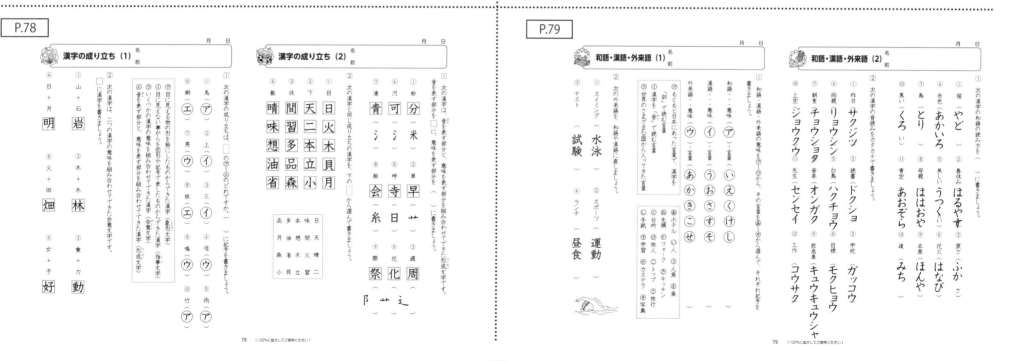

P.80

和語・漢語・外来語 (3)
名前

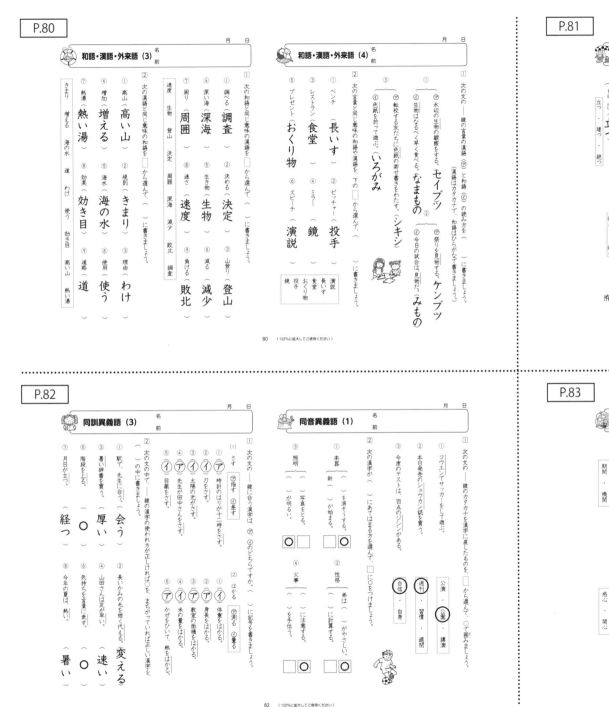

□ 次の和語と同じ意味の漢語を□から選んで，（　）に書きましょう。

① 高い山（高山）
② 規則（きまり）
③ 理由（わけ）
④ 使用（使う）

① 調べる（調査）
② 決める（決定）
③ 山登り（登山）

⑤ 海水（海の水）
⑥ 道路（道）
⑦ 周り（周囲）
⑧ 効果（効き目）

④ 深い海（深海）
⑤ 生き物（生物）
⑥ 減る（減少）

| 速度 生物 決定 |
| 周囲 深海 減少 |
| 登山 敗北 調査 |

□ 増加（増える）
熱湯（熱い湯）
速さ（速度）
負ける（敗北）

きまり　増える　道　わけ
生物　海の水　使う　高い山
調査　熱い湯　効き目

和語・漢語・外来語 (4)
名前

□ 次の言葉と同じ意味の和語や漢語を，下の□から選んで，（　）に書きましょう。

① ベンチ（長いす）
② ピッチャー（投手）
③ レストラン（食堂）
④ ミラー（鏡）

⑤ プレゼント（おくり物）
⑥ スピーチ（演説）

| 演説　長いす |
| 投手　食堂 |
| おくり物　鏡 |

□ 次の文の──線の言葉の漢字（漢語は⑦と和語④）の読み方を（　）に書きましょう。

⑦ 水辺の生物の観察をする。和語はひらがなで書きましょう。（セイブツ）
④ 生物になるべく早く食べる。（なまもの）
⑦ 祭りを見物する。（ケンブツ）
④ 今日の試合は，見物だ。（みもの）
⑦ 色紙を折って遊ぶ。（シキシ）
④ 転校する友だちに色紙の寄せ書きをわたす。（いろがみ）

P.81

同訓異義語 (1)
名前

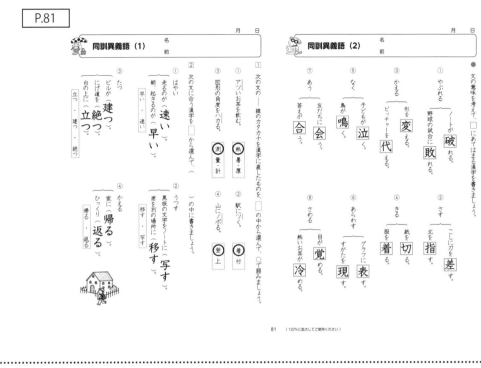

□ 次の文に合う漢字を（　）から選んで，□の中から選んで，○で囲みましょう。

① 走るのが（速い）。
② 朝，起きるのが（早い）。
早い・速い

③ ビルが（建つ）。
にげ道を（絶つ）。
台の上に（立つ）。
建つ・立つ・絶つ

④ 家に（帰る）。
ひっくり（返る）。
帰る・返る

□
① アツいお茶を飲む。（熱）
② 山にノボる。（登）
③ 図形の角度をハカる。（測）
④ 黒板の文字をノートに（写）す。
席を別の場所に（移）す。

測量・計
熱暑・厚
着・付
登・上

同訓異義語 (2)
名前

□
① ノートが（破）れる。
野球の試合に（敗）れる。
② 北を（指）す。
こしに刀を（差）す。

③ 形を（変）える。
紙を（代）える。
④ 服を（着）る。
紙を（切）る。

⑤ 鳥が（鳴）く。
子どもが（泣）く。
⑥ グラフに（表）す。
すがたを（現）す。

⑦ 答えが（合）う。
友だちに（会）う。
⑧ 目が（覚）める。
熱いお茶を（冷）める。

合　会
泣　代
変　破
敗
指　差
着　切
鳴　現
表
覚　冷

P.82

同訓異義語 (3)
名前

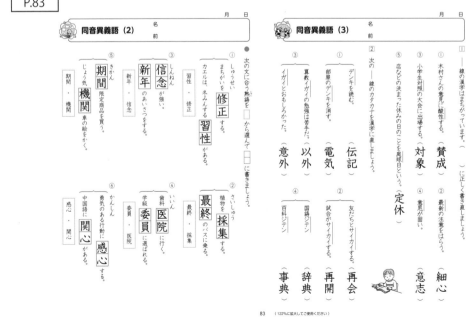

□ 次の文に合う漢字を（　）に書きましょう。

① さす
⑦ 指す
④ 差す
② 会う
③ 経つ

④ 長いかみの毛を短く切る。（変える）
⑤ 田山さんは足が早い。（速い）
⑥ 気持ちを言葉に表す。（暑い）

□ 次の文の中で，──線の漢字の使われ方が正しければ○を，まちがっていれば正しい漢字を（　）の中に書きましょう。

(1) 日目が立つ。（経つ）
② 駅で，先生に（会う）
③ 暑い辞書を買う。（厚い）
④ 階段を上る。
⑤ 月日が立つ。（経つ）
⑥ 今年の夏は，熱い。（暑い）

① 時計のはりが十二時をさす。
② 太陽の光が田さんをさす。
目薬をさす。

同音異義語 (1)
名前

□ 次の──線のカタカナを漢字に直したものを，□から選んで，○を○でかこみましょう。

① コウエンでサッカーをして遊ぶ。（公演・公園・講演）
② 本日発売のシュウカン誌を買う。（週刊・習慣・週間）
③ 今度のテストは，まるでジシンがある。（自信・自身）

□ 次の漢字が（　）にあてはまる方を選んで，○をつけましょう。

(1) はかる
① 先生は──を演そうする。
② 教室の面積をはかる。
③ 米の量をはかる。
④ 身長をはかる。

(2) はかる
① 体温をはかる。
熱がはかる。

① 素器　新　限明
写真をとる。
が明るい。
火事
性格　新・習慣・週間
第は──。
がやさしい。
を手伝う。

P.83

同音異義語 (2)
名前

□ 次の文に合う熟語を□から選んで，□に書きましょう。

① しゅせいまちがいを（修正）する。
カエルは，冬みんする。（習性）
② きかん期間限定商品を買う。（期間）
③ しんねん新年のあいさつをする。（信念）

期間・機関
新年・信念
最終・採集
習性・修正

④ じょう気きかん車の絵をかく。（機関）
⑤ さいしゅう植物を（採集）する。
⑥ ちゅう国語に（関心）がある。勇気のある行動に（感心）する。
学級委員に選ばれる。（委員）
歯科医院に行く。（医院）

委員・医院
感心・関心

同音異義語 (3)
名前

□ 次の──線のカタカナを漢字に直しましょう。

① 木村さんの意見に（賛成）する。
② 小学生対象の大会に出場する。（対象）
③ デンキを読む。（伝記）
④ 友だちとサイカイする。（再会）

① 部屋のデンキを消す。（電気）
② 算数・リカイの勉強は苦手だった。（以外）
③ 店などの決まった休みの日を定休日という。（定休）
④ 試合をサイカイする。（再開）

□ 次の──線の漢字はまちがっています。（　）に正しく書き直しましょう。

① 最新の注意をはらう。（細心）
② 店などの……（意志）
③ 百科ジテン（事典）
④ 国語ジテン（辞典）

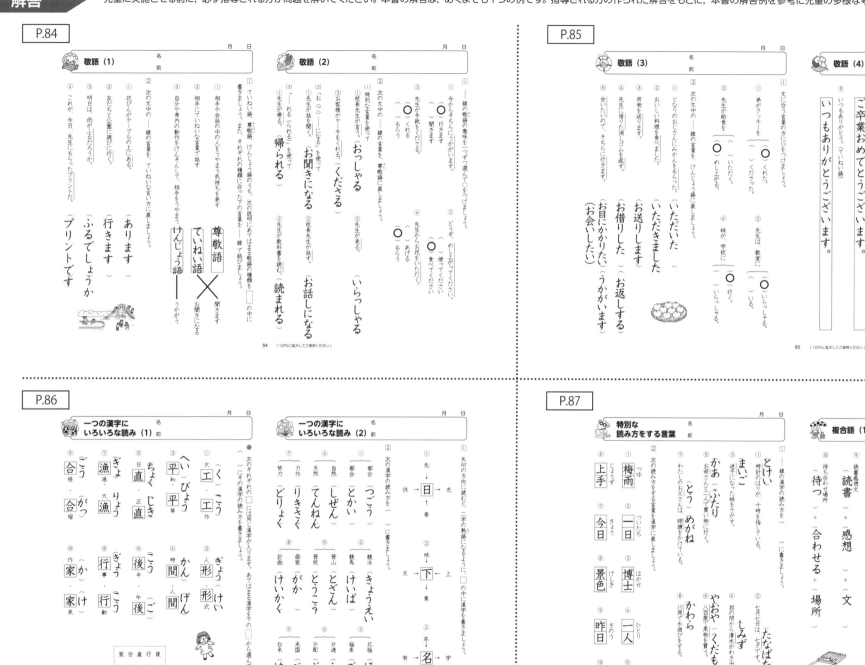

解答

児童に実施させる前に，必ず指導される方が問題を解いてください。本書の解答は，あくまでも１つの例です。指導される方の作られた解答をもとに，本書の解答例を参考に児童の多様な考えに寄り添って○つけをお願いします。

P.84

敬語（1）

③ 自分や身内の中の人をけんそんして，相手をうやまう気持ちを表す
敬語の種類に合った下の言葉を──線で結びましょう。

尊敬語 ── お聞きになる
ていねい語 ── 聞きます
けんじょう語 ── うかがう

自分や身内の動作を──線で、ていねいな言い方に直しましょう。
① 相手や会話の中の人をうやまう気持ちを表す → 尊敬語
② 相手にていねいな言葉で話す → ていねい語

次の文中の──線の言葉を，ていねいな言い方に直しましょう。
① 明日は、雨がふるだろうか。→ ふるでしょうか
② 友だちと公園に遊びに行く。→ 行きます
③ 花びんがテーブルの上にある。→ あります
④ これが、今日、先生にもらったプリントだ。→ プリントです

敬語（2）

次の文中の──線の言葉を，尊敬語・けんじょう語のうち，次の説明にあてはまる敬語の種類を□の中に書きましょう。
①「──れる（られる）」を使って「帰られる」
②「お（ご）──になる」を使って「お話しになる」「お聞きになる」

特別な言葉を使って
①「先生が帰る。」→ 帰られる
②「校長先生が話す。」→ お話しになる
③「先生が教科書を読む。」→ 読まれる

次の文中の──線の言葉を，正しい敬語に○をつけましょう。
① 先生が来る。→ ○ いらっしゃる
② お客様がケーキをくれる。→ ○ くださる
③ 先生が手紙を読む。→ ○ おっしゃる

今からそちらにうかがいます。
○ 行きます・聞きます
○ もらう・くれる
○ いただく・食べてください
○ もらう・あげる

P.85

敬語（3）

次の──線の言葉を，けんじょう語に直しましょう。
① 先生が給食を食べる。→ めしあがる
② 先生は、教室に（ ）。→ ○ いらっしゃる
③ 妹が、学校に（ ）行く。→ ○ いらっしゃる
④ 荷物を送ります。→ お送りします
⑤ 会いたいので、そちらに行きます。→ うかがいます／お会いしたい

次の（ ）に合う言葉の方に○をつけましょう。
① 熱がクッキーを（ ）。→ ○ くれた・いらっしゃった
② 先生に借りた消しゴムを返す。→ お借りした／お返しする
③ となりのおじさんにみかんをもらった。→ いただいた
④ おいしい料理を食べました。→ いただきました

敬語（4）
（例）

次の文を（ ）の敬語を使って文に直しましょう。
① わたしは、六年生です。（ていねい語）
② 先生が、大きなメダルをくれた。（尊敬語）→ 先生が、大きなメダルをくださった。
③ 母は、明日、先生のお話をうかがう。（けんじょう語）→ 母は、明日、先生のお話をうかがう。
④ ご卒業おめでとうございます。（尊敬語）→ 卒業おめでとうございます。
⑤ いつもありがとうございます。（ていねい語）→ いつもありがとうございます。

P.86

一つの漢字にいろいろな読み（1）

次のそれぞれの□には同じ漢字が入ります。あてはまる漢字を下の□から選んで書きましょう。

① 工（こう）　大工・工作
② 間（かん・げん）　時間・人間
③ 平（へい・びょう）　平和・平等
④ 形（けい・ぎょう）　人形・形式
⑤ 直（ちょく・じき）　日直・正直
⑥ 後（こう・ご）　後半・午後
⑦ 漁（ぎょ・りょう）　漁港・大漁
⑧ 行（ぎょう・こう）　行事・行動
⑨ 合（ごう・がつ）　合格・合宿
⑩ 家（か・け）　作家・家来

家 合 直 後
漁 形 間 平 工

一つの漢字にいろいろな読み（2）

次の漢字の読み方を（ ）に書きましょう。
① 都合（つごう）　都会（とかい）
② 自然（しぜん）　天然（てんねん）
③ 登山（とざん）　登校（とうこう）
④ 競馬（けいば）　競泳（きょうえい）
⑤ 画家（がか）　計画（けいかく）
⑥ 分速（ふんそく）　配分（はいぶん）
⑦ 努力（どりょく）　力作（りきさく）
⑧ 極楽（ごくらく）　北極（ほっきょく）
⑨ 米国（べいこく）　白米（はくまい）

矢印の方向に読むと、二字の熟語になるように、□の中に漢字を書きましょう。
先 → 日 ← 光
休 → 日
地 → 下 ← 上
天 → 車
本 → 名 ← 命
有 → 字

P.87

特別な読み方をする言葉

次の──線の読み方をする言葉を漢字に直しましょう。
① とけい（時計）
② まいご（迷子）
③ ふたり（二人）
④ しみず（清水）
⑤ やおや（八百屋）
⑥ かあさん（母）
⑦ めがね（眼鏡）
⑧ かわら（河原）
⑨ とう（父）
⑩ たなばた（七夕）

次の漢字の読み方を（ ）に書きましょう。
① 上手（じょうず）
② 梅雨（つゆ）
③ 今日（きょう）
④ 一日（ついたち）
⑤ 一人（ひとり）
⑥ 一日（いちにち）
⑦ 博士（はかせ）
⑧ くだもの（果物）
⑨ 昨日（きのう）
⑩ 二人（ふたり）
景色（けしき）
下手（へた）

複合語（1）

次の複合語を、もとの言葉に分けましょう。
① 歩き始める → 歩く ＋ 始める
② 色えん筆 → 色 ＋ えん筆
③ 飛びはねる → 飛ぶ ＋ はねる
④ 紙コップ → 紙 ＋ コップ
⑤ 細長い → 細い ＋ 長い
⑥ 日本記録 → 日本 ＋ 記録
⑦ 泣きさけぶ → 泣く ＋ さけぶ
⑧ 走り回る → 走る ＋ 回る
⑨ 読書感想文 → 読書 ＋ 感想 ＋ 文
⑩ 待ち合わせ場所 → 待つ ＋ 合わせる ＋ 場所

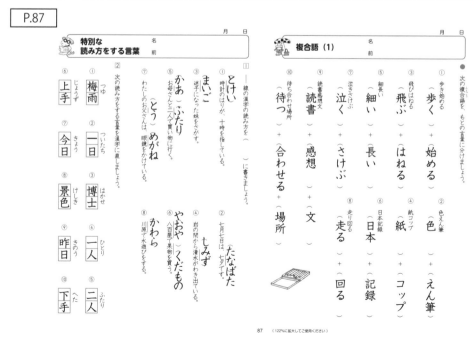

84　（122％に拡大してご使用ください）
85　（122％に拡大してご使用ください）
86　（122％に拡大してご使用ください）
87　（122％に拡大してご使用ください）

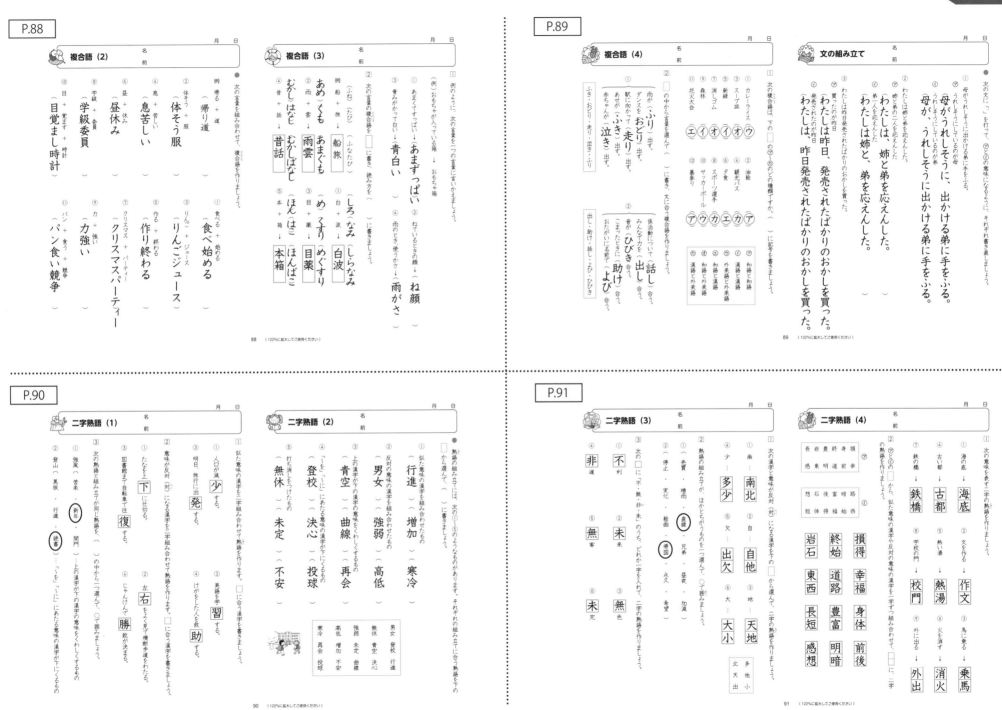

P.88　P.89　P.90　P.91

P.92

三字熟語（1）

名前　　月　日

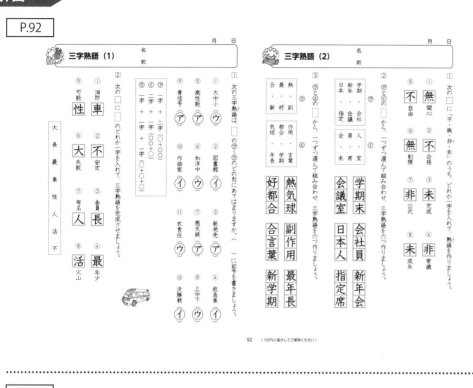

三字熟語（2）

名前　　月　日

P.93

四字以上の熟語（1）

名前　　月　日

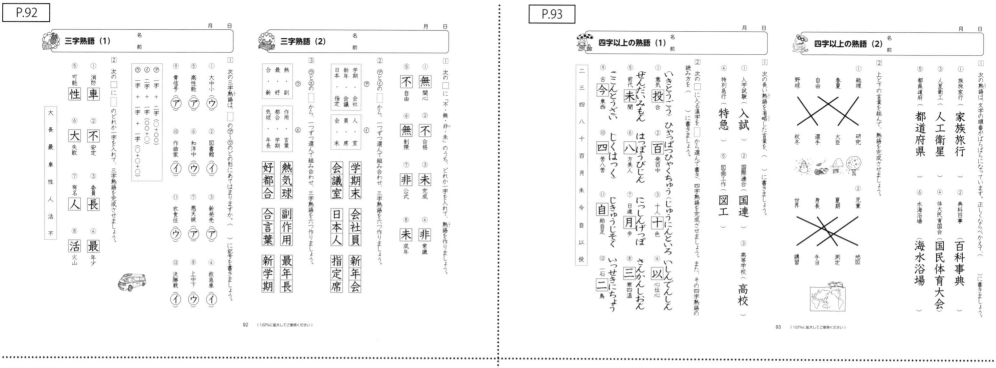

四字以上の熟語（2）

P.94

ことわざ（1）

名前　　月　日

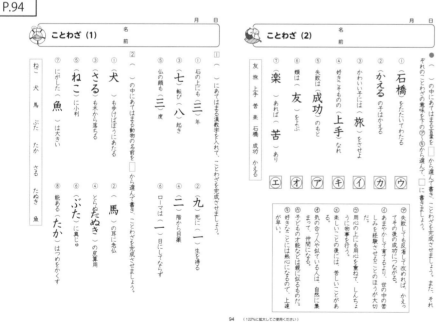

ことわざ（2）

名前　　月　日

P.95

慣用句

名前　　月　日

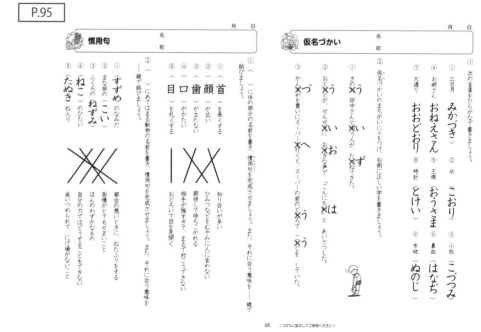

仮名づかい

名前　　月　日

P.96

世界の国々と日本

① 下の世界地図で、日本を見つけて赤でぬりましょう。　略

② 地図帳で調べて、①〜⑱の国名を書きましょう。

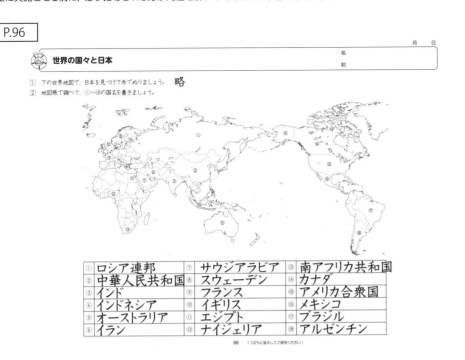

①ロシア連邦	⑦サウジアラビア	⑬南アフリカ共和国
②中華人民共和国	⑧スウェーデン	⑭カナダ
③インド	⑨フランス	⑮アメリカ合衆国
④インドネシア	⑩イギリス	⑯メキシコ
⑤オーストラリア	⑪エジプト	⑰ブラジル
⑥イラン	⑫ナイジェリア	⑱アルゼンチン

96　（122%に拡大してご使用ください）

P.97

世界の大陸と海洋

● 下の図の①〜⑨にあてはまる世界の６つの大陸と３つの海洋の名前を書きましょう。

- ①（ユーラシア）大陸
- ②（アフリカ）大陸
- ③（オーストラリア）大陸
- ④（北アメリカ）大陸
- ⑤（南アメリカ）大陸
- ⑥（南極）大陸
- ⑦（インド）洋
- ⑧（太平）洋
- ⑨（大西）洋

日本の位置とまわりの国々

● 下の図を見て、①〜④の日本のまわりにある国々の名前を（ ）に、⑦〜㋒の海洋名を □ に書きましょう。

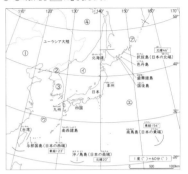

- ①中華人民共和国　㋐オホーツク海
- ②朝鮮民主主義人民共和国　日本海
- ③大韓民国　東シナ海
- ④ロシア連邦　太平洋

97　（122%に拡大してご使用ください）

P.98

日本の自然（1）
山地・山脈

● ①〜⑨の山地や山脈の名前を書きましょう。

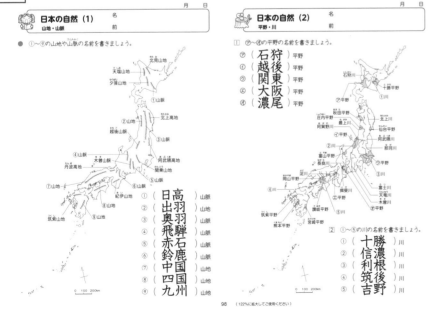

- ①（日高）山脈
- ②（出羽）山地
- ③（奥羽）山脈
- ④（飛驒）山脈
- ⑤（石鎚）山地
- ⑥（赤石）山脈
- ⑦（鈴鹿）山脈
- ⑧（中国）山地
- ⑨（九州）山地

日本の自然（2）
平野・川

① ⑦〜㋔の平野の名前を書きましょう。

- ⑦（石狩）平野
- ④（越後）平野
- ⑦（関東）平野
- ㋓（大阪）平野
- ㋔（濃尾）平野

② ①〜⑤の川の名前を書きましょう。

- ①（十勝）川
- ②（信濃）川
- ③（利根）川
- ④（筑後）川
- ⑤（吉野）川

98　（122%に拡大してご使用ください）

P.99

堤防に囲まれた低地

● （ ）にあてはまることばを □ から選んで書きましょう。

大昔、濃尾平野は海でした。木曽三川とよばれる（**木曽**）川（**長良**）川（**揖斐**）川の上流から土や砂を運んできて、今の濃尾平野ができました。養分を多くふくんだ土で、（**農業**）をするのに適していました。

しかし、その土地は標高が大変低く、（**堤防**）もなく自然のまま流れていた川は、大雨がふると流れを変え、こう水となって、田畑や人々の（**命**）をうばっていました。 ※「木曽」「長良」「揖斐」は順不同

農業	木曽	堤防
長良	命	揖斐

濃尾平野には３つの大きな川がつくっていた無数の中州がありました。人々は中州のまわりに堤防をつくり、その中に住むようになりました。その形が輪の中にあるような形だったので「輪中」とよばれるようになったといわれています。

輪中のくらしと農業

① 下の「水屋」とよばれている建物の絵を見て、（ ）にあてはまることばを □ から選んで書きましょう。

輪中の中にある「水屋」とよばれる昔からある家のようす

母屋よりさらに高い土の上にある「水屋」には、こう水でひなんしても数日間の生活ができるように、（**衣服**）や（**食料**）などを保管していました。ひとたびこう水がおこれば、水がひくまで長期間そこで生活していました。平時は水屋やのき下などに（**上げ舟**）とよばれる舟をつるして災害に備えていました。

※「衣服」「食料」は順不同

衣服	上げ舟	食料	石積み

② 農業のようすを表したⒶⒷのイラストを見て、（ ）にあてはまることばを □ から選んで書きましょう。

輪中は土地の高さが（**低**）く、水はけが悪いので、雨がふれば田畑がすぐに（**水**）につかってしまいます。そのため、イラストⒷのように土地の一部をほり下げ、そのほった土を盛り上げて（**田**）を高くしました。ほり下げたところは水がたまるので、（**水路**）として利用され、農家の人は（**舟**）を使って農作業に向かいました。これを（**ほり田**）といいます。

田	水路	道路	ほり田	高低	舟	水

99　（122%に拡大してご使用ください）

P.100

つゆ・台風・季節風

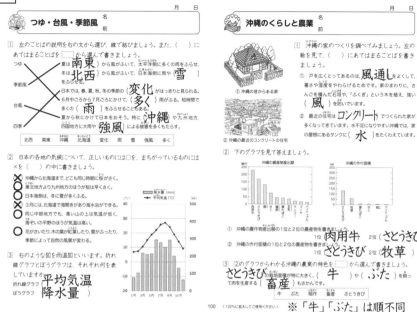

① 左のことばの説明を右の文から選び，線で結びましょう。また，（　）にあてはまることばを□から選んで書きましょう。

- つゆ
- 季節風 — 夏は（南東）から風がふいて，太平洋側に多くの雨をふらせ，冬は（北西）から風がふいて，日本海側に雨や（雪）をふらせる。
- 台風 — 日本では，春，夏，秋，冬の季節の（変化）がはっきりと見られる。
- 四季 — ６月中ごろから７月ころにかけて，（多く）雨がふる。短時間で多くの（雨）をふらせることもある。夏から秋にかけて日本をおそう。特に（沖縄）や九州地方，四国地方に大雨や（強風）による被害を多くもたらす。

北西　南東　沖縄　北海道　変化　雨　雪　強風　多く

② 日本の各地の気候について，正しいものには○を，まちがっているものには×を（　）の中に書きましょう。

- ✕ 沖縄から北海道まで，どこも同じ時期に桜がさく。
- ○ 東北地方より九州地方のほうが桜は早くさく。
- ○ 日本海側は，冬に雪が多くなる。
- ✕ ３月には，北海道で海開きがあり海水浴ができる。
- ○ 同じ中部地方でも，高い山の上は気温が低く，海ぞいの平野のほうは気温は高い。
- ○ 花がさいたり，木の葉が紅葉したり，雪がふったり，季節によって自然の風景が変わる。

③ 右のような図を雨温図といいます。折れ線グラフとぼうグラフは，それぞれ何を表していますか。

- 折れ線グラフ（平均気温）
- ぼうグラフ（降水量）

沖縄のくらしと農業

① 沖縄の家のつくりを調べてみましょう。左の絵を見て，（　）にあてはまることばを書きましょう。

① 沖縄の昔からある家

① 戸を広くとってあるのは（風通し）をよくして，暑さや湿度をやわらげるためです。家のまわりに石垣や，「ふくぎ」という木を植え，強い（風）を防いでいます。

② 沖縄の最近のコンクリートの住宅

② 最近の住宅は（コンクリート）でつくられた家が多くなってきています。水不足になりやすい沖縄では，家の屋根にあるタンクに（水）をたくわえています。

② 下のグラフを見て答えましょう。

沖縄の農畜物産出額　　沖縄の作付面積

① 沖縄の農畜物産出額の1位と2位の農産物を書きましょう。
1位（肉用牛）2位（さとうきび）

② 沖縄の作付面積の1位と2位の農産物を書きましょう。
1位（さとうきび）2位（牧草）

③ ②のグラフからわかる沖縄の農業の特色を□から選んで書きましょう。

（さとうきび）の栽培面積が特に大きく，（牛）や（ぶた）を飼って肉を生産する（畜産）もさかんです。

牛　ぶた　稲作　畜産　さとうきび

※「牛」「ぶた」は順不同

100　（122%に拡大してご使用ください）

P.101

米の産地ベスト10

● 下の都道府県別，米の作付面積ととれ高の表を見て答えましょう。

① 米の作付面積のベスト10と，とれ高のベスト10のマスにそれぞれ色をぬりましょう。○色をぬるところ

都道府県	作付面積	とれ高	都道府県	作付面積	とれ高
全国	146.2	776.3	新潟	12.0	66.7	鳥取	1.3	6.6
北海道	10.2	59.4	富山	3.7	20.6	島根	1.7	8.7
青森	4.5	28.4	石川	2.5	13.1	岡山	3.0	15.0
岩手	5.0	27.9	福井	2.5	13.0	広島	2.3	11.3
宮城	6.8	37.7	山梨	0.5	2.5	山口	1.9	7.3
秋田	8.8	52.7	長野	3.1	19.3	徳島	1.1	5.2
山形	6.7	40.2	岐阜	2.1	10.6	香川	1.2	5.8
福島	6.5	36.8	静岡	1.5	7.7	愛媛	1.3	6.4
茨城	6.8	36.0	愛知	2.7	13.4	高知	1.1	4.9
栃木	5.9	31.6	三重	3.1	13.0	福岡	3.5	14.5
群馬	1.6	7.6	滋賀	3.1	15.8	佐賀	2.4	10.4
埼玉	3.2	15.8	京都	1.4	7.2	長崎	1.1	5.1
千葉	5.5	29.8	大阪	0.5	2.4	熊本	3.3	15.7
東京	0.01	0.05	兵庫	3.6	17.4	大分	2.0	8.1
神奈川	0.3	1.4	奈良	0.8	4.1	宮崎	1.6	7.6
2020年 農水省			和歌山	0.6	2.9	鹿児島	1.9	8.8
						沖縄	0.06	0.21

（単位：面積＝万ha とれ高＝万t）

② 米の作付面積ととれ高が1番多いのは，それぞれどの都道府県ですか。
作付面（新潟県）とれ高（新潟県）

米づくりの1年

● 下の絵を参考にして，（　）にあてはまる作業を□から選んで書きましょう。

1月〜土づくり
2月
3月〜種もみを選ぶ／たい肥をまく
4月〜①（なえづくり）／田おこし
5月〜②（しろかき）／③（田植え）
6月〜水の管理／田みぞをほる／田の水をぬく
7月〜④（農薬をまく）／肥料をまく
8月
9月〜⑤（稲かり）／だっこく，かんそう，もみすり
10月
11月〜たい肥づくり
12月〜土づくり

しろかき　稲かり　田植え　なえづくり　農薬をまく

101　（122%に拡大してご使用ください）

P.102

米のとれ高と消費量

① 下のグラフを見て答えましょう。

米のとれ高と消費量（玄米）
── 国内のとれ高
─○─ 国内の消費量

① 米の消費量は，どのように変化していますか。
（減っている。）

② 米の消費量が①のようになってきたのは，どうしてですか。
（例）パン食などが増えて，米を食べる量が減ったから。

② 米のとれ高の変化について（　）にあてはまることばを□から選んで書きましょう。

① 農家の（あとつぎ）がいなくなり，全体としては米のとれ高が（減って）いる。

② 田が，（住宅）や工場などに変わってきた。

住宅　減って　増えて　あとつぎ

③ 左のことばの説明をしている文を線で結びましょう。

- 専業農家
- 第1種兼業農家 — 農業だけをしていて，農業外の人が家族に1人もいない。
- 第2種兼業農家 — 農業と他の仕事を兼ねているが，農業からの収入の方が多い。

（農業と他の仕事を兼ねて，農業以外の収入の方が多い。）

進む農業の機械化

● 右の2つのグラフを見て，答えましょう。

年間耕作時間の移り変わり（10aあたり）

① 農作業の時間はどのように変わってきていますか。
（短くなっている。）

② 特に時間の変化が大きい作業を2つ選んで書きましょう。
（稲かり・だっこく）
（田植え）
（草とり）

③ 農作業で使われる機械の数は，どのように変わってきていますか。

農業機械の普及（農家100戸あたりの台数）

（2000年まで増えているが，いったん減ってまた増えている。）

① 田植え機
（増えている。）

② コンバイン
（増えている。）

④ 農作業の時間が短くなってきた理由を書きましょう。
（例）手作業でしていた仕事を機械でするようになったから。

102　（122%に拡大してご使用ください）

P.103

水産業のさかんな地域

● 下の図は，「日本の主な漁港とその水あげ量」を表しています。

寒流　暖流　寒流　暖流　暖流

① ⑦〜⑦の海流の名前を書きましょう。
- ⑦（リマン海流）
- ④（千島海流（親潮））
- ⑨（対馬海流）
- ②（日本海流（黒潮））

② ⑦〜②の海流の矢印を暖流（赤色）と寒流（青色）に色分けしましょう。

③ 水あげ量が多い漁港の名前を7つ書きましょう。
（銚子）（焼津）（釧路）
（石巻）（境）（八戸）
（枕崎）
（順不同）

魚を集めてとる まきあみ漁

● 下の絵について答えましょう。

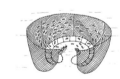

① このような魚のとり方を何といいますか。
（まきあみ）漁

② この漁のやり方を説明した文の（　）にあてはまることばを□から選んで書きましょう。

それぞれの役割を持った船で（船団）を組んで漁をします。（魚群探知機）を積んだ船が魚の群れを見つけると，（集魚灯）を照らして魚の群れを集め，あみをはる船があみを海に入れながら魚を（囲い）こんでとります。とれた魚は（運ぱん船）で運ばれます。

集魚灯　囲い　運ぱん船　魚群探知機　船団

103　（122%に拡大してご使用ください）

P.104

おもな野菜の産地

名前

● 下の地図は各地の野菜のとれ高（単位：万t）を表しています。
① □に都道府県名を書きましょう。
② それぞれの野菜について，いちばん多くとれる都道府県の野菜の絵に色をぬりましょう。

野菜の種類

○色をぬるところ

北海道
群馬　青森
兵庫　長野　茨城
長崎　千葉
愛知
宮崎

単位：万t

食料の自給率と輸入

名前

① 下の折れ線グラフを見て答えましょう。
① 2019年度で自給率が高い食料と低い食料を2つずつ書きましょう。

高い（ 米 ）（ 卵 ）
低い（ 大豆 ）（ 小麦 ）
（順不同）

② 食料自給率は全体としてどのように変化していますか。

低くなってきている。

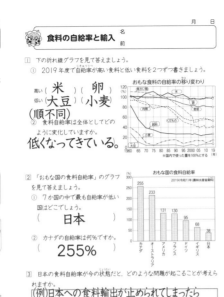

おもな食料の自給率の移り変わり

② 「おもな国の食料自給率」のグラフを見て答えましょう。
① 7か国の中で最も自給率が低い国はどこでしょう。

（ 日本 ）

② カナダの自給率は何％ですか。

（ 255% ）

おもな国の食料自給率
2019(令和1)年（農林水産省資料）
255 233 131 130 95 68 38

③ 日本の食料自給率が今の状態だと，どのような問題が起こることが考えられますか。

(例)日本への食料輸出が止められてしまったら日本は食料不足になり，うえてしまう。

P.105

工業製品の種類

名前

● 工業製品は，使い道によって種類別に分けられます。

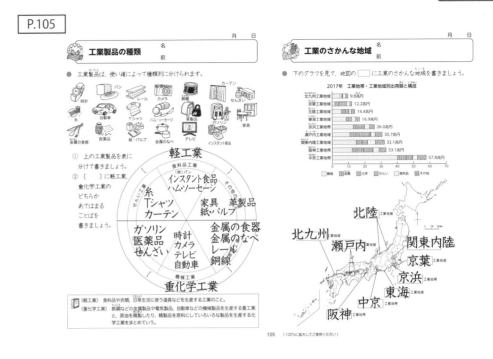

時計　パン　カメラ　レール　カーテン
自動車　Tシャツ　ハム・ソーセージ　電気製品　家具
金属の食器　医薬品　紙・パルプ　金属のなべ　テレビ　インスタント食品

① 上の工業製品を表に分けて書きましょう。
② 〔 〕に軽工業，重化学工業のどちらかあてはまることばを書きましょう。

軽工業
（例）パン
インスタント食品
ハム・ソーセージ
糸
Tシャツ
カーテン
家具　革製品
紙・パルプ
ガソリン
医薬品
せんざい
時計
カメラ
テレビ
自動車
金属の食器
金属のなべ
レール
銅線

機械工業

重化学工業

〈軽工業〉食料品や衣類，日常生活に使う道具などを生産する工業のこと。
〈重化学工業〉鉄鋼などの金属製品や電気製品，自動車などの機械製品を生産する重工業と，原油を精製したり，精製品を原料にしていろいろな製品を生産する化学工業をまとめていう。

工業のさかんな地域

名前

● 下のグラフを見て，地図の□に工業のさかんな地域を書きましょう。

2017年　工業地帯・工業地域別出荷額と構成

	出荷額
北九州工業地帯	9.8兆円
京葉工業地域	12.2兆円
北陸工業地域	14.4兆円
東海工業地域	16.9兆円
阪神工業地帯	26.0兆円
瀬戸内工業地域	30.7兆円
関東内陸工業地域	32.1兆円
京浜工業地帯	33.1兆円
中京工業地帯	57.8兆円

□機械　□金属　□化学　□せんい　□食料品　□その他

北陸
北九州
瀬戸内
関東内陸
京葉
京浜
中京　東海
阪神

P.106

自動車が完成するまで

名前

① 自動車ができるまでの絵を見て，どの作業をしているところか，□から選んで（ ）に書きましょう。

シートの取りつけ　エンジンの取りつけ　最終検査　ようせつ　ドアの取りつけ　プレス　とそう

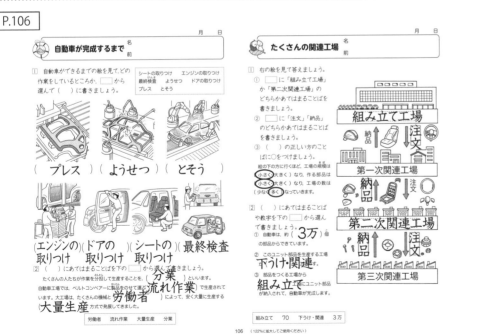

（ プレス ）（ ようせつ ）（ とそう ）
（エンジンの取りつけ）（ドアの取りつけ）（シートの取りつけ）（最終検査）

② □にあてはまることばを下の□から選んで書きましょう。
たくさんの人たちが作業を分担して生産することを，（ 分業 ）といいます。
自動車工場では，ベルトコンベアーに製品をのせて運ぶ（ 流れ作業 ）で生産されています。また，たくさんの機械と（ 労働者 ）によって，安く大量に生産する（ 大量生産 ）方式で発展してきました。

労働者　流れ作業　大量生産　分業

たくさんの関連工場

名前

① 右の絵を見て答えましょう。
① □に「組み立て工場」か「第二次関連工場」のどちらかあてはまることばを書きましょう。
② □に「注文」「納品」のどちらかあてはまることばを書きましょう。
③ （ ）の正しい方のことばに○をつけましょう。
絵の下の方に行くほど，工場の規模は（小さく・大きく）なり，作る部品は（小さく・大きく）なり，工場の数は（少なく・多く）なっていきます。

② （ ）にあてはまることばや数字を下の□から選んで書きましょう。
① 自動車は，約（ 3万 ）個の部品からできています。
② このユニット部品を生産する工場を（ 下うけ・関連 ）工場といいます。
③ 部品をつくる工場から（ 組み立て ）工場にユニット部品が納入され，自動車が完成します。

組み立て　70　下うけ・関連　3万

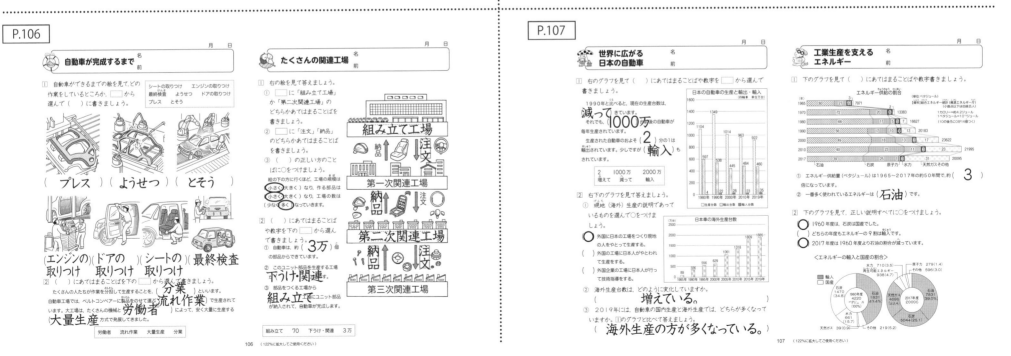

組み立て工場
注文
第一次関連工場
納品　注文
第二次関連工場
納品　注文
第三次関連工場

P.107

世界に広がる日本の自動車

名前

① 右のグラフを見て（ ）にあてはまることばや数字を□から選んで書きましょう。
1990年と比べると，現在生産台数は，（ 減って ）きています。それでも，（ 1000万 ）台の自動車が毎年生産されています。
生産された自動車のおよそ（ 2 ）分の1は輸出されています。少しですが（ 輸入 ）もされています。

2　1000万　2000万　増えて　減って　輸入

日本の自動車の生産と輸出・輸入
（自動車　単位万台）
1104　1349　1014　963　922
597　538　445　484　460
□国内生産　□輸出　□輸入

② 右下のグラフを見て答えましょう。
① 現地（海外）生産の説明であっているものを選んで○をつけましょう。
○ 外国に日本の工場をつくり現地の人をやとって生産する。
（ ）外国の工場に日本人がいわれて生産する。
（ ）外国企業の工場に日本人が行って技術指導をする。

日本車の海外生産台数
（万台）
89　225　326　556　629　1061　1318　1609　1885

② 海外生産台数は，どのように変化していますか。

（ 増えている。 ）

③ 2019年には，自動車の国内生産と海外生産では，どちらが多くなっていますか。①のグラフと比べて答えましょう。

（ 海外生産の方が多くなっている。 ）

工業生産を支えるエネルギー

名前

① 下のグラフを見て（ ）にあてはまることばや数字書きましょう。

エネルギー供給の割合
（単位：ペタジュール）
[資料]総合エネルギー統計〈発展エネルギー〉ほか

年	石油	石炭	原子力	水力	天然ガスその他	合計
1965	58	27		10		7071
1970	70	20		6		13383
1980	66	17	5	5		16627
1990	56	17	10	13		20183
2000	50	18	13	17		23622
2010	40	23	11	20		21995
2017	39	25	3	31		20095

□石油　□石炭　□原子力　□水力　□天然ガスその他

① エネルギー供給量（ペタジュール）は1965〜2017年の約50年間で，約（ 3 ）倍になっています。
② 一番多く使われているエネルギーは（ 石油 ）です。

② 下のグラフを見て，正しい説明すべてに○をつけましょう。
○ 1960年度は，石炭が中心でした。
（ ）どちらの年度もエネルギーの9割は輸入です。
○ 2017年度は1960年度より石油の割合が減っています。

〈エネルギーの輸入と国産の割合〉
■輸入　□国産

1960年度
石炭　1470（34.8）
石油　1831（47.4）
天然ガス　39（0.9）
水力　710（3.5）
原子力　279（1.4）
再生可能エネルギー　93（4.7）
その他　66（1.5）

2017年度
石油　7831（39.0）
石炭　4669（23.2）
天然ガス　2009（…）
原子力　596（3.0）
その他　219（5.2）

P.108

日本の貿易

名　前

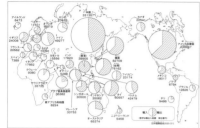

● 上の地図は，日本のおもな貿易相手国と輸出入総額を表したものです。
① 円グラフの輸出に水色，輸入に黄色をぬりましょう。　略
② 輸出入総額が１位の金額を書きましょう。
　　　33 兆 1357 億円
③ 輸出入総額ベスト5の国や地域を書きましょう。
　1（中国　）　2（アメリカ合衆国）
　3（韓国　）　4（台湾　）
　5（オーストラリア）
④ 上位2国で日本への輸入の方が多い国はどこですか。
　　　（中国　）
⑤ 上位2国で日本からの輸出の方が多い国はどこですか。
　　　アメリカ合衆国

昔から伝わる工業製品

名　前

① 日本各地に，昔から伝わる技術でつくられている製品があります。自分の家にあるものや知っているものを書きましょう。
（例）輪島塗のおわん　（有田焼のお皿）
　　博多人形　　　（西陣織の帯）

② 次の製品は，何を原料や材料にして，どのように作られるのか下の説明から選んで⑦〜②の記号を入れましょう。

若狭塗	ア	樺細工	カ
加賀友禅	エ	信楽焼	ウ
久留米絣	オ	高岡銅器	イ

⑦ 木製のおわんやぼんに漆を塗り重ねた漆器。
⑦ とかした銅で形をつくり，仕上げの加工や着色をする。
⑦ 粘土でつくったものをかまで焼いて仕上げた陶器。
⑦ 布地に絵を描いて染め，着物の生地などにする。
⑦ 染め分けた糸を使って織りあげた織物。
⑦ 桜の皮を使って茶筒や小箱をつくる木工品。

③ 昔から伝わる工業のキーワードを選び，1つだけ○をつけましょう。
（　）機械化　　○熟練した技術　　（　）大量生産

P.109

わたしたちをとりまく情報

名　前

① 情報を伝えるメディアと，その説明を線で結びましょう。

新聞 ——— 映像と音声で伝えることができ，録画もできる。
テレビ ——— 文章にして伝えたい相手に送ることができる。
スマートフォン ——— 見出し，本文，写真などでくわしく，わかりやすくまとめてあり，くりかえし読める。
手紙 ——— どこからでも，どこにいても連らくがとれる。写真，メール，インターネットも利用できる。

② 町の中には，言葉以外で伝えられる情報が多くあります。下の絵を見て，何から，どんな情報が伝えられるか見つけましょう。

	（例）（何から）自動車のクラクション	（どんな情報）車が来ているのであぶない。
（例）（何から）	ふみきりの音	（どんな情報）電車が来ている。
（何から）	信号機	進め，止まれの合図
（何から）	点字ブロック	ブロックにそって，進め，止まれなど

ニュース番組をつくる

名　前

① ニュース番組が放送されるまでの仕事を考えましょう。下の⑦，⑦，②の絵は，だれが何をしているところですか。□のことばを使って書きましょう。

⑦ 取材記者が，（インタビュー）をしている。
　　カメラマンが，（さつえい）をしている。
⑦ 大道具係が，（スタジオのセット）をしている。
⑦ 番組のスタッフが，（打ち合わせ）をしている。

スタジオのセット
インタビュー
打ち合わせ
さつえい

② ニュース番組の本番放送中の仕事を考えましょう。下の②，⑦の絵は，だれが何をしているところですか。□のことばを使って書きましょう。

② （スイッチャー）画面の切りかえをしている。
⑦ （アナウンサー）ニュースを伝えている。
⑦ （カメラマン）が，スタジオカメラで写している。

スイッチャー
カメラマン
アナウンサー

P.110

さまざまな産業と情報の活用

名　前

① 次のように情報を活用しているのはどこですか。□から選んで（　）に書きましょう。

用水や温室をスマホで管理	農家
ICカードで乗車やきっぷの予約	鉄道会社
情報をもとに自動運転する車の開発	自動車工場
GPSを利用してトラックの位置がわかる	運送会社

鉄道会社
自動車工場
運送会社
農家

② スマートフォンの「バスナビ」で調べられるバスの情報を，3つ選んで○をつけましょう。
（○）乗りたいバスの乗り場や時こく表
（　）バスの形や作られた年月日
（○）乗りたいバスの走行位置（接近情報）
（　）運転手の名前や写真
（○）目的地までのバスルートや遅れ，時間など

③ バス車内では，お客さんのためにどのような情報が出されていますか。知っていることを書きましょう。
（例）各停留所までの料金を表示している。
（例）次の停留所を車内アナウンスしている。

④ 旅行に行くとき，家の人はインターネットをどんなことに使っていますか。
（例）行きたいところを探したり，調べたりする。
（例）宿や切符の予約をする。

⑤ 旅行会社や観光協会は，どのように情報を活用していますか。
（例）観光地の案内やイベントの紹介をする。
（例）ホームページで旅行や見学の申込みを受け付ける。

あふれる情報

名　前

① 下の絵のもので，50年以上前から使われていたものを3つ選んで書きましょう。

テレビ　パソコン　携帯電話
スマートフォン　新聞　固定電話

（テレビ）
（新聞）
（固定電話）
（順不同）

② 下のグラフは，おもな情報機器の世帯（家庭ごと）保有率です。グラフを見て答えましょう。
① 増えているのは何ですか。
（スマートフォン）（タブレット）
② 2018年に多くの世帯にふきゅうしているのは何ですか。
（スマートフォン）（パソコン）
（順不同）

おもな情報機器の世帯（家庭ごと）保有率

P.111

自然災害の多い日本

名　前

① 日本で起きた大震災について，①②の説明を読み，震災名，発生年月日，死者や行方不明者の数を□から選んで書きましょう。

① 淡路島で起きた地震によって，おもに神戸市や淡路島で多くの建物が倒れたり，火災が起きたりしました。
震災名　阪神・淡路
年月日　1995年1月17日
死者・行方不明者　6437 人

② 三陸沖の海底で起きた地震で大津波が発生しました。津波で大勢の人がのみこまれ，建物も破壊されたり流されたりしました。
震災名　東日本
年月日　2011年3月11日
死者・行方不明者　1万8425 人

	発生年月日	死者・行方不明者数
東日本	2011年3月11日	1万8425
阪神・淡路	1995年1月17日	6437

※2021年3月時点

② 東日本大震災のときには，震災が原因で，もう一つ大きな事故が起こりました。それは何ですか。どんな害でしたか。（　）にあてはまることばを□から選んで書きましょう。
（福島第1原子力）発電所の事故。広いはん囲が（放射能）におせんされました。今でも，（核燃料）のしょ理ができず，（おせん水）が増えています。おせん地区の住民は，今（ひなん生活）を送っている人がいます。

放射能　ひなん生活　おせん水　福島第1原子力　核燃料

③ 日本では，地震や津波のほかにどんな自然災害がありますか。
（例）火山の噴火　台風　大雨　大雪など

自然災害への取り組み

名　前

① 地震の被害を防ぐため，国や県などが行っている取り組みについて，（　）にあてはまることばを□から選んで書きましょう。
① 学校や地域で（ひなん訓練）を行う。
② 被害の予想を図を予想（ハザードマップ）を作る。
③ 地震が起きたら（緊急地震速報）を出して地震を知らせる。
④ 学校やその他の建物の（耐震工事）を行う。

緊急地震速報　暴風警報　耐震工事　ひなん訓練　ハザードマップ

② 大雨や台風でどんな災害が起こるのか，（　）にあてはまることばを□から選んで書きましょう。
（川）の堤防が切れて，家や田畑が浸水する。がけ（くずれ）。家や地すべりがおきる。
（家）がつぶされて。建物が（ふきとばされ）る。
木や建物が倒れたり，物が（ふきとばされ）る。

田畑　家　くずれ　川　ふきとばされ

③ 風水害を防ぐための国，県や市町村の取り組みについて，（　）にあてはまることばを□から選んで書きましょう。
土砂が流れ出すのを防ぐために（ダム）を通り，川の（堤防）を高くしています。（ハザードマップ）で危険な場所を知らせ，ひなん（場所）を設けています。危険がせまってきたら，注意報や（警報）が出されます。ひなん指示が出されることもあります。

ハザードマップ　ひなん　堤防　場所　警報　ダム

P.112

森林の働き　名前

● 森林はどんな働きをしていますか。（　）にあてはまることばを □ から選んで書きましょう。

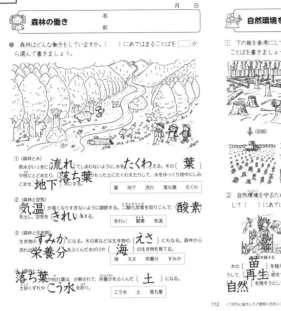

① 《森林と水》
雨水がいっきに（流れ）てしまわないように、水を（たくわ）える。木の（葉）や枝にとどまり、（落ち葉）もった土にたくわえたりして、水をゆっくり地中にしみこませ（地下）にする。

［葉　地下　流れ　落ち葉　たくわ］

② 《森林と空気》
（気温）が高くなりすぎないように調節する。二酸化炭素を取りこんで（酸素）を出し、空気を（きれい）にする。

［きれい　酸素　気温］

③ 《森林と生き物》
生き物の（すみか）になる。木の実などは生き物の（えさ）にもなる。森林から流れ出す栄養分をふくんだ水が川や（海）の生き物を育てる。

［海　えさ　栄養分　すみか］

（落ち葉）や枯れ草は、分解されて、栄養分をふくんだ（土）になる。土砂くずれや（こう水）を防ぐ。

［こう水　土　落ち葉］

自然環境を守る　名前

① 下の絵を参考にして、森林が減ってきた原因を考え、（　）にあてはまることばを書きましょう。

森林の木は（木材）として利用されるために大量に切り出された。

また、森林を切り開いて、（田畑）や（牧草地）住宅地などに変えられていった。

② 自然環境を守るために、どんな取り組みがなされていますか。絵を参考にして（　）にあてはまることばを □ から選んで書きましょう。

木の（苗）を植えて森を（再生）させたり、木々を（牛乳）パックや（古紙）を回しゅうして、（古紙）紙をつくっています。また、川や（海）のそうじをして、きれいな（自然）を残そうとしています。

［海　苗　再生　牛乳　自然　古紙］

112　（122％に拡大してご使用ください）

P.113

天気の変化（1）　名前

● 下のグラフは、1日の気温の変化を記録したものです。このグラフを見て、次の問いに答えましょう。

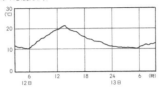

① 正しく説明しているものに○を、まちがっているものに×をつけましょう。

○　気温がいちばん高いのは、正午より少しおそい時間である。

×　気温がいちばん高いのは、正午である。

○　午前6時ごろから気温が上がりはじめるのは、太陽がのぼってきたからだと考えられる。

×　気温がいちばん低いのは、真夜中の24時ごろである。

② 12日は、どんな天気だったと考えられますか。正しいものに○をつけましょう。

（晴れ）・ くもり ・ 雨

天気の変化（2）　名前

● 下の図の白い部分は、3日間の雲の動きのようすを表したものです。

① 上の⑦～⑦の図を時間の順になるようにならべましょう。

（⑦）→（⑦）→（⑦）

② この図からどんなことがわかりますか。下の（　）から正しい方を選んで○をつけましょう。

日本上空の雲は、（北 ・ 西 ・南）のほうから、（東・ 南）のほうへと移っていくことがわかる。

だから、天気を予想するときは、自分が住んでいる地いきより（東・ 西 ）の地方の天気のようすを見るとよい。

113　（122％に拡大してご使用ください）

P.114

天気の変化（3）　名前

① 下の3つのことばにあてはまる説明を、次の⑦～⑦の文から選んで、（　）の中に記号で書きましょう。

気象衛星（⑦）　アメダス（⑦）　百葉箱（⑦）

⑦ 人の手で、気象を調べることができ、身近にある観測そうち。
⑦ 全国各地につくられていて、おもに雨のふった場所や量を知らせる。
⑦ うちゅうから地球の雲の写真をとって、天気の予報に役立てる。

② 下の図は、9月中ごろの日本列島周辺の雲のようすを衛星が写したものです。

① 図に台風が見えています。図の台風の中心（台風の目）に+印をかき入れましょう。

② 台風の動きについて、正しい方に○をつけましょう。

○　台風は日本の南の海上にでき、東に進んでくる。

（　）台風は中国大陸の方ででき、日本に来る。

③ 台風が日本に近づいてくると、天気はどのように変化していきますか。正しい説明を □ から選んで、記号で答えましょう。

・雨の様子（⑦）
・風の様子（⑦）
・海の波の様子（⑦）

⑦ 風はしだいに強まっていく。
⑦ 風はしだいに弱まっていく。
⑦ 雨はだんだん強くふる。
⑦ 雨はふらない。
⑦ ふつうのときと変わらない。
⑦ 大きな波がつぎつぎとやってくる。

植物の発芽と成長（1）　名前

● 下の図のように、種子が発芽するのに必要な条件【温度、水分、空気】について調べました。

かわいた土のままにしておく。　いつも土がしめっているよう ぐらいに水をかける。　種が水につかるぐらいに水を入れる。　⑦と同じものを冷ぞう庫に入れて冷やす。

① ⑦と⑦を比べると、発芽の条件【温度、水分、空気】のうち、何を調べることができますか。

（水分）

② ⑦と⑦を比べると、発芽の条件【温度、水分、空気】のうち、何を調べることができますか。

（空気）

③ ⑦と⑦を比べると、発芽の条件【温度、水分、空気】のうち、何を調べることができますか。

（温度）

④ ⑦、⑦、⑦、⑦のうち、発芽したものはどれですか。

（⑦）

114　（122％に拡大してご使用ください）

P.115

植物の発芽と成長（2）　名前

① 種子が発芽するための条件を3つ書きましょう。

（順不同）（発芽に適した温度）
（水分）
（空気）

② インゲンマメの種子のつくりについて、下の図を見て答えましょう。

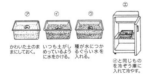

① ⑦の名前は何ですか。

（子葉）

② インゲンマメの種子で、根、くき、葉になるところは、⑦、⑦のどちらですか。

（⑦）

③ インゲンマメの種子で、でんぷんがふくまれている部分は、⑦、⑦のどちらですか。

（⑦）

植物の発芽と成長（3）　名前

① 種子の中にでんぷんがあるかどうか調べる液を、何といいますか。

（ヨウ素液）

② ①の液は、種子の中にでんぷんがあると、何色に変わりますか。

（青むらさき色）

③ インゲンマメの種子のつくりの中で、でんぷんがある部分の名前を書きましょう。

（子葉）

④ （　）にあてはまることばを □ から選んで書きましょう。

① 種子の中には、発芽に必要な養分が（ふくまれている）

② その養分は、子葉の中にある（でんぷん）である。

③ その養分は、ヨウ素液につけると、（青むらさき）色に変わる。

［でんぷん　ふくまれている　青むらさき］

115　（122％に拡大してご使用ください）

P.116

植物の発芽と成長（4）

インゲンマメのなえで、発芽後の育ちを調べました。日当たりの良いところ・悪いところ、肥料のある・なしで、育ちがどのようにちがうか、12日間調べました。図を見て、下の問いに答えましょう。

① 日光と育ちの関係を調べるには、⑦〜⑦のどれとどれを比べればよいですか。
（順不同）（イ）と（ウ）

② 肥料と育ちの関係を調べるには、⑦〜⑦のどれとどれを比べればよいですか。
（順不同）（ア）と（イ）

③ 次の文は、上の実験の結果について書いたものです。⑦〜⑦のどの実験の結果ですか。（　）に記号を書きましょう。
葉は、緑色をしているが、全体に小さくて、数も少ない。
（ア）

魚のたんじょうと成長（1）

① 下の図は、メダカのたまごが育っていく順番をかいたスケッチです。

① たまごが育つ順番に記号を書きましょう。
（エ）→（イ）→（ア）→（ウ）

② 生まれたばかりのメダカの大きさは、どれくらいですか。正しいものに○をつけましょう。
（　）1cmぐらい　（○）5mmぐらい　（　）1mmぐらい

② 下の図は、メダカのおすとめすです。図をよく見て、どちらがおす、どちらがめすか、（　）に書きましょう。

（めす）　　（おす）

③ 下の文は、メダカのおす、めすの特ちょうについて書いています。（　）にあてはまることばを下の□から選んで、⑦〜⑦の記号を書きましょう。
⑦ おすは、せびれに切れこみが（ア）。しりびれは、（ウ）形をしている。
⑦ めすは、せびれに切れこみが（イ）。しりびれは、（エ）形をしている。
⑦ある　⑦ない　⑦平行四辺形に近い　⑦三角形に近い

P.117

魚のたんじょうと成長（2）

① 下の図は、たまごから生まれたばかりの子メダカです。

① 子メダカのはらには、丸いふくらみがあります。この中に何が入っていますか。
（育つための）養分

② このふくらみは、子メダカが成長するにつれて、どうなっていきますか。正しいものに○をしましょう。
（　大きくなる　・（小さくなる）・　変わらない　）

② メダカの飼い方について、正しいものに○を、まちがっているものに×をつけましょう。
① ○ 水そうは、直接日光があたらない明るいところに置く。
② × メダカのおすとめすのちがいは、体の大きさで見分けられ、おすは大きい。
③ × メダカは、小さい魚なので、えさを食べなくても大きくなる。
④ × メダカは、めすだけいれば、受精卵をうむことができる。
⑤ ○ メダカは、あたたかくなって水温が高くなる（約25℃）時期にたまごをうむ。

花のつくり・花から実へ（1）

アサガオの花のつくりを調べました。

① 図の⑦〜⑦の部分の名前を下の□から選んで書きましょう。
⑦（花びら）
⑦（がく）
⑦（めしべ）
⑦（おしべ）
めしべ　がく　おしべ　花びら

② ⑦〜⑦のうち、実になるのはどれですか。（ウ）

③ 下の図は、⑦の先についているものをけんび鏡で見たものです。何という名前のものですか。

（花粉）

④ ⑦の先についていたものは、花のどの部分でつくられたものですか。⑦〜⑦の中から選んで記号で書きましょう。
（エ）

P.118

花のつくり・花から実へ（2）

下のけんび鏡の図を見て、答えましょう。

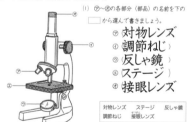

(1) ⑦〜⑦の各部分（部品）の名前を下の□から選んで書きましょう。
⑦ 対物レンズ
⑦ 調節ねじ
⑦ 反しゃ鏡
⑦ ステージ
⑦ 接眼レンズ
対物レンズ　ステージ　反しゃ鏡　調節ねじ　接眼レンズ

(2) 次の使い方をするときは、けんび鏡のどの部分を使えばよいか、⑦〜⑦の記号で答えましょう。
① よく見えるようにピントを合わせるとき（イ）
② 光をけんび鏡に取り入れるとき（ウ）

花のつくり・花から実へ（3）

ヘチマの花粉をつけためばなと、つけないめばなで、実のでき方を調べました。

⑦ 花粉をつけためばな　　⑦ 花粉をつけないめばな

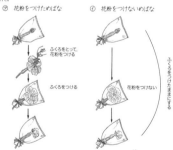

① ヘチマの実ができるのは、⑦と⑦のどちらですか。（ア）

② なぜふくろをかけるのでしょう。（　）にあてはまることばを□から選んで書きましょう。
おばなの 花粉 を、めばなにつかないようにすることで、受粉 させる花とさせない花の 条件 を整えるため。
条件　受粉　花粉

P.119

花のつくり・花から実へ（4）

下の⑦と⑦の図は、ヘチマのおばなとめばなです。

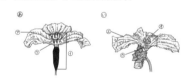

① ⑦〜⑦の花の部分（つくり）の名前を、下の□から選んで（　）に書きましょう。（同じことばを2度使ってもよい。）
⑦（花びら）　⑦（めしべ）
⑦（がく）　⑦（花びら）
⑦（おしべ）　⑦（がく）
花びら　めしべ　おしべ　がく

② ⑦は、おばなですか、めばなですか。　めばな

③ 図の中で、ヘチマの実になるところを黒くぬりましょう。

④ ⑦の先についているものは、何といいますか。（花粉）

流れる水のはたらき（1）

① 大雨がふり、雨水が土の上をいきおいよく流れているところをさがして、にごった雨水をコップにくみとりました。それをしばらくおいておくと、右の図のようになりました。たまったものの名前を、下の□から選んで（　）に書きましょう。

ごみ
すんだ水
ねん土
すな
小石
すんだ水　ねん土　ごみ　小石　すな

② ねん土、すな、小石を下の図のように平たい木の板の上にのせ、川の流れの中において、どのように流されるか調べました。

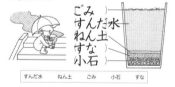

① はじめに流されるのは、3つのうちどれですか。
ねん土

② いちばん最後まで流されずに残っているのは、3つのうちどれですか。
（小石）

156

解答

P.120

流れる水の はたらき（2）

名前

● 流れる水のはたらきを調べるために，図のような土の山にみぞを作って水を流す実験をしました。

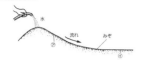

(1) 水の流れが速いのは，⑦と⑦のどちらのあたりですか。
（ ⑦ ）

(2) 土の山のみぞが深くけずれているのは，⑦と⑦のどちらですか。
（ ⑦ ）

(3) どろやすなが多く積もっているのは，⑦と⑦のどちらですか。
（ ⑦ ）

(4) ホースで流す水の量を多くすると，流れや土の山のようすはどうなりますか。正しいもの１つに○をつけましょう。
① 流れの速さは
{ （○）速くなる。
{ （ ）おそくなる。
{ （ ）変わらない。
② 「土の山」の土のけずられ方は
{ （○）多くけずられて深くなる。
{ （ ）変わらない。
③ 運ばれる土の量は
{ （○）多くなる。
{ （ ）少なくなる。
{ （ ）変わらない。

流れる水の はたらき（3）

名前

① 下の図のような川があります。川の流れやはたらきについて，次の問いに答えましょう。

(1) 流れの速さが速いのは，①〜④のどことどこですか。
（ ② ）と（ ③ ）

(2) 川岸が「がけ」のようになりやすいのは，⑥〜⑥のどことどこですか。
（ ⑥ ）と（ ⑦ ）

(3) すながたまって，川原ができやすいのは，⑥〜⑥のどことどこですか。
※(1)(2)(3)それぞれ順不同（ ⑥ ）と（ ⑥ ）

② （ ）にあてはまることばを □ から選んで書きましょう。
① 流れる水の（ 速さ ）によって，石やすなやねん土の流され方がちがう。

② 山にふった（ 雨水 ）は，土地をけずり，（ 石 ）やすなやねん土をおし流して，土地のようすを変えてしまいます。流れは集まり，川になり，けずるはたらきも（ 大きく ）なります。

③ 川の水の流れが，ゆるやかに（ おそく ）なるにしたがって，はじめに大きな石が，次に（ 小さな ）石，そして，（ すな ），ねん土の順番に，川の底へとしずみはじめます。

□ 雨水　おそく　小さな　速さ　石　すな　大きく

120　(122%に拡大してご使用ください)

P.121

流れる水の はたらき（4）

名前

① 下の表は，川の上流，中流，下流の持ちょうやようすをまとめたものです。表のあいているところに，あてはまることばを □ から選んで書きましょう。

	川のはじまり	川の中ほど	川の終わり
場所	上流	中流	下流
流れの速さ	速い	ゆるやか	もっともゆるやか
川のはば	せまい	広い	もっとも広い

□ ゆるやか　速い　上流　広い　もっとも広い

② 下の表は，川の上流，中流，下流のそれぞれの場所での，石の大きさや石の形，川のおもなはたらきについてまとめたものです。表のあいているところに，あてはまることばを □ から選んで書きましょう。

	川のはじまり（上流）	川の中ほど（中流）	川の終わり（下流）
石の大きさ	大きい	大きいものも小さいものもある	もっとも小さい
石の形	角のあるごつごつした石が多い	角のとれた丸い石が多い	丸い小石やすな，ねん土が多い
川のおもなはたらき	けずるはたらきが多い	はたらき	積もらせるはたらき

□ もっとも小さい　角のとれた丸い石が多い　積もらせるはたらき
大きい　丸い小石やすな，ねん土が多い

もののとけ方（1）

名前

① 次のもののうち，水にとけるものには○を，とけないものには×をつけましょう。
① 食塩（○）　② コーヒーシュガー（○）
③ さとう（○）　④ かたくり粉（×）
⑤ ミョウバン（○）

② 「水にものがとける」ということばの意味で，正しいものに○を，まちがっているものには×をつけましょう。
① （○）水にとけたものには，有色とう明のもの（色がついたもの）もある。
② （×）とけたものは，底にたまる。
③ （○）とけたものは，どこも同じこさでとける。

③ 下の図のように，重さが100gのビーカーに，水を400g入れ，さとう20gをとかしました。はかりの目もりは何gをさしますか。
（ 520 ）g

121　(122%に拡大してご使用ください)

P.122

もののとけ方（2）

名前

● 水にとけたもの，とけなかったものを調べる実験をしました。

① 図のように，液をこして混ざっているものをとりのぞくことを何といいますか。
（ ろ過 ）

② ⑦〜⑦の器具の名前を書きましょう。
⑦ガラスぼう（ ろ紙 ）
⑦ろうと（ ⑦ビーカー ）
⑦ろうと台

③ 図のように食塩水をそそぐと，下のビーカーに液がたまりました。たまった液はもとの食塩水と同じものですか。ちがうものですか。
（ 同じもの ）

④ ③の実験から，何がわかりますか。
（ 水にとけた食塩は，ろ紙を通す。 ）

⑤ 水にとけた食塩は，どのようにすれば食塩水から取り出すことができますか。その方法を書きましょう。
（ 水をじょう発させる。 ）

⑥ 水に混ぜたかたくり粉（白くにごっている）を，図のようにそそぐと，ビーカーにとう明の水がたまりました。もとのかたくり粉はどうなったのですか。
（ ろ紙にたまった。 ）

もののとけ方（3）

名前

● 水に，食塩とかたくり粉をいっしょに混ぜ，その後，それぞれべつべつに取り出したいと思います。その手順について，正しいものに○をしましょう。

① まず，（ ろ過・じょう発 ）させて，ろ紙に残った（ 食塩・かたくり粉 ）を取り出す。

② 次に，ビーカーにたまった（ 食塩・かたくり粉 ）の水よう液を（ ろ過・じょう発 ）させて，取り出す。

◆ やってみよう

① 水のはいったビーカーにさとうをいれて，とかしました。その水よう液の上の方，中の方，下の方をスポイトで取って，こさを比べてみました。次の⑦〜⑦のうち，正しいものに○をつけましょう。
⑦（○）どこも同じあまさ
⑦（ ）上の方があまい
⑦（ ）下の方があまい
⑦（ ）中の方があまい

② この実験から，水にとけたものは，水の中でどのようになっていると考えられますか。
（例）水全体に一様に広がっている。

122　(122%に拡大してご使用ください)

P.123

もののとけ方（4）

名前

● ミョウバンが50mLの水に何gまでとけるか，水の温度を変えて調べました。下のグラフは，その結果を表したものです。

水 50mLにとけるミョウバンの量（重さ）

(1) 次の温度のとき，ミョウバンは何gとけましたか。
① 20℃（ 6 ）g
② 40℃（ 12 ）g
③ 60℃（ 29 ）g

(2) 60℃の液体をしばらくそのままにしておくと，40℃まで下がりました。そのとき，液体の中に白いつぶが見られました。

① この白いつぶの名前を書きましょう。
（ ミョウバン ）

② この白いつぶが出てきたのは，どうしてですか。
（ 冷やしたから。 ）

③ 出てきた白いつぶを，もう一度とかすには，どうすればよいですか。
（ あたためる。 ）

ふりこの動き（1）

名前

● 下の図のような，２つのふりこを作り，重さを変えると，ふりこの１往復する時間がどう変わるか調べました。

（長さ 50cm，ふれはば 30cm は，どちらも同じ）

① 下の表の⑦〜⑦に入れる数字を計算して書き入れましょう。
（小数第１位までの数に答えましょう。）

	おもりの重さ20g			おもりの重さ40g		
10往復の時間	1回目	2回目	3回目	1回目	2回目	3回目
	14.2秒	14.1秒	14.3秒	14.2秒	14.3秒	14.2秒
10往復の平均の時間	⑦ 14.2 秒			約 14.2 秒		
1往復の時間	⑦ 約1.4 秒			約1.4 秒		

② この実験からわかることは，どんなことですか。（ ）にあてはまることばを □ から選んで書きましょう。
ふりこのおもりの（ 重さ ）は変わっても，1往復の（ 時間 ）は変わらない

□ 変わって　変わらない　時間　重さ

123　(122%に拡大してご使用ください)

157

解答

児童に実施させる前に，必ず指導される方が問題を解いてください。本書の解答は，あくまでも1つの例です。指導される方の作られた解答をもとに，本書の解答例を参考に児童の多様な考えに寄り添って○つけをお願いします。

P.124

ふりこの動き（2）　名前

① ふりこの1往復する時間は，何によって変わるのか，⑦，⑦，⑦の実験をしました。

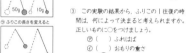

① ⑦〜⑦のふりこで，1往復する時間が左右とも同じになるのはどれと，どれですか。
（順不同）（⑦）と（⑦）

② ⑦〜⑦のふりこで，1往復する時間が，左右でちがうものはどれですか。
（⑦）

③ この実験の結果から，ふりこの1往復の時間は，何によって決まると考えられますか。正しいものに○をつけましょう。
⑦（　）ふれはば
⑦（　）おもりの重さ
⑦（○）ふりこの長さ

② 下の図の，⑦〜⑦のふりこについて，記号で答えましょう。

① いちばん速くふれるふりこはどれですか。（⑦）
② いちばんゆっくりふれるふりこはどれですか。（⑦）
③ おもりの重さと1往復の時間の関係を調べるには，どれとどれをくらべるといいですか。
（順不同）（⑦）と（⑦）

ふりこの動き（3）　名前

① ふりこを使ったおもちゃを作ってみました。

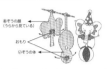

① ⑥のぞうの顔のふりことⒾぞうの体のふりことでは，どちらがゆっくりふれますか。記号で答えましょう。
（⑥）

② それはなぜですか。
（ ぞうの体のふりこの方がおもりが下にあって長いから ）

② 下の図のようなふりこについて，1往復する時間を短くしようと思います。どうすればいいですか。⑦〜⑦から選んで○をつけましょう。

⑦（　）ふりこの長さを長くする。
⑦（　）おもりを重くする。
⑦（○）ふりこの長さを短くする。
⑦（　）おもりを軽くする。

P.125

電磁石の性質（1）　名前

① 下の絵を見て，（ ）にあてはまることばを□から選んで書きましょう。

① 磁石は，金属の（鉄）を引きつける。特に引きつける力が強い部分を（極）といって，絵の⑦〜⑦の中で（⑦）と（⑦）のところである。

② この棒磁石を，左の図のようにつるしておくと，N極が（北）の方向をさしてとまる。これは地球全体を大きな磁石と考えると，北極に（S）極があるということになる。

［ 北　南　極　S　N　鉄　⑦　⑦　⑦　⑦ ］

② 下の絵のような場合，磁石の（ ）は，N，Sのどちらの極になっているか書きましょう。（方位磁針の黒い方がN極です。N◀S）

（S）極　（S）極　（S）極

③ 磁石を下の絵のように置いたとき，磁石の動く方向を（→）でかきましょう。

① （←）（→）／（→）（←）／（←）（→）／（←）（→）

② N S S N　N S S N（←）（→）／（→）（←）

電磁石の性質（2）　名前

① 電磁石について，次の問いに答えましょう。

① 下の図のように，導線を向きをそろえてくるまいたものを何といいますか。
（コイル）

② まいたものの中にいろいろなものを入れて導線に電流を流したとき，磁石のはたらきをするものに○を，しないものに×をつけましょう。
⑦（×）ガラス
⑦（×）銅
⑦（○）鉄
⑦（×）アルミニウム

② 下の図で，磁石の力がいちばん強いところは，⑦，⑦，⑦のどの部分ですか。
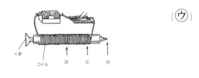
（⑦）

P.126

電磁石の性質（3）　名前

① 電磁石の極について，（ ）にあてはまることばを□から選んで書きましょう。（同じことばを2度使ってもよい。）（方位磁針の黒い方がN極です。）

① 電磁石には（N）極（S）極がある。電流の向きを変えると，電磁石の極は（変わる）。
② 左の図では，⑦は（S）極になっている。
③ 左の図で，かん電池の向きを反対にすると，⑦は（N）極になる。

［ S　N　変わる　変わらない ］

② 電磁石の磁力を強くする正しい方法を，下の中からすべて選んで○をつけましょう。
① （○）流す電流の量を多くする。
② （○）コイルのまき数を多くする。
③ （　）コイルのまき方を逆にする。

③ 下の図で，磁力がいちばん強いものに○を，いちばん弱いものに×をつけましょう。（導線の太さ，長さは同じです。）

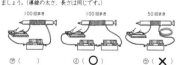
⑦（　）　⑦（○）　⑦（×）

電磁石の性質（4）　名前

① かん検流計の使い方について，（ ）の中の正しい方のことばに○をつけましょう。

① 切りかえスイッチを「電磁石（ 0.5A・⑤A ）」側にする。
② 検流計は，回路に（直列・へい列）につなぐ。
③ 検流計は，（ななめ・平ら）なところに置く。

② 次の文で，永久磁石と電磁石のどちらにもあてはまるものにA，電磁石だけにあてはまるものにB，どちらにもあてはまらないものにCを，（ ）の中に書きましょう。
① 金属の中で，鉄をよく引きつける。……（A）
② N極とS極がある。……（A）
③ 金属ならどんなものでも引きつける。……（C）
④ 磁力の大きさをかんたんに変えることができる。……（B）
⑤ 磁石の極をかんたんに変えることができる。……（B）
⑥ 同じ極は反発しあい，ちがう極は引き合う。……（A）

P.127

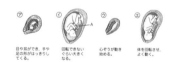

人のたんじょう（1）　名前

● 下の図は，胎児（赤ちゃん）が母親のおなかの中で育つ様子がかかれたものです。

① 胎児が成長していく順に記号をならべましょう。
（⑦）→（⑦）→（⑦）→（⑦）

② ⑦の図のAは，何といいますか。
（ へそのお ）

③ 胎児が成長するところは，母親の何という場所ですか。
（ 子宮 ）

④ 胎児は，生まれてくるまで母親の体の中にどのくらいの期間いますか。正しいものに○をつけましょう。
（　）18週間　（　）約28週間　（○）約38週間

人のたんじょう（2）　名前

● 下の文は，人のたんじょうについての説明です。（ ）にあてはまることばや数を□から選んで書きましょう。

① 女性の体でつくられた卵子と，男性の体の中でつくられた精子が受精して，受精卵ができる。
② 受精卵は，女性の体内の子宮の中で育てられる。
③ 胎児（赤ちゃん）へそのおを通して，母親の血液から酸素や養分をもらい，成長する。
④ 子宮の中は，胎児を外からのしょうげきから守るため羊水で満たされている。
⑤ うまれたばかりの赤ちゃんの平均体重は約3kgである。
⑥ 人は，10オを過ぎるころから，おとなの体になる変化があらわれる。

受精	へそのお	精子	子宮
養分	卵子	羊水	3　10

コピーしてすぐ使える
まるごと宿題プリント　5年

2022 年 3 月 10 日　　第 1 刷発行

執筆協力者：新川雄也・中楯洋・中村幸成・羽田純一・平田庄三郎 他
イ ラ ス ト：山口亜耶・浅野順子　他
企 画・編 著：原田善造・あおいえむ・今井はじめ・さくらりこ・
　　　　　　　 ほしのひかり・堀越じゅん（他 5 名）
編 集 担 当：川瀬佳世

発　行　者：岸本なおこ
発　行　所：喜楽研（わかる喜び学ぶ楽しさを創造する教育研究所：略称）
　　　　　　 〒604-0827　京都府京都市中京区高倉通二条下ル瓦町 543-1
　　　　　　 TEL　075-213-7701　FAX　075-213-7706
　　　　　　 IIP　https://www.kirakuken.co.jp
印　　　刷：株式会社米谷

ISBN:978-4-86277-345-6

Printed in Japan

喜楽研 WEB サイト
書籍の最新情報（正誤表含む）は
喜楽研 WEB サイトをご覧下さい。

学校現場では，本書ワークシートをコピー・印刷して児童に配布できます。
学習する児童の実態にあわせて，拡大してお使い下さい。

喜楽研の5分・教科書プリントシリーズ

朝学習 家庭学習 宿題 復習 個別支援 に毎日使える

コピーしてすぐ使える
5分 算数 教科書プリント
1年〜6年
本体 各1,950円+税　★P96〜P112　★B4判

5分 国語 教科書プリント 1年〜6年
光村図書教科書の教材より抜粋
本体 各2,200円+税　★P96　★B4判

5分 国語 教科書プリント 1年〜6年
東京書籍・教育出版教科書の教材より抜粋
本体 各2,200円+税　★P96　★B4判

コピーしてすぐ使える
5分 理科 教科書プリント
3年〜6年
本体 各1,950円+税　★P96　★B4判

コピーしてすぐ使える
5分 社会 教科書プリント
3・4年, 5年, 6年
本体 各1,950円+税　★P96　★B4判

発行
発売　喜楽研　（わかる喜び学ぶ楽しさを創造する教育研究所：略称）
TEL:075-213-7701　FAX:075-213-7706
〒604-0827　京都府京都市中京区高倉通二条下ル瓦町543-1